TIYU GAILUN

体育概论

主编◎赵子建

重庆大学出版社

图书在版编目(CIP)数据

体育概论 / 赵子建主编. -- 重庆:重庆大学出版
社,2023.8
高等学校体育学类本科专业系列教材
ISBN 978-7-5689-3901-0

Ⅰ.①体… Ⅱ.①赵… Ⅲ.①体育—高等学校—教材
Ⅳ.①G807.4

中国版本图书馆 CIP 数据核字(2023)第 092805 号

体育概论

主　编　赵子建
策划编辑:唐启秀

责任编辑:唐启秀　　版式设计:唐启秀
责任校对:王　倩　责任印制:张　策

*

重庆大学出版社出版发行
出版人:陈晓阳
社址:重庆市沙坪坝区大学城西路 21 号
邮编:401331
电话:(023) 88617190　88617185(中小学)
传真:(023) 88617186　88617166
网址:http://www.cqup.com.cn
邮箱:fxk@ cqup.com.cn(营销中心)
全国新华书店经销
重庆升光电力印务有限公司印刷

*

开本:787mm×1092mm　1/16　印张:15　字数:321 千
2023 年 8 月第 1 版　　2023 年 8 月第 1 次印刷
ISBN 978-7-5689-3901-0　定价:49.00 元

编委会

体育概论是从宏观上、整体上综合研究体育的本质、特征及其规律的一门课程，不仅是《高等学校体育学类本科专业教学质量国家标准》规定的基础课程之一，更是体育学科学生全面理解和准确掌握体育学科知识的逻辑起点。为全面贯彻党的教育方针，坚持"为党育人、为国育才"和落实立德树人的根本任务，切实激发新时代大学生对体育学科知识的学习志趣及其发展诉求，编委会在汲取不同版本教材编写的优秀经验和梳理国内外体育理论最新科研成果的基础上，根据编写者多年对体育概论课程教学实践经验的深度反思，组织编写了本教材。

本教材特色主要体现在以下几个方面：

一是以习近平新时代中国特色社会主义思想为指导，挖掘梳理体育概论课程的德育元素，突出课程思政的教育教学理念和体育学科特殊的育人功能，充分体现教材作为郑州大学"课程思政"教育教学改革"优秀教学团队"建设的成效，实现知识传授能力培养和思想政治教育的双重功能。

二是注重知识体系的系统性和实用性，力争做到逻辑结构清晰化、章节内容易懂化、学习结果实用化等，充分体现教材作为郑州大学重点教材立项建设的成果，使教材更能彰显专业性、知识性、时代性和前沿性，实现教师"教得懂"，学生"学得会、用得上"的教学目的。

三是强化教育者教学和学习者自学相结合，通过每一章设定"思政要点""教学导论""学习目标""学习地图""学者争鸣""知识拓展""知识回顾""思考题项""推荐阅读""参考文献""资源链接"等模块，更好地使师生明晰教与学的目的，实现教学与自学的融合，凸显教材的适用性和选择性。

本教材由郑州大学赵子建教授担任主编，张秀丽教授、黄延春副教授担任副主编，河南财经政法大学党委原副书记刘纯献教授、河南师范大学体育学院原院长许瑞勋教授担任主审。

具体编写分工如下：导论由赵子建、张汪洋编撰；第一章由赵子建、张秀丽编撰；第二章由张秀丽、黄延春编撰；第三章由赵子建、张汪洋编撰；第四章由黄延春、刘涛锋编撰；第五章由赵子建、孙学斌编撰；第六章由赵子建、马丹编撰；第七章由张秀丽、巩月迎编撰；第八章由赵子建、孙贺编撰；第九章由张秀丽、周阳编撰。

本教材在编写和出版中，得到了重庆大学出版社唐启秀编辑，河南财经政法大学党委原副书记刘纯献教授，河南师范大学体育学院原院长许瑞勋教授的大力支持、指导与帮助，在此致以最诚挚的谢意！同时，本教材在编写中参阅了大量的相关文献（含网络文献），在此，对文献作者表示衷心的感谢！虽然编者参阅了大量文献资料，汇集了最新的有关体育理论研究的成果，但是限于编者水平和能力，书中难免会有不妥之处，恳请广大师生以及阅读者提出宝贵的意见，以利于教材修订。

目 录
Contents

导　论

思政要点

深刻领悟二十大精神，牢牢把握立德树人为根本任务的教学理念，坚持理论联系实际，坚持正确的学习方法，促进正确体育观的形成和发展。

教学导论

体育是伴随人类起源和发展而形成的一种伟大的、有关人类身体实践的文化活动。在人类长期的历史发展中，反映这种实践活动的理论也在逐渐发展和成熟。20世纪后半叶，这些片段的理论逐渐体系化，统称为体育科学，简称体育学。体育学的形成与发展经历了初步形成、探索与发展、丰富提高等阶段。

学习目标

1.熟悉我国体育学的形成及发展脉络。
2.养成良好的学习方法。
3.形成正确的体育价值观。

学习地图

导论	体育学的产生与发展	⇒	初步形成 探索与发展 丰富与提高
	体育概论的学习目的和意义	⇒	建立良好的体育价值观 提高对体育的认识
	体育概论的学习要求	⇒	立德树人 理论与实践相结合 阅读讨论

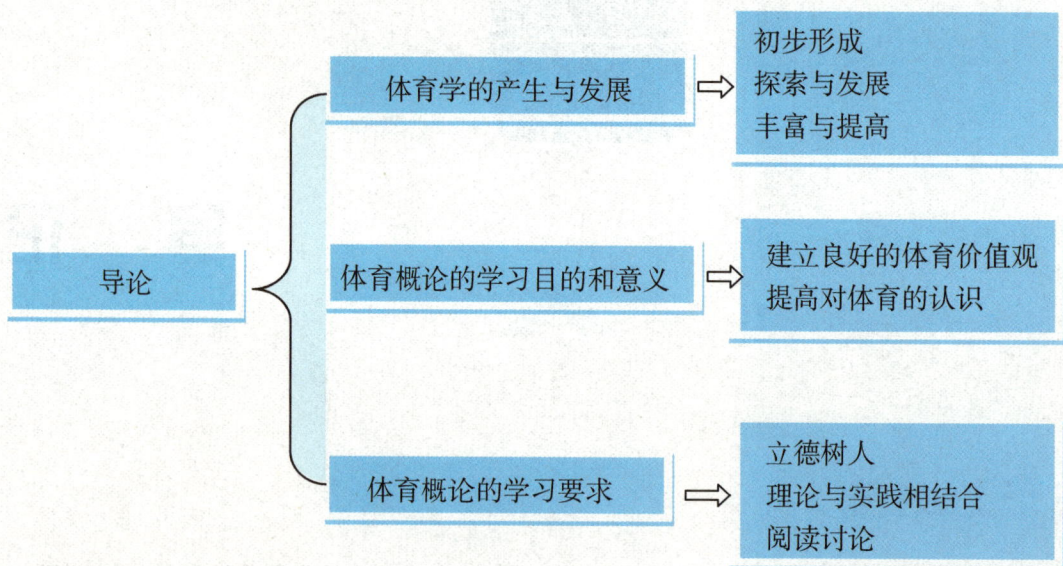

　　体育概论是从体育理论中分化出来的一门基础学科,属于社会科学的范畴,它以辩证唯物主义和历史唯物主义观点作为自己方法论的基本原理,从宏观上、整体上综合研究体育的基本特征和发展规律。体育概论旨在探讨体育的基本概念,力图增进人们对体育本质的准确把握;深入揭示体育发展的一般规律,力求使体育中的各种关系得到更加完整的阐释;引导人们以实事求是的科学态度,发现并探讨体育实践中的各种问题;探讨体育的基本功能及过程,并从宏观上认识体育的制度、手段和方法,探索未来体育和世界体育的发展趋势。

一、 体育学的产生与发展

　　体育学是研究人的身体全面发展的一般规律的学科。它揭示和分析与体育相关的因素,研究体育的一般规律及其在理论上表现的具体形式,揭示体育过程的内在结构,在不同形式的体育过程和与之相似的社会现象中寻找共同点。因此,体育学是从宏观上研究体育的一门学科,它从整体上认识体育全过程的一般规律,抽象地反映体育的主要特征,准确揭示其本质,以使体育这种社会实践活动朝着更有利于人的全面健康发展。体育学在我国的产生与发展可以分为以下几个阶段。

▶▶▶(一)初步形成

　　我国体育学的形成源于对体育原理、体育基本理论问题的探索。罗一东的《体育学》、方万邦的《体育原理》及袁敦礼、吴蕴瑞的《体育原理》等这些体育著作的出现,标志着我国开始在体育实践的基础上重视体育理论的研究。"体育是教育的一部分"成为当时体育理论和实践者的共识,同时,学者们对体育的专项训练和教育方法等问题也进行了探讨。1952 年,我国请苏联专家系统讲授体育理论,由于习惯差异等原因,苏联体育理论界广泛使用的"身体文化""体育"和"竞技运动"等术语,被我国翻译成"体育""体育教育"和"运动"。尽管当时对体育基本概念和术语的使用不能对应,对体育基本理论的理解存在一些偏差,在体育实践上过于强调竞技运动,但此时对体育学的研究已经初步形成。

》》》(二)探索与发展

1961 年在借鉴苏联体育理论的基础上,体育学院本科教材《体育理论》出版;同年,由国家统一制定的《高等学校通用专业目录》颁布,其中列出的体育专业设置有 7 种,分别为体育、田径运动、体操、球类运动、游泳、水上运动和武术,试办专业为运动保健。在此基础上我国开始探索并逐步开始建立起了具有中国特点的体育理论体系,为中国体育学的发展起到了奠定性作用。

》》》(三)丰富与提高

1981 年人民体育出版社出版了《体育理论》,该教材克服了"以阶级斗争为纲""体育是阶级斗争的工具"等片面甚至是错误的观点,引进和吸收了国外一些有益的理论和经验。随后,我国体育理论界开始酝酿筹建新学科,运动训练学、学校体育学、群众体育学和体育概论等从体育理论中分化出来,这标志着体育学发展到了新的阶段。1992 年,国家技术监督局发布了《全国普通高等学校人文社会科学研究管理系统手册》,体育科学被列为一级学科。1997 年,教育部颁布《授予博士、硕士学位和培养研究生学科、专业目录》,体育学被设置为教育学门类下的一级学科,下设体育教育训练学、体育人文社会学、运动人体科学和民族传统体育学 4 个二级学科。这一时期,我国体育学学科专业体系基本形成,体育学发展得以丰富与提高。

二、 体育概论的学习目的和意义

体育涉及绝大数人的文化生活和青少年的教育,学习体育概论具有重要的现实意义。

》》》(一)建立良好的体育价值观念

学习体育概论有助于从宏观上更深刻地认识体育,在整体上更准确地理解体育,使全社会形成全面、准确的体育价值观;有助于人们树立坚定的体育信念,形成正确的体育态度;有助于启发体育实践工作者的自觉性,使他们不断树立事业心和责任感。

>>> （二）提高对体育的认识

学习体育概论有助于丰富和扩展人们对体育的了解，提高人们体育参与的自觉性和主动性；有助于提高人们对体育科学的认识，提高各项体育活动的科学性，使人们能更有效地增强体质和提高运动技术水平。

三、 体育概论的学习要求

坚持马克思主义唯物辩证法和唯物史观，坚持立德树人为根本任务的教育理念。在学习过程中，要用唯物辩证法来分析问题，要用全球性视野和发展的观点来看待问题。对体育的研究不应该单一地、片面地、静止地描述和分析，而应该将其置于经济社会发展的大背景下，紧密结合体育实践，并树立为体育实践服务的观念。

学习体育概论，必须坚持理论和实践相结合的原则，突出体育概论研究的现实指导性。体育实践是体育理论的起点，也是其归宿，要反对体育概论研究中的"闭门造车"和"拿来主义"现象。在当前的体育改革过程中，提出理论先行，就是为理论研究提出更高、更新的要求，因为没有理论指导的改革是盲目的，也是低效的。同时，如果理论研究不与实践相结合，不与现实社会的发展同步，这种理论即使再完美，也只能被束之高阁。

在体育概论的课程教学中，教师要充分发挥教学引导作用，更要突出学生学习的主体地位。提倡启发式、讨论式等教学方法的使用，增加学生阅读、讨论和总结体育学习的机会和场次，培养学生认真思考身边体育现象和体育问题的能力，努力提高学生分析和解决体育问题的能力。

第一章

体育概念

第一章

思政要点

以马克思主义认识论为指导，贯彻二十大新发展理念，遵循历史唯物主义辩证法的认识路径。 贯彻求同存异的科学发展观，依据新时代社会发展的需求，准确解析概念的发展历程及路径选择。

教学导论

概念是由内涵与外延构成的认知体系的基本单位，是人类在认识世界过程中对事物本质特征加以抽象概括和归类的思维形式。 概念是研究事物的逻辑起点，厘清和准确地界定概念有利于对事物的进一步学习和研究。 本章以体育概念的起源为出发点，介绍了体育概念的产生及其演变，通过重点讲授借助属加种差给体育概念下定义的方法，厘清体育概念的界定及分类方法；让学生认识和掌握体育概念的定义；运用逻辑学划分和分类规则，引导学生采用多种标准对体育概念进行分类。

学习目标

1.了解体育概念的产生及其演变。

2.熟悉属加种差定义法的结构。

3.掌握体育概念及其定义方法。

4.熟悉体育概念的分类。

学习地图

```
                          ┌─────────────────┐        ┌──────────────────────────┐
                          │  体育概念的来源  │  ⇒     │  体育的起源              │
                          └─────────────────┘        │  体育概念的起源          │
                                                      └──────────────────────────┘

                          ┌─────────────────┐        ┌──────────────────────────┐
        ┌──────────┐      │  体育概念的演变  │  ⇒     │  古代体育概念的演变      │
        │ 体育概念 │ ──   └─────────────────┘        │  近代体育概念的演变      │
        └──────────┘                                 │  现代体育概念的演变      │
                                                      └──────────────────────────┘

                          ┌─────────────────┐        ┌──────────────────────────┐
                          │  体育概念的界定  │  ⇒     │  体育概念的界定          │
                          └─────────────────┘        │  体育概念的分类          │
                                                      └──────────────────────────┘
```

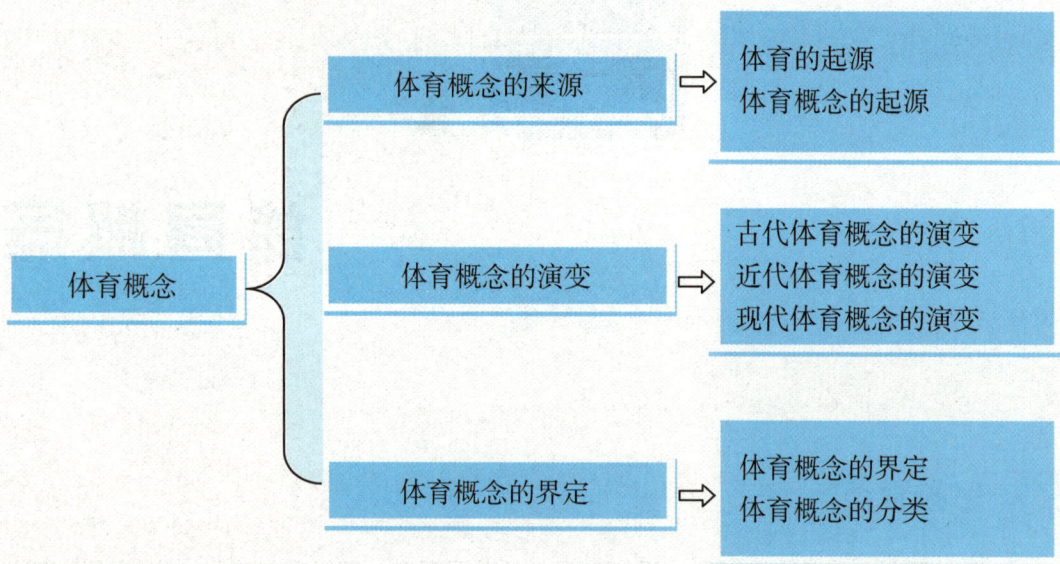

第一节
体育概念的来源

一、体育的起源

　　体育是人类社会特有的一种文化现象,人类社会又是一个极为复杂而又多层次的有机系统。从体育的发展历程来看,体育的产生、发展,不仅受制于当时社会、政治、经济发展的需求,也受到历史、文化、生活习惯、意识形态的影响和制约。体育是人类在漫长的生活实践中,为满足人类自身生存和发展的需要而自主选择和创造的一种行为方式。它反映了原始人不仅有劳动、防卫的需要,也有思想感情、喜怒哀乐、交往等需要。这些需要归纳起来,就是精神调节和强健自身的需求,由此构成了体育产生的内部动因。生产活动、消遣娱乐、教育活动、宗教祭祀、医疗卫生等,这些人类特有的关系或活动,互相联系、互相促进、互相推动,共同进化和发展,是体育产生、发展和延续的外部动因。

　　关于体育的起源问题,学术界存在一定争议。但大家都认可体育的出现是伴随着人类的出现和发展而逐渐出现和不断完善的。因此,体育的出现是以人类的出现为前提,以人类体质的完善和心理的发展为条件,以人类社会的发展为基础,且和人类的生产劳动或生活实践密切相联系的。关于体育的起源目前主要有游戏起源说、战争起源说、劳动起源说、祭祀仪式起源说、爱情起源说、生理起源说、心理起源说、模仿起源说、余力论起源说等。游戏起源说认为,在人类社会初期,游戏是教育儿童的一种手段,并逐渐发展形成了一种特殊的形式——体育。战争起源说认为,体育是源于战争,服务于战争需求而逐渐演化到和平时期的一种竞争或健身愉悦手段。劳动起源说认为,人类的生活离不开劳动,而劳动又离不开奔跑、跳跃、攀爬等身体活动,劳动作为实践活动的最初形态,对体育的产生起着决定性的作用。祭祀仪式起源说认为,体育源于古代人对天、神的敬畏和崇拜以及对祖先的怀念和追思。爱情起源说认为,体育源于人们为了婚姻、婚配而进行的活动。模仿起源说认为,体育源于人们对外界事物或动物的模仿,进而形成了相应的各种体育活动。余力论起源说认为,体育源于人类精力过于旺盛,而进行的余力消遣或发泄。

二、 体育概念的来源

体育是一种社会现象,是人类完善自我身心与开发自身潜能的一种特殊的实践活动。体育的历史几乎和人类的文明史一样悠久。世界各国历史已经证明:文明的进步孕育了体育,并带动体育不断发展;而体育的发展又丰富了文明的内容,并推动了文明的进程。"体育是社会发展与人类文明的标志,体育事业发展水平是一个国家综合国力和社会文明程度的重要体现。"[1]

"体育"一词,据世界体育资料记载,最早是法国人于1760年在法国的报刊上论述儿童身体教育问题时使用的。1762年,卢梭在法国出版了《爱弥尔》一书。他使用"体育"一词来描述对爱弥尔进行身体的养护、培养和训练等身体教育过程。由于这本书激烈地批判了当时的教会教育,引起很大反响,因此"体育"一词同时也在世界各国流传开来。从这里我们可以清楚地看到,"体育"一词的最初产生是源于"教育",它最早是指教育体系中的专门领域。到19世纪,世界上教育发达的国家都普遍使用了"体育"一词。现在在国际上普遍用的"体育",其英文是"Physical Education"。它的本义是指以身体活动为手段的教育,直译为身体的教育,简称为体育。

关于现代汉语中"体育"的来源,目前公认的说法是:在古汉语中,"体"和"育"都是常用字,但并不存在作为身体文化核心概念的"体育"一词,"体"字和"育"字连在一起用的情况在古汉语中也能偶尔见到,但与今天的"体育"概念说的根本不是一回事,或者说古代汉语中根本就不存在现代意义上的"体育"一词。直到19世纪中叶德国和瑞典的体操传入我国,

---

[1] 周西宽.体育基本理论教程[M].北京:人民体育出版社,2004:18-28.

随后清政府在兴办的"洋学堂"中设置了"体操课"。"体育"一词是近百年前才从国外传入我国的,体育史学界一般认为最早是1902年左右,一些在日本留学的学生从日本引进了"体育"这一术语,为舶来品,是随着近代"西学东渐"潮流传入中国的。其理由是:"体育"是现代工业文明的产物,是随着工业文明的发展而发展的。我国长期处在农业文明时代,虽然早期的学校也教授类似"体育"的一些项目,但并不承担儿童身体发育成长的任务,这项任务完全由家长承担,因此我国古代学校教育中没有出现身体教育这项教育活动。"体育"一词刚传入我国时的使用也远不如"体操"一词广泛。然而不久,在清末中西文化碰撞、新旧势力交替的特定历史背景下,在美国实用主义教育学说和现代学校体育理论的影响下,由于以"体育"代替"体操"更能顺应整个教育话语体系的变化,更容易被社会各个阶层接受,因此北洋政府于1922年颁布了"新学制"(即"壬戌学制"),以教育部通令的形式完成了学校"体操"课改为"体育"课的历史变革。1923年,在《中小学课程纲要草案》中,正式把"体操科"改为"体育课"。学校"体育"课的内容也由先前的普通体操、兵式体操改为田径、球类、徒手操、技巧运动和游戏等。此后,"体育"这个术语逐渐被国人接受,并在当时的教育界产生了广泛的影响,成为中国学校体育教育理论成长的主要资源,并被纳入教育理论的话语体系。但此时"体育"的含义仅为"肉体之锻炼",直到20世纪30年代以后,才出现体育是"身体的教育""以身体活动为方式的教育"的表述。

中华人民共和国成立后,用"体育"和"体育运动"作为体育的总概念或上位概念。"体育"有广义和狭义之分,体育理论界对它的定义有不同的观点,目前比较普遍且较有群众基础的观点是:它是指根据人类社会生活的需要,依据人体生长发育、动作技能形成和机体机能提高的规律,以身体练习为基本手段,达到发展身体、增强体质、提高运动技术水平、丰富社会文化生活的一种有意识、有目的、有组织的社会活动,及其在人类社会发展中形成的全部财富。我国现代体育基本上由大众体育(群众体育、社会体育)、竞技体育、学校体育三方面所组成。

进入21世纪以来,伴随我国体育强国发展战略的提出、健康中国的不断推进、体育产业的兴起及发展,竞技体育、全民健身、体育产业的社会影响不断扩大,体育及其相关概念进一步得到拓展延伸,体育的内涵进一步得到丰富,相关的概念及定义表现出多样性和综合性的特征。

随着国际交往的扩大,体育事业发展的规模和水平已是衡量一个国家、社会发展进步的一项重要标志,也成为国家间外交及文化交流的重要手段。体育可分为大众体育、专业体育、学校体育等种类,包括体育文化、体育教育、体育活动、体育竞赛、体育设施、体育组织、体育科学技术等诸多要素。

第二节
体育概念的演变

一、古代体育概念的演变

体育的产生可以追溯到远古的原始社会时期。但是,体育概念的出现晚于体育活动的产生,是近代才出现的。也就是说,在古代,无论中国和外国都没有现代这样明确而完整的"体育"概念。

(一) 古代希腊体育概念的演变

古代的希腊是近代欧洲体育的发源地。古希腊人盛行以养生健身为目的的实践活动,其内涵与体育相同,公元前 10 世纪前后的《荷马史诗》中就记载了大量的葬礼竞技和宴会竞技活动。公元前 5—前 4 世纪,希腊的哲学家、思想家和教育家柏拉图的《理想国》《对话篇》和亚里士多德的《政治学》都谈论了有关体育的问题。尽管体育在古希腊人的生活中有着重要地位,但是在古希腊文献中,有关体育的最基本的术语也不过几个,如 Athletics(竞技、运动)、Training(训练、尚武教育)、Gymnastics(体操、竞技教练)等。在这些术语中,"竞技"一词大约产生于希腊的原始社会末期,公元前 10 世纪前后已被广泛使用;"体操"一词产生于公元前 6—前 5 世纪。

古希腊的"体操"是一切健身运动的总称,古希腊建造了能够进行跑、跳、投掷、拳术、角力等活动的场地设施——"体操馆",柏拉图的《理想国》称"体操"为"身体训练的理论和方法体系"。古希腊的"体操"也是当时教育的一个重要组成部分。亚里士多德著文指出:希腊初级学校的"基础科目常常是四门,即读、写、体操和音乐。有些便是加上绘画","体操通常是借以培养勇毅的品德","体操有助健康并能增强战斗力量"。从上述方面可以看出,古希腊的"体操"同今天的"体育"在概念上十分接近,都包含有身心两个方面教育的意思。在古希腊的一些文献中,把"体操"与"竞技"作为并列的两个概念来使用。亚里士多德则反对专门的竞技操练,主张把竞技作为体操的手段。但是,"体育"的概念与"体操"和"竞技"的概念还是有差别的。今天的体育(广义的)包括竞技运动,且手段更为丰富。

(二) 古代中国体育的相似概念的演变

在中国古代,没有"体育"一词。中国奴隶社会的体育只是感知阶段的体育,萌生出的体育活动几乎都从属于其他活动。如"射"被当作"礼"教与"礼"治的手段,"御""武舞""射猎"、兵器操练等,被当作军事操练和熟悉兵法、阵法的手段;学校教育中的"射""御""舞蹈"等,则是体育的雏形。这一阶段的体育,仅仅是萌芽状态的体育。封建社会的体育则逐渐形成了"养生之道"的体育"自觉意识",对体育的目的和作用有了进一步认识,于是出现了类似体育、体操的概念,如"养生"与狭义的"体育"相类似,"养形""导引"与狭义的"体操"或"身体练习"相类似,"习武""尚武"与"军事体育训练"相类似,"劳动""运动"与"身体活动"相类似。但各种体育活动之间缺乏内在的社会联系,因而未能形成一个相对独立的有机统一体以及与之相关的理论与方法的体系。虽然从局部看,诸如武术、养生、导引、球戏、棋戏等体育活动也各自有其完整的体系,但还未出现一个可以概括所有体育活动的概念或术语。上述概念的表达方式具有随意性和自发性特征,也反映了中国古代体育更注重体现精神方面的重要特色。

二、近代体育概念的演变

》》（一）近代国外体育概念的演变

1.近代欧洲国家体育概念的演变

18世纪中叶以后,一些西欧国家纷纷确立资本主义生产关系,近代体育也就随着近代教育制度的兴起、建立而发展起来,"体育"一词应运而生。

德国是较早开展近代体育的国家,德国体操之父弗里德里希·路德维希·杨(1778—1852)不仅对体操发展作出历史性的贡献,而且还对体育术语进行过系统的整理。据现有资料可知,狭义的"体育"(Physical Education)一词最先出现在法国,1760年的法国儿童教育著作中已有法语"体育"(Education Physique)的用语。德国学校体育的先驱古茨姆斯(1759—1839)在1793年出版的《青年体操》一书中使用了身体的教育和属于教育的身体练习等概念。19世纪以后,狭义的"体育"一词出现在教育和体育著作中,如1838年法国体育家阿莫罗什出版的《体育概论·体操与道德》,英国社会学家斯宾塞1854年发表的以《体育》为题的论文,英国体育家麦克拉仁1867年出版的《体育的体系》一书等。"体育"一词产生和应用的原因,主要是教育的发展,有远见卓识的社会学家和教育家都主张从德、智、体三方面进行教育,这就是体育长期被看作教育的组成部分的来由。今天在我国各级各类学校里进行的体育,即狭义体育,或称学校体育,也是由此而来的。

18世纪末至19世纪初,正当欧洲大陆普遍推行德国、瑞典体操时,英国的户外运动(sport)发展兴盛起来,这时期的体育、体操、Sport是联合使用和混用的,有时将其混用,有时又把它们作为在概念上有区别的名词使用。我们现在所称的广义的"体育"比狭义的"体育"一词出现得晚,它是在德、瑞体操和英国的户外运动蓬勃并行、竞相发展之下而产生的。

在德语中,它是养生保健的概念;在法语中,它被解释为"锻炼身体的规律"。进入20世纪后,这个词在各民族语言中仍有不同的含义。如德语中有"锻炼身体"的意思,1917年后的苏联把该词作为广义的"体育"概念使用。1945年后,东欧国家也接受了这一概念。当前世界多数国家都倾向将其作为广义的"体育"来理解,但如何给这一概念下确切的定义,则是众说纷纭,一时难以统一。

2.近代美国体育概念的演变

美国体育概念的内涵经历了一个发展和变化的历程。1919年,美国教育界和体育界展开了关于体育目标的广泛讨论。通过这场讨论,逐步建立起"体育是以身体活动为手段的教育"这一体育概念,划清了"体育"和"体操"这两个概念的界限。此后,"体操"仅仅作为一个运动项目的名称。1960年至1963年,体育概念还保持着传统的内涵,认为体育是一种通过身体进行的教育,但这个反映教育的一个组成部分的"体育"概念不能概括当今体育的全部内容。1964年至1970年,有人对上述概念提出批评,同时扩大了它的外延,将除生产性以外的人体活动都归入体育。1971年至1976年,人们要求把"身体运动的科学和技术"统称为体育。后来美国体育理论界将体育定义为"体育是人类运动的艺术和科学",一时获得全国普遍赞同。

3.近代日本体育概念的演变

日本在1868年(明治初年)开始使用"体操"一词,它来自欧洲的"Gymnastics",译为"体术""体学""锻炼法",1873年统一命名为"体操"。学校中的课程命名为"体操课",后来传入中国。1876年,日本学者近藤镇三在《独逸教育论抄》中将"身体教育"译成"体育"。1882年,横井琢磨出版了《体育书》。1886年,"大阪体育会"成立,同年,近藤镇三又在日本《教育杂志》第52号、《教育新志》第7号上连续使用"体育"一词。到1887年,在日语中正式使用"体育"一词,并逐渐为一般人接受。

▶▶▶（二）近代中国体育概念的演变

从体育一词最初引入我国直至"五四"新文化运动以前,体育一词并不为人们所熟知,并且在20世纪30年代以前没有教育的含义。

1932年,上海商务印书馆出版的《体育概论》是探讨20世纪初期体育概念在中国演变的难得的历史文献,其中对体育进入中国后其含义的变迁作了详细的介绍,将20世纪30年代以前中国体育概念的演变划分为如下五个阶段:第一阶段,约1890—1900年,体育就是"体操"(Drill);第二阶段,约1900—1910年,体育就是"运动"(Athletics);第三阶段,约1910—1920年,体育就是"游戏"(Play);第四阶段,约1920—1930年,体育就是"健康"(Health);第五阶段,约1930年之后,体育就是"教育"(Education)。从这一研究可以看出20世纪30年代以后,我国才出现了体育是"身体教育""体育是身体活动方式之教育"的表述。

此外,1917年毛泽东在《体育之研究》一文中写道:"体育者,人类自养其身之道,使身体平均发达而有规则次序之可言者也";"动之属于人类而有规则之可言者,曰体育"。这是对"运动"概念极好的表述,说明当时"体育"和"运动"两个概念并没有严格的区分。1919年,郭希汾在《中国体育史》中认为,"举凡与身体发育有关系者"均属体育(最广义),"凡所以运动其躯体者"均属体育(次广义),凡是"照一定之方法秩序","其主旨专为肉体之锻炼"的运动,均为体育(狭义),可见当时对体育是"身体教育"的认识还不成熟。

中华人民共和国成立后,开始不断有人对"体育"概念的语义进行转化。进入语言、言语领域后,又有人把指称对象由儿童少年扩大到了全体国民,"体育"的形式由体育课扩大为一切形式的身体活动(生产劳动除外),并把学校体育、群众性体育和竞技运动等统统概括在"体育"这个语词中。接着又把从苏联引进的"广义体育""身体文化""体育运动"等概念与中国的"体育"概念混合在一起,使体育概念的外延彻底冲破教育范畴,步入更宽的社会文化领域,并把社会中能够锻炼身心、服务国家政治经济的各种身体活动和项目统统都归结到"体育"的范畴内。虽然在本阶段的前期国内也有一些教育学家、体育专家围绕什么是体育,什么是竞技运动以及与体育类似的一系列以身体运动为基本手段的社会实践活动展开过讨论,但对"体育"概念的新提法不多,人们对"体育"的认识也还比较统一。进入"文化大革命"时期,体育理论研究遭到了严重的摧残,体育概念的表述多年没有出现什么本质性的变化。

三、 现代体育概念的演变

》》(一)现代国外体育概念的演变

20世纪80年代,日本学者佐藤臣彦对体育概念进行了进一步的研究,指明了体育仍然在"三育"之中,明确了体育属于教育。认为人要经历这样一个教育的过程,从而挖掘人自身的潜在能力。并且日本也存在着上下位概念之说,岸野雄三将身体教育放在"身体文化、身体教育、身体锻炼"的排列顺序里,而近藤镇三的排列方法是"身体文化、身体运动、体育"。体育概念在日本也经历了不断发展的过程,体育一词在日本的教育领域中能够得到比较清晰的使用,但在日常的使用中同样也存在着体育概念不清、上位概念不明确的现象。

苏联学者对体育及其相关的概念都有十分清楚的界定,马特维也夫在体育院校通用教材《学校体育教育理论与方法》一书中论述:"体育"这一概念术语,应该属于教育的范畴,它不仅要利用人自身身体的发展,更要完善人的发展。

至今,美国在对体育概念进行定义时,也没有一个统一的说法,更没有一个十分固定的体育的上位概念。但美国在体育的上位概念上,比较多的是在Physical education和Sport两者上存在争议。对于Physical education的论述,主要强调体育是一个教育的过程,是通过人的身体活动提高人身体的性能;而 Sport 多用于竞技体育之说,究竟体育的上位概念是哪一个,尚无定论。随着各国文化的交融,出现了如 Kinesiology、Physical fitness 等新的名词。这些名词的出现,都在一定程度上推动了体育概念的界定和学术交流。

》》》(二)现代中国体育概念的演变

1978 年 12 月党的十一届三中全会的胜利召开,为我国的政治、经济、文化发展重新确立了实事求是的思想路线,"体育"概念的研究迎来了春天。体育的范畴、命题以及体育概念的表述等一系列问题重新进入研究者的视野,关于体育概念的各种不同的说法纷纷出现。

20 世纪 70 年代后期至 80 年代初,体育概念主要突出身体运动,身体的教育即体质的教育,确立了体育是教育的组成部分。具有代表意义的有:1980 年,胡晓风在《关于体育科学体系的若干问题》中指出体育是一种寓教育于运动之中的社会现象,是通过运动促进人的全面发展并丰富人们文化生活的一种社会现象。1982 年,林笑峰在《体育和体育方法》中认为体育是身体教育或体质教育的简称,指的是教育者向受教育者传授增强体质的知识技能和运用这些知识技能实际锻炼身体的过程。《现代汉语词典》中的表述是:体育一是指以发展体力、增强体质为主要任务的教育,通过参加各项活动来实现;二是指体育活动。

20 世纪 80 年代中后期,体育概念进一步细化,出现了群众体育、社会体育、体育教育等一系列的下位概念,主要反映了体育是文化的重要组成部分。具有代表意义的有,1986 年出版的《中国大百科全书·体育》表示:体育的含义与体育运动相同,它包括身体教育(即狭义的体育)、竞技运动、身体锻炼三个方面。身体教育与德育、智育、美育相配合,成为整个教育的组成部分。它是有目的、有组织、有计划地促进身体全面发展、增强体质、传授锻炼身体的知识和技能,培养高尚的道德品质和坚强的意志的一个教育过程。竞技运动是指为了最大限度地发展和不断提高个人、集体在体格、体能、心理及运动等方面的能力,以取得优异运动成绩而进行的科学的、系统的训练和竞赛。身体锻炼是指以健身、医疗卫生、娱乐休息为目的的身体活动。1986 年,曹湘君在《体育概论》中指出体育(广义的亦称体育运动)是指以身体练习为基本手段,以增强人的体质,促进人的全面发展,丰富社会文化生活和精神文明为目的的一种有意识、有组织的社会活动。它是社会总文化的一部分,其发展受一定的政治和经济的制约,也为一定的社会政治和经济服务,包括体育(狭义)、竞技运动、身体锻炼和身体娱乐。

20 世纪 90 年代中后期,体育概念突出了与政治、经济、社会、心理、文化的联系。人既是体育的客体,又是体育的主体。体育概念不仅反映了体育本质的共性特征,而且反映了其不断发展的属性。具有代表意义的有:1995 年,杨文轩与陈琦在《体育概念的逻辑学问题》里给广义"体育"下了定义,认为体育是以身体运动为基本手段,为增强体质、完善人体的教育过程。

1999 年,韩丹在《论中国体育:一分为三》中表示,学校体育就是在叫作学校的社会组织里,由体育教师按照教学计划,依照教材按课时规定对所有学生进行的体育知识和技能的培养活动。社会体育是指学校之外所有社会成员增进健康为主要目的的体育活动,这是一个多因素、多层次的复杂结构的社会事项。竞技体育是指为培养优秀运动人才,创造优异成绩而进行的系统的、科学的训练和竞赛,其基本任务是为国争光。《辞海》是这样表述的:狭义的体育指身体教育,即以强身、医疗保健、娱乐休息为目的的身体活动。与德育、智育、美育相配合,成为整个教育的组成部分。广义指体育运动,包括身体教育、竞技运动、身体锻炼三个方面。它们均以身体活动为基本手段,来锻炼身体,促进健康,增强体质,并具教育、教学和训练作用,以及提高技术和竞赛的因素。《体育大辞典》中的表述为:体育也称体育运动,人们根据生产和生活的需要,遵循人体的生长发育、生理机能活动能力变化和适应性的规律,以及动作技能形成的规律与认识事物的一般规律,以身体练习为基本手段,结合日光、空气、水等自然因素和卫生措施,达到全面发展身体、增进健康、增强体质、提高运动成绩水平,丰富社会文化娱乐生活为目的的一种社会活动。

20 世纪 90 年代后期至今,体育概念更加细化、国际化,同时具有整体性和本土化特点。具有代表意义的有,于春艳、王景贤在《浅论体育的概念及其本质》中将体育定义为:体育是人类以身体活动为手段,以他人或自身为对象,为满足自身和社会的需要而进行的一种社会文化教育活动。王学峰在《Sports 与 5P 关系解析》一文中,将体育定义为:通过身体活动,使个体在身体上、精神上、社会技能和适应能力诸方面获得最佳化的一个教育过程,是教育的一个重要组成部分。刘湘溶、李宏斌、龚正伟在《质疑传统体育概念和体育分类》中指出:体育就是人特殊的育化。即人类依据自身需要,有意识地以身体运动为根基,以人本为本质,以强化体能、愉悦身心为目的,以“释放”方式为特征,化育自身,使人向“完全人”(完善人)方向发展的方式和过程。周西宽在《现代“体育”概念几个问题的探讨》中称体育是人类为适应自然和社会,以身体练习为基本手段而自觉地改善自我身心和开发自身潜能的社会实践活动。简而言之,体育是人类以自身运动为主要手段改造自我身心的行为或过程。2004 年,熊斗寅在《“体育”概念的整体性与本土化思考》中指出:体育是一种复杂的社会文化现象。它以身体与智力活动为基本手段,根据人体生长发育、技能形成和机能提高等规律,达到促进全面发育、提高身体素质与全面教育水平,增强体质与提高运动能力,改善人们生活方式与提高生活质量的一种有意识、有目的、有组织的社会文化活动。张洪潭在《体育的概念、术语、定义之解说立论》一文中认为:体育是旨在强化体能的非生产性肢体活动。体育一词本身就是最简洁、最响亮、最适宜的上位术语,其他各个下位术语的合成,只用在“体育”一词前加定语。旨在强化体能的非生产性肢体活动,就是体育其事的完整定义。但至今中国体育界还没有找到一个能够较好的被学术界认可的、具有明确内涵和外延的、符合中华人民共和国国家标准《术语工作——原则与方法》的“大体育”概念。这也表明对体育概念的认识受到社会发展水平、教育发展水平等多方面因素的影响和制约。

》》》（三）我国目前体育概念及理论研究的新动向

针对我国体育理论研究落后于体育实践的状况,在我国举办奥运会尤其是冬季奥运会,以及体育强国概念被提出、全民健身提升为国家战略后,理论界对体育本源研究的回归显得尤为迫切,对体育概念、体育基本理论的研究已成为体育界新的关注热点。

2019 年成都体育学院学报以体育概念的讨论为主旨,邀请国内相关专家进行专题的讨论及论文征集。在当年第五期学报集中发表了不同专家的专题论文,其中 7 篇文章聚焦体育概念的研究。如卢元镇、郝勤、孙广虎、郭宏伟等专家,围绕体育及概念的形成、发展存在问题的原因、体育概念变化、国内外发展的差异、理论研究困境等进行了不同的见解陈述及理论分析,分别提出了自己的观点或主张。这次问题的讨论及论文的集中呈现,也为我国体育概念、体育基本理论的发展起到了启示和推动的作用。

为进一步推动和促进我国体育基本理论研究,2020 年 10 月 19 日成都体育学院恢复成立体育学研究室。2022 年 5 月 9 日,首届体育基本理论国际会议在成都体育学院举办。会议以“守正·创新:回归体育基本理论”为主题,设立主旨报告、域外视野专场、国家社科基金重大项目专场、专题报告会场和“线上”墙报交流会场。本次会议体育基本理论研究成果甚为丰富,其中,福建师范大学黄汉升教授,从知识体系和制度安排以及学科发展的内生动力与外生条件角度梳理了中国特色体育学学科发展的理论逻辑与历史逻辑;从学科定位、理论体系、队伍建设和人才培养等维度,多角度审视了中华人民共和国体育学科发展的成就、经验及存在的一些问题。成都体育学院刘青教授从本体论、认识论、方法论讨论了他对中国体育基本理论研究的再认识。即体育基本理论的研究需要批判性思维、创造性思维和创新性思维及“大历史观”与“大体育观”。北京体育大学杨桦教授认为:教育是体育的本质功能,体育在社会、政治、经济、文化、生态等领域发挥的作用,是体育的派生功能,是体育的本质功能在相关领域的延伸,十分重要。

四、体育概念含混的原因

》》》（一）人的差异性

人与人之间的差异来自人类的不断发展,这些差异主要表现在两个方面:一是人与人之间自身的差异;二是人与人之间差异所导致的群体性差异、民族性差异、国家间差异等。人类发展带来的认知发展,使人类的认识水平不断提高的同时,也形成了群体的意识形态差异、思维方式差异、文化差异。这些差异在很大程度上割裂了人们对同一事物的认识,造成了各自理解上的分裂。

>>>（二）语言的模糊性

体育是社会实践的产物,是借助语言工具将这种社会存在现象在社会意识上进行的反映。体育现象通过语言描述来展现,因此在很大程度上,语言的精确性关系到被反映的事物与语言描述所展现的图景一致性的高低。人们想要借助逻辑来约束语言在本质上存在的模糊性,但人类语言的含义不可能成为逻辑的对象,语言本身并不受语言形式的限制,因此不能仅靠使用分析性手段来测量。可以说,我们是采用模糊语言来反映一些模糊思维和判断结论的。

>>>（三）体育的客观复杂性

体育的存在和系统性反映了体育的复杂性。体育是人类社会实践活动的产物,是一种社会存在,它是随着人类不断进化而发展的一种社会产物。现代意义上的体育是一个庞大的系统,是作为联系人类自身的自然属性和社会属性的桥梁,它的若干子系统起着协同作用。体育系统是个开放的系统,它与外界不断进行物质、能量和信息交换。这种情况引起了系统的边界模糊,在人类已能到达分子、原子、电子微观世界的今天,对这种边界模糊却还没有找到很好的解决办法。

第三节
体育概念的界定

一、体育概念的界定

确定体育概念,一般是从唯物辩证法的视角出发,按照逻辑学的规范来展开。逻辑学是研究思维规律的学科,它具有工具性质。在体育科学领域里应用逻辑学这一工具,能够有效提高体育科研工作者运用概念、判断、推理反映体育客观规律的能力。逻辑学(主要是形式逻辑)对概念的确定、定义与划分都有明确的规定,它可以帮助我们辨析长期悬而未决的体育概念问题并正确界定体育概念。确定体育概念一般采用下定义的方法。

>>>（一）概念和定义的关系

1.概念及其构成要素

概念是反映事物本质属性的思维形式。本质属性是决定某一事物之所以成为该事物并区别于他事物的属性。概念的构成要素包括内涵和外延。概念的内涵反映事物的本质属性,回答"是什么";概念的外延反映事物的总和,回答"包含哪些"。

2.定义及其构成要素

定义是指对于一种事物的本质特征或一个概念的内涵和外延的确切而简要的说明。定义是明确概念内涵的方法,概念是否明确可以用定义来检查。

定义一般由被定义概念(指被提示其内涵的那个概念)、定义概念(指用以提示被定义项的内涵的概念)和定义联项(指用来联合被定义项和定义的词)组成。在这里,还要清楚上位概念(属概念)和下位概念(种概念)。上位概念指具有从属关系的两个概念中外延较大的概念;下位概念指具有从属关系的两个概念中外延较小的概念。如学生与大学生、工业与轻工业中,学生、工业是属概念。

3.下定义

下定义最基本的方法是属加种差定义法,概念是从属加种差定义中派生出来的。属加种差定义的形式可以用公式来表示:

$$被定义项(种概念)= 种差+邻近属概念$$

公式中,种差加上邻近属概念等于定义项。定义项提示了被定义项所反映的事物的本质属性,而事物的本质属性是共有本质属性和特有本质属性的统一,邻近属概念反映了事物的共有本质属性,种差反映了事物的特有本质属性。如三角形的定义:三角形=由三条线段围成的图形中"三角形"是下位概念(种概念),"三条线段围成"是种差,"图形"是上位概念(属概念)。

》》(二) 定义的步骤

(1)第一步找出属概念,即找出包含了被定义项的较大的一个事物类。如轻工业属工业。

(2)第二步找出种差,即找出该属概念中区分这个种与其他种的差别。如轻工业在工业这个属中与重工业的差别。

(3)第三步将种差和属概念连起来,就得到要定义的概念。

》》(三) 定义的规则

(1)定义项的外延与被定义项的外延必须全同,否则犯定义过宽或过窄的错误。

如:体育是以肌肉运动为主要内容的文化活动。(过宽)

如:体育是通过身体活动增强学生体质的教育。(过窄)

(2)定义中不能直接或间接地包括被定义项,否则犯"循环定义"或"同语反复"的错误。如:体育是以体育的基本技术为手段的文化活动。

(3)定义项除非必要,不应包含否定概念。如:体育不是娱乐选秀。

(4)定义项不能包括含糊的概念或语词。如:体育是一种独特的文化活动。

(5)定义项必须直接揭示被定义项的内涵。如:体育是现代科技的橱窗。(这只是个比喻)

(四)体育概念的定义

1.寻找体育的邻近属概念

体育的属概念有很多,体育可以是教育活动,可以是社会活动,也可以是人的活动,还可以是文化活动。我们要从准确说明体育概念的内涵和外延的实际需要出发,找出一个比较合适的体育概念的邻近属概念。

(1)以"教育活动"作为体育的属概念过去合适,现在偏窄"体育"一词的起源和发展表明它是教育学领域的产物。在我国最早出现在 1903 年的《学务则要》里;1876 年创造汉字"体育"的日本认为其是教育的一部分;1762 年创造英文"Physical Education"的西方国家也认为其是教育的一部分,该观念一直延续到 20 世纪 80 年代。

然而,科学技术的迅猛发展扩大了"体育"一词的内涵和外延。现代社会,越来越多的人参与体育运动是为了健康、快乐,为了追求能够痛痛快快流一身汗的畅快。追求快乐从根本上说是要求提高生活质量的反映,是人的本质需求的回归,也是人的发展与社会发展高度协调的验证。人生的真正幸福,应该是身心健康、精力充沛,能积极而快乐地生活,我们称之为"高品质的人生",也就是用健康的身心去享受人生。因此,将体育局限在学校体育的观念显然过时了,体育应该是家庭体育、学校体育和社区体育的统一体。在现代文明社会体育能提高生活质量、改善生活方式已成为大家的共识。这表明体育已不再局限于教育这一规范的国际法规中是显而易见的。

(2)"社会活动"和体育是交叉关系,不是属种关系。"社会活动"这个概念本身比较含糊,一般认为"本职工作以外的集体活动是社会活动"。由此,本职工作不属于社会活动,个人活动亦不属于社会活动,但体育既可以是本职工作,也可以是个人活动。所以,用"社会活动"作为体育的邻近属概念来给体育下定义是不妥当的。

(3)以"人的活动"作为体育的属概念偏宽。人的活动是一个非常宽泛的概念,它包括政治、经济、宗教等集体的社会活动,也包括心理、生理、身体、精神、肢体、思维等个人的活动,以"人的活动"作为体育的属概念不能很好地反映体育的特有属性。

(4)"文化活动"是体育合适的邻近属概念。"体育是社会文化"的观点被国内外大多数学者认同。在国内,2004 年熊斗寅在《"体育"概念的整体性与本土化思考》中指出,体育是一种复杂的社会文化现象,它以身体与智力活动为基本手段,根据人体生长发育、技能形成和机能提高等规律,达到全面发育、提高身体素质与全面教育水平,增强体质与提高运动能力,改善生活方式与提高生活质量的一种有意识、有目的、有组织的社会文化活动。《国际体育运动宪章》第二条中也明确指出:"体育运动作为教育与文化的一个基本方面,必须培养每个人作为与社会完全结合的成员所应具备的能力、意志力和自律能力……就个人来说,体育运动有助于维持和增进健康,提供一种有益的消遣,使人能克服现代生活的弊病。就社会来说,体育运动能丰富社会交往和培养公正的精神,这种精神不但对运动本身是必要的,而且对社会生活也是必要的。"不言而喻,体育需要从教育和文化两个范畴来认识。在国外,《苏联百科全书》如此表述:体育运动是社会总文化的一部分,是为增进健康,发展人的身体能力,并为适应社会实践需要而利用这些能力的一个社会活动领域。《苏联百科辞典》的表述是:体育是社会文化的一部分,是为增强人的健康和发展人的体质而开展的社会活动的一个领域。它的社会活动标志是人的健康和体质发展水平,在教育、生产、日常生活领域中进行体育的程度,竞赛项目的成绩等。"体育名词协会"出版的《体育名词术语》认为:体育(Physical Culture)是广义文化的组成部分,它综合各种身体活动来提高人的生物学潜力和精神潜力的范畴、规律、制度和物质条件。

广义的文化是指人类创造的物质和精神财富的总和,它是人类特有的。狭义的文化是指人类创造的精神财富,它与物质生产活动对立。体育的属概念既可以是广义的文化,也可以是狭义的文化。"体育是社会文化活动"——广义;"体育是社会文化事业的一部分"——狭义。

2.寻找体育的种差

体育作为一种实践活动,是通过人的生命体的自我运动实现人类对自我生命功能的改造。离开了运动,体育便无从谈起。运动就是人的生命体的内部运动(特别是细胞级的生命运动)和生命体的外部运动的有机结合,人的生命体离开了内外结合的运动,就不能进行物质、能量和信息的内外交流,不能保证内外环境的协调和统一,生命过程就会停止。体育正是选用了人体运动这种关键性的手段,通过对人体运动的调节和控制而使人体结构和功能发生变革,因此,运动是体育的生命,没有人体运动就没有体育。

作为一种实践活动,体育有其明确的目的,因为人类的任何实践活动都是有目的性的活动,即使儿童的游戏也不例外。这样,没有明确目的的、偶然发生的外界对个体发展的影响就不能称为体育。

体育作为一种文化活动,它是指向"身心健康发展"的,体现出体育活动的目的性。但是与身心发展相关的文化活动有很多,如饮食文化、健康文化、休闲文化等。身体运动是体育领域专用的术语,是作为体育手段的身体运动。以身体运动为基本手段体现了体育促进身心发展的手段的独特性,使得体育文化与饮食文化、健康文化相区别。

根据以上分析,"以身体运动为基本手段促进人的身心发展",体现了体育的特有本质属性,是合适的体育种差。

综上所述,不妨将体育的概念界定为:体育是以身体运动为基本手段促进身心发展的文化活动。这样的体育定义相对客观、辩证而全面,反映了体育的本质特征,重视了体育的自然属性和社会属性,考虑到中国特色并与国际接轨,确立了人的发展与社会发展在体育中的高度统一性。既从教育角度重视了对人的培养,又从社会文化的视角反映出体育对社会发展的贡献;既注重对体育的生物学研究,也注重对体育的心理学和社会学研究,从生物、心理、社会等多层面认识体育,可以说是一种新的广义体育观。

二、 体育概念的分类

概念具有两个逻辑特征,即内涵和外延。在学术交流中我们强调要明确概念,指的就是要明确概念的内涵和外延。明确概念内涵和外延的方法主要是定义和划分。"定义"是明确概念内涵的逻辑方法,只要定义正确一般不会引起混乱;"划分"是把一个属概念的外延分成若干种概念,从而明确其外延的逻辑方法。划分要有正确的划分标准,具有明晰性特点的事物很容易划分归属,具有这一本质属性的就归为该类,否则就归为其他类。

分类是划分的一种特殊形式,是根据事物的本质属性或显著特征进行的划分。对概念进行正确分类必须遵守划分规则,它是检验分类是否正确的标准。划分的规则有:一是子项和母项必须相称,即子项的外延总和必须等于母项的外延;二是各个子项必须互相排斥,即子项不得相容;三是每次划分只能根据一个标准。

目前对体育概念的分类归纳起来大体有两种:第一种分为体育(狭义)、竞技运动、体育锻炼;第二种分为学校体育、群众体育和竞技体育。这两种分类的划分都背离了逻辑学的规则。第一种分类违反了"子项不得相容"的规则,出现了体育(狭义)包含竞技运动、体育锻炼的子项的问题。如果所谓的体育(狭义)不包含竞技运动、体育锻炼,那么这种体育通过什么途径达到它所规定的"促进身体全面发展,增强体质,传授锻炼身体的知识、技术和技能,培养道德意志品质"的目标呢?第二种分类违反了"每次划分只能根据一个标准"的规则,学校体育、群众体育和竞技体育是分别根据场所、对象和目的三种标准对体育进行分类的,在同一分类中出现三个标准显然是不严谨。

体育的分类是将体育领域中的各种表现形式,按照一定的标准进行区别并确定其归属的过程。按照逻辑学划分和分类规则,体育概念可以采用多种标准划分为不同的类别。

》》》(一)按体育实施场地划分

学校体育:狭义的学校体育,是体育教学与体育活动开展的主要领域。学校体育是教育的组成部分,是全面发展身体,增强体质,传授体育知识、技能,提高运动技术水平,培养道德和意志品质的有目的、有计划、有组织的教育活动过程。

社区体育:由社区居民自主进行的身体锻炼活动,具有自主性、公益性、多样性、趣味性、服务性等特点,对丰富居民文化生活、提高生活质量、交流邻里感情、改善人际关系、促进社区繁荣发展有重要意义。

家庭体育:是在家庭环境中,家庭成员按照一定的体育要求所进行的旨在增进身体健康、养成良好锻炼习惯的各种体育活动。

》》》(二)按体育参与者年龄划分

婴幼儿体育:出生一个月至学龄前的婴幼儿进行的身体锻炼活动,目的是促进婴幼儿身体正常发育、技能协调发展、身心和谐,培养参加体育活动的兴趣,发展基本活动能力。

儿童少年体育:7—18 岁的儿童、青少年进行的身体锻炼活动,通过身体运动、卫生保健等手段,达到锻炼身体、增强体质、培养体育能力、促进身心全面发展的目的。

青年体育:18—30 岁这一年龄段是人的身体成熟期,发挥身体的潜在能力,学习和提高体育技术,将有助于未来的职业需要与满足生活需求。

成年体育:30—60 岁的成年人参加的体育活动。在这一时期,人基本远离学校体育环境,体育活动呈现多样性、自主性、休闲性等特征。

老年体育:60 岁以上人群进行的以增进健康、延缓衰老、防治老年性疾病、丰富老年生活为目的的身体锻炼活动。

》》》（三）按体育参与者职业划分

农民体育:指农民开展以健身、休闲、娱乐为目的的身体锻炼活动,具有项目多样化、乡土化、活动时间农闲化、形式分散化等特点。

工人体育:指工人以健身娱乐为主要目的,根据业余、自愿、灵活、多样的原则所开展的体育活动。

军人体育:指部队官兵通过各种身体练习,以增强体质,提高运动技术水平,丰富业余文化生活,培养共产主义道德意志品质,提高部队战斗力为目标的有组织、有目的、有计划的实践活动。

知识分子体育:指知识分子以健身娱乐为主要目的,根据业余、自愿、灵活、多样的原则所开展的体育活动。

》》》（四）按体育发展年代划分

古代体育:是指在古代社会中存在的各种体育现象。

近代体育:是指从 1640 年英国资产阶级革命开始到 1917 年俄国十月革命开始前社会上存在的各种体育现象。

现代体育:是指从 1917 年俄国十月革命开始到 1945 年第二次世界大战结束社会上存在的各种体育现象。

当代体育:是指从 1945 年第二次世界大战结束至今社会上存在的各种体育现象。

》》》（五）按体育属性划分

竞技体育:是以竞技运动为手段来促进人的身、心和精神协调发展的一种体育活动。

休闲体育:是为了满足人们身心健康、娱乐需要而产生的文化活动。

健身体育:是以身体运动、自然力、膳食营养、卫生措施、生活制度、优生优育等作为手段,培育、锻炼、养护身体,以增强体质、增进健康的文化活动。

竞技体育是借助竞争机制、挑战高峰来实现身心发展的目的,休闲体育是通过参与多种多样的趣味身体活动实现身心发展的目的,健身体育是通过规律性的有氧运动实现促进身心发展的目的。竞技体育、休闲体育、健身体育之间只是形式、手段和方法上的差别,其共同的特有本质属性依然是"以身体运动为基本手段促进身心发展",依然遵循了划分的规则。因此,当代体育是由竞技体育、休闲体育和健身体育组成的,这个分类将得到广泛应用并在指导体育实践方面起重要作用。

》》》(六)按照体育过程分类

体育可以分为体育教育过程、竞技运动过程、健身休闲过程。

学者争鸣 》》》

"寻求体育总概念"与"虚无的上位概念"

体育概念是普世的。现代体育是一种全球文化,体育是全世界共同的语言,其概念与定义也必须在全世界具有共享性与共识性,否则就失去了国际社会彼此对话与交流的基础。Sport 的话语霸权是建构在"二战"后英美体育文化的强大场域资本之上的。20 世纪 70 年代以来,国际社会发表的一系列关于体育的重要文件均将 Sport 作为体育的总概念使用。这表明,在体育全球化背景下,英文 Sport 一词(中文对应词为体育)作为体育的总概念已经成为国际社会的共识。根据《欧盟体育白皮书》"价值+身体活动"的定义,一方面,体育是一种"身体活动";但同时,只有特定价值取向和目的意义上的身体活动("旨在改善体能、促进心智健康、融洽社会关系或在各级竞赛中夺标的所有形式")才是体育。这一定义解决了"何为体育""体育的价值"等问题,从而为当代体育研究与实践提供了重要的逻辑起点与理论原点。

缺乏有条理、符合逻辑的思维方式,中国人以一种可以意会的方式给"体育"赋予了多种含义。对于形式逻辑的使用不够熟练,再加上非要将两个不同本质的事物拧在一起,加剧了国人对于体育概念和本质思考的混乱。在经历了几代人的努力之后,似乎国人已经到了黔驴技穷的地步,不得不放弃方块字使用拉丁文来表示这个并不真实存在的上位概念。也有人开始走另外的路线,比如用"自然语言逻辑"为自己无法解决的问题找个合理的解释。但是作者一方面说构成体育的概念的集合是变化的、是永远无法实际构成的,另一方面却宣称体育就是 Sport(s)。这显然存在一定的自相矛盾。至于 Sport 是否已经取代了 Physical Education 成为体育的总称,学者们也是各持己见。

美国两所大学扩大体育概念

位于芝加哥城外的罗伯特莫里斯大学是美国第一所提供电子竞技校队和校队预备队奖学金的学校。肯塔基的派克维尔大学是第二所将《英雄联盟》游戏玩家,与传统的足球、篮球和棒球运动员同等对待的学校。

罗伯特莫里斯大学体育活动副总监库尔特·梅尔切在玩过 Riot Games 公司的《英雄联盟》在线多人游戏,并得知 Riot Games 公司组织了高校联赛之后,便提出了设立奖学金的建议。该校校长不仅批准他招聘教练和招募学生玩家,还同意建造一套价值 10 万美元的电子竞技设施,供 36 名选手在校园内练习和参加比赛。

梅尔切表示:"电子竞技与真实的体育比赛一样,孩子们在比赛中有不同的分工,他们要像团队一样相互配合。我们将电子竞技和传统体育视为第二课堂,学生可以在这里经历成功与失败。且电子竞技可以在课堂之外吸引学生。"目前这两所大学正在扩大学校体育的概念,学校不仅组建了电子竞技团队,还为游戏玩家提供奖学金等支持。

知识回顾)))

体育概念是体育专业的入门知识,本章首先介绍了体育产生的内外部原因及其起源学说,随后介绍了体育概念产生的时代背景及其演变,描述了中外体育概念的现状,并借助逻辑学的基本法则给体育概念下了简明的定义,并按照逻辑学划分和分类规则采用多种标准对体育概念进行了分类。

思考题项)))

1.如何运用逻辑学法则给体育概念下定义?
2.如何分析和评价我国现有的体育概念?
3.如何从体育属性分析体育概念的分类?

推荐阅读)))

[1] 韩丹.纵论中国体育:特征、概念、历史和转型[J].体育与科学,2014.

［2］杨桦.体育的概念、特征及功能——新时代体育学基本理论元问题新探［J］.体育科学,2021.

［3］郝勤.体育史观的重构与研究范式的转变:兼论体育的源起与概念演进［J］.成都体育学院学报,2018.

参考文献)))

［1］杨文轩,陈琦.体育概论［M］.3版.北京:高等教育出版社,2021.

［2］孟凡强.体育概念在我国发展演变过程述评［J］.天津体育学院学报,2008(3):243-246.

［3］郭红卫.Sport考论［J］.体育科学,2009.29(5):83-97.

［4］陆作生.我国体育概念的界定［J］.体育学刊,2010,17(12):1-5.

［5］韩丹.纵论中国体育:特征、概念、历史和转型［J］.体育与科学,2014,35(6):1-13,20.

［6］卢元镇.体育,一个永恒的话题［J］.成都体育学院学报,2019,45(5):1-3.

［7］易剑东.体育概念的梳理与厘清［J］.成都体育学院学报,2019,45(5):17-21.

［8］任海.当代体育发展与体育概念的界定［J］.成都体育学院学报,2019,45(5):4-7.

［9］郝勤.体育概念的话语建构与演进［J］.成都体育学院学报,2019,45(5):8-12.

［10］于思远,顾帅,刘桂海."体育"(sports)的本质与概念:"生命"的本体论回归与"存在"的认识论超越［J］.上海体育学院学报,2021,45(8):11-20.

［11］杨桦.体育的概念、特征及功能——新时代体育学基本理论元问题新探［J］.体育科学,2021,41(12)3-9.

［12］刘世磊,徐明魁,黄彦军.审视与探索:基于"属+种差"法的体育概念再定义［J］.武汉体育学院学报,2021,55(9):24-29.

［13］张新,廖雪,周煜,等.中国"体育"概念词汇的历史源流考析［J］.上海体育学院学报,2022,46(5):49-55.

［14］王飞.我国体育法修订背景下体育概念问题探讨［J］.武汉体育学院学报,2022,56(5):63-67.

资源链接)))

［1］https://www.ximalaya.com(喜马拉雅《体育概论》讲解)

［2］https://www.icourse163.org(中国大学MOOC平台华东师范大学《体育概论》在线开放课程)

第二章

体育功能

思政要点

弘扬社会主义核心价值观，以人为本，充分体现习近平新时代中国特色社会主义思想，贯彻二十大新发展理念，立足本国，把握正确的价值观和世界观，充分认识和明晰体育功能。

教学导论

功能是事物本身具有的功效或人类所赋予的作用及价值，不同事物对不同人群具有不同的功能价值。 本章从概述体育的功能出发，重点介绍了体育的自然质、结构质、系统质功能，让学生对体育功能的结构层次及每一层次体育功能的具体内容有比较透彻的认识和掌握。 从体育系统构成要素联系形式的角度，重点学习体育的自然价值、社会价值和人文价值。

学习目标

1.掌握体育功能的结构层次及每一层次体育功能的具体内容。
2.掌握体育的健身功能和娱乐功能。
3.掌握体育的自然价值、社会价值和人文价值。
4.了解体育是如何对经济、政治产生作用的。

学习地图

```
                                          ┌─ 体育的自然质功能
                          ┌─ 体育的功能 ──┤  体育的结构质功能
                          │               └─ 体育的系统质功能
                          │
                          │               ┌─ 体育的自然价值
          体育功能 ───────┼─ 体育的价值 ──┤  体育的社会价值
                          │               └─ 体育的人文价值
                          │
                          │                      ┌─ 体育与政治的关系
                          └─ 体育与其他社会活动的关系 ┤  体育与经济的关系
                                                 └─ 体育与教育的关系
```

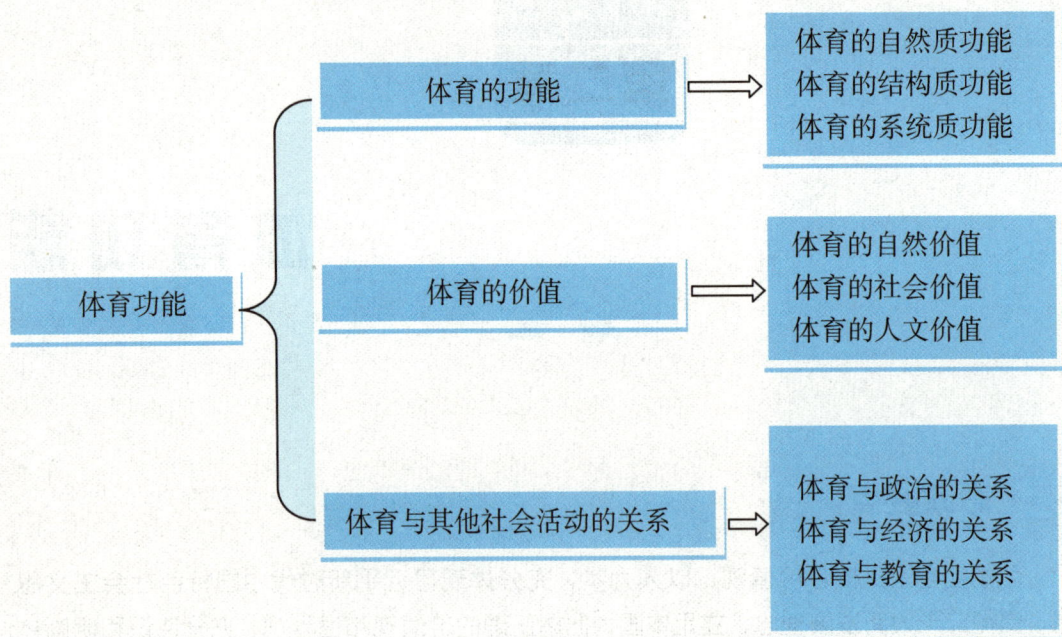

第一节
体育的功能

一、体育功能概述

>>>（一）体育功能的概念

功能一词在《现代汉语词典》中的解释是："事物的功用和效能。"在《辞海》中的解释是："事物或方法发挥的有利作用、效能。"根据功能的概念我们扩展到体育这一特定事物的功能，可将体育功能的概念确定为："体育功能是指体育这一文化现象对人和社会所能发挥的有利作用和效能。"

>>>（二）体育功能的变化和发展

体育作为一种人类的文化瑰宝,它在人类社会历史的发展中所凸显的功能是不断变化和发展的。体育从过去发展到现在,其活动形式和内容、体育的物质、体育知识观念等较之过去有明显的变化,随着政治、经济、文化、民俗、民族等多种要素的介入,体育因此而更加丰富多样,体育功能也就随之增加、变化和发展。在古希腊出现的奥林匹克运动具有宗教功能,每四年一次的奥林匹克运动会是对古希腊众神的祭祀,是为了祈福神保佑希腊人的平安。而现代社会中的奥林匹克运动会早已不存在古希腊的宗教功能。同时,我们现代体育所具有的一些功能,随着人类历史的发展也可能会消失。体育功能是在体育的生物效应和社会效应上衍生出来的,是动态的。千百年来,体育之所以不断地发展,而且越来越受到世界各国的重视,正是人们对体育功能的认识和利用的结果。

>>>（三）体育功能的划分

体育对人和社会所能发挥的有利作用和效能取决于体育本身的特点和社会需要两个方面,据此对体育功能可作如下划分。

（1）纵向地、动态地考察,体育功能可划分为三个阶段功能——历史功能、现代功能、未来功能,它们与人类社会发展的时间相联系。我们把阶级、国家出现以前,体育对人类的作用和效能,称为体育的历史功能;把人类进入阶级社会以后,体育对人类的作用和效能,称为体育的现代功能;而把阶级、国家消亡以后,体育对人类的作用和效能,称为体育的未来功能。

（2）对体育的每一发展阶段作横向的静态观察,体育功能可划分为政治功能、经济功能、教育功能、娱乐功能、军事功能、医学功能等。

（3）从体育功能的作用对象上,可把体育功能划分为个体功能和群体功能。

（4）从体育功能的存在和表现状态上,可把体育功能划分为基础功能和随机功能（延伸功能）两种表现形态。体育的基础功能是一切其他功能发展的起点,这里实际上是指体育对个体的生物功能。体育的随机功能是指体育对象通过体育所获得的不同效应。如观看体操比赛的观众基于角度不同,所获得的感受和目的就不同,而作为体操表演者本身的目的也是不同的。这些目的都具有随机性,这都大大超过了体育本身的范畴。体育的随机功能具有广泛性和不确定的特点。

（5）从体育功能的作用方式上,可把体育功能划分为直接功能和间接功能。

（6）从体育功能的层次上,可把体育功能划分为自然质功能、结构质功能和系统质功能。其中,自然质功能是最基本、最基础的功能。

以上不同层次、不同方面的功能相互联系、相互交织在一起,形成一个错综复杂的网络体系。对于体育功能的详细阐述,本书将从体育功能的层次性方面展开。

二、体育的自然质功能

自然是与人为相对立的,对人来说,自然也是具有积极意义的,它作为系统先于人化自然而存在,因此,自然永远是人最基本的生存环境和基础,人化自然必须以自然存在为前提。但是,自然界中的很多物质未经人类加工,它对人类的效用和功用是有限的。例如树木活着时能够通过光合作用向人类输送氧气,它干枯了可以作为燃料供人类使用,它腐烂了可以作为有机肥料供人类使用,仅此而已。

体育最简单、最原始的表现形式就是人类的基本活动能力的表现。人类在进化过程中自然形成的走、跑、跳、投、攀登、爬越、悬垂和负重等运动方式,可以看作是体育最原始的形式。这些运动方式对人类所产生的功效,就是体育的自然质功能。

体育的自然质功能比较单一,即体育的健身功能。体育的基本活动方式是通过身体运动来完成的,健身功能是体育文化现象最基本、最直接的功能,是决定体育其他功能的基础。体育的健身功能主要体现在以下几个方面。

》》》(一)促进有机体的生长发育,改造人体骨骼和肌肉系统

生长和发育的表征往往表现在骨骼和肌肉的生长和发育方面,体育锻炼确实能够促进骨骼和肌肉的生长发育。人的身高不断增长主要是由于人长骨的骺软骨不断增生,直到其骨化完成,人的身高就不再增高了。而通过体育锻炼,特别是跳跃、拉伸等类型的运动能够刺激骺软骨的增生和分裂,从而促进人体身高的发展。科学研究证明,经常从事体育活动的青少年较一般青少年身高增长要快。同时,经常参加运动,可以使骨骼变粗、骨密度增厚,骨骼的抗折、抗压能力增强。

经常参加体育活动的人,肌肉的工作能力得到增强,表现为肌肉的横截面积加大,肌肉变得粗壮有力。现代医学研究证明,通过长期的体育锻炼,人的肌肉成分可以发生一系列有利于健康的变化:增加氧化酶的浓度,促进碳水化合物和脂肪的分解,产生 ATP 形式的能量;增加线粒体的大小和数量,这是产生有氧能量的细胞能源工厂;增加肌肉利用脂肪作为能量来源的能力。

体育活动对于青少年来说是促进了骨骼和肌肉的生长发育,对于成年人和中老年人来说能够保持骨骼和肌肉的机能能力。经常运动可使肌肉保持正常的张力,并通过肌肉活动给骨组织以刺激,促进骨骼中钙的储存,预防骨质疏松,同时使关节保持较好的灵活性,韧带保持较佳的弹性。锻炼可以增强运动系统的准确性和协调性,保持手脚的灵便,使人可以轻松自如、有条不紊地完成各种复杂的动作。

》》》（二）改善人体内脏系统，增强机能能力

体育运动使人新陈代谢旺盛，血液循环加速，从而使血液循环系统、呼吸系统、消化系统，以及其他系统的机能都得到改善。

体育运动能改善和提高人体的新陈代谢，促进体内组织细胞对糖的摄取和利用能力，增加肝糖原与肌糖原的储存。体育锻炼还能改善机体对糖代谢的调节能力。如在长期体育锻炼的影响下，胰高血糖素分泌表现出对运动的适应，既是在同样强度的运动情况下，胰高血糖素分泌量减少，其意义是推迟肝糖原的排空，从而推迟衰竭的到来，增加人体持续运动的时间。脂肪是在人体中含量较多的能量物质，它在体内氧化分解时放出能量，约为同等量的糖或蛋白质的两倍，长期坚持体育锻炼能提高机体对脂肪的动用能力，为人体从事各项活动提供更多的能量来源。

体育运动能改善和提高心血管系统的机能。适当的运动是心脏健康的必由之路，有规律的运动锻炼，可以减慢静息心率和运动心率，这就大大减少了心脏的工作时间，增加了心脏功能，保持了冠状动脉血流的畅通，可更好地供给心肌所需要的营养，可使心脏病的发生率减少。

（1）经常参加体育锻炼可使心肌细胞内的蛋白质合成增加，心肌纤维增粗，使得心肌收缩力量增加，这样可使心脏在每次收缩时将更多的血液射入血管，心脏每搏输出量增加，长期坚持体育锻炼可使心室容量增大。

（2）体育锻炼可以增加血管壁的弹性，这对人健康的远期效果来说是十分有益的，随着年龄的增加，血管壁的弹性逐渐下降，可诱发高血压等退行性疾病，通过体育锻炼，可增加血管壁的弹性，预防或缓解退行性高血压症状。

（3）体育锻炼可以促使大量毛细血管开放，加快血液与组织液的交换，加快新陈代谢的水平，增强机体能量物质的供应和代谢物质的排出能力。

（4）体育锻炼可以显著降低血脂含量（胆固醇、β-脂蛋白、三酰甘油等）、改变血脂质量，有效地防治冠心病、高血压和动脉粥样硬化等疾病。

（5）体育锻炼还可以使人的安静脉搏徐缓、血压降低。

体育运动能改善和提高呼吸系统的机能。经常参加体育锻炼，特别是做一些伸展扩胸运动，可以使呼吸肌的力量加强，胸廓扩大，有利于肺组织的生长发育和肺的扩张，使肺活量增加，经常性的深呼吸运动，也可以促使肺活量的增长。大量实验表明，经常参加体育锻炼的人，肺活量值高于一般人。体育锻炼由于加强了呼吸力量，可使呼吸深度增加，以有效地增加肺的通气效率。研究表明，一般人在运动时肺通气量能增加到 60 升/分左右，有体育锻炼习惯的人运动时肺通气量可达 100 升/分以上。一般人在进行体育活动时只能利用其氧气最大摄入值的 60% 左右，而体育锻炼可以使这种能力大大提高，在进行体育活动时，即使氧气的需要量增加，也能满足机体的需要，而不至于机体缺氧。

体育运动能改善和提高消化系统的机能。体育锻炼加速机体能量消耗的过程,能量物质的最终来源是摄取食物,因此,运动后会促进消化系统的功能变化,饭量增多,消化功能增强。

体育运动能改善和提高中枢神经系统的机能。大脑是人体各种活动的指挥中心,其重量仅占人体重的2%,但它的耗氧量却占全身总耗氧量的1/4。体育锻炼能提高神经系统对人体活动时错综复杂的变化的判断能力,并及时作出协调、准确、迅速的反应。研究指出,经常参加体育锻炼,能明显提高脑神经细胞的工作能力。反之,如缺乏必要的体育活动,大脑皮层的调节能力将相应地下降,造成平衡失调,甚至引起某些疾病。

》》》(三)提高人体适应能力,增进健康水平

许多户外运动往往在严寒、酷暑、高山、高空等条件下进行,因而能提高人们对外界的适应能力。体育也有助于培养人们勇敢顽强的性格、超越自我的品质、迎接挑战的意志和承担风险的能力,有助于培养人们的竞争意识、协作精神和公平观念。

体育锻炼可以增强我们的体质,提高我们对疾病的免疫能力,增强机体的适应能力。研究证明:不锻炼的人30岁起身体机能就开始下降,到55岁,身体机能只相当于他最健康时期的2/3;而经常进行体育锻炼的人到50岁左右,身体机能仍相当稳定,即使到了60岁,其心血管系统的功能相当于25岁左右不锻炼的人。运动医学专家指出:每天坚持跑步10分钟的人,心脏可年轻20年。

》》》(四)调节人的心理,促进个体心理发展

在高度竞争的社会,快速的生活节奏、大都市的"高楼效应"使得人们的人际交往变得极为有限。在这种环境下人们容易在精神上、心理上陷入混乱,由此出现轻度到中度不等的焦虑、抑郁、敌意、孤独和其他感情不稳定的心理。心理健康对人的整体健康至关重要,对于心理障碍、不良情绪,除了做思想工作和心理治疗以外,体育活动也不失为一种积极的方法。现代医学流行病学研究证明,人们通过适当的体育运动能够缓解焦虑,提高心理健康水平。

体育锻炼对心理健康的影响是多方面的。长期持续的身体锻炼对心理疾病患者的焦虑和抑郁有缓解作用,可以有效减少状态焦虑,从而产生良好的心理效益。所以,体育锻炼具有调节人体紧张情绪的作用,能改善心理状态,恢复体力和精力;能增进身体健康,舒展身心,有助于安眠及消除压力,使疲劳的身体得到积极的休息,让人精力充沛地投入学习、工作;可以陶冶情操,保持健康的心态,充分发挥个体的积极性、创造性和主动性,从而提高自信心和价值观,使个性在融洽的氛围中获得健康、和谐的发展;体育锻炼中的集体项目与竞赛活动可以培养人的团结、协作及集体主义精神,通过人与人之间的接触交流使原有的孤独感、抑郁感等淡化甚至消失。

三、 体育的结构质功能

结构质就是人类对自然物质进行加工,改变了原自然物质的形态结构,赋予原有物质许多新的功能。例如树木经过加工,可以做成各式各样的家具,虽然木头的化学和物理性质没有改变,但是由于外部结构的变化,其具有了许多新的功能:床可以睡觉,椅子可以坐,书架可以存放书籍等。

在体育中,常常会改变身体运动的方法、增加各种规则限制等,这种身体运动结构的改变,就赋予了它们新的功能。例如我们在跑步运动中设置规则,就成为竞赛项目;竞赛项目含有对抗性,同时又对运动技术提出要求;由于规则的严肃性,又产生了公平竞争的行为规范的要求。这样,一个简单的跑步,就变得复杂起来。体育的结构质功能可以归纳为两种:体育的教育功能和娱乐功能。

》》》(一) 体育的教育功能

体育的教育功能是指体育在促进人类身心全面发展的过程中的作用和效能。教育功能是体育最基本的社会功能,就其作用的广泛性而言,它对人类社会产生的影响,是体育的其他社会功能无法比拟的。体育的教育功能是通过体育对人的身心的促进与发展,推动实现教育目的而体现出来的。即便在奥林匹克运动中,体育仍然被认为是一种教育方式,即在道德范围和公平竞争的原则下促进人身心健康发展。体育的教育功能主要体现在以下四个方面。

1.教导基本的生活技能

体育产生于生活,也应服务于生活。通过身体教育、运动教育可传授各种生活技术和技能。例如走、跑、跳、投、钻、跨、滚、攀登、爬越等身体活动能力,提、挑、拉、拖、搬运等生产劳动技能,都是人们必须掌握的基本生活技能,但也需加以规范和改进。教师要求小学生站立时抬头挺胸,走路时克服内八字或外八字,跳跃时注意落地缓冲等,就是在发挥体育教导人们基本生活技能的功能。人们在日常生活中上下楼梯、步行逛街、公园漫步时,稍不留意就容易扭伤踝关节。所以人们需要学习如何预防踝关节扭伤:平时注意进行踝关节周围肌肉力量和本体感觉的训练;运动前进行充分的准备活动;适当减少运动量;运动时选择鞋底柔软的高帮鞋、弹力绷带或半硬的支具。这也是体育教导人们基本生活技能的功能。

2.传授文化科学知识,形成良好生活习惯

体育是人类宝贵的文化遗产,其中有许多内容对体育文化的传承和发展具有重要的作用。通过体育,人们在运动中学习了关于身体健康的保健知识,了解了体育对人体健康的价值、健康的评价方法和标准;掌握了各种运动项目的规则与方法,运动项目的由来和发展,正确的运动技术要领以及其中的科学道理;知晓了各类比赛的规则和体育观赏知识以及终身体育对养成健康生活方式的必要性;树立了青少年正确的体育观和体育意识,养成了终身体育的习惯和方法。为今后形成健康的生活方式、正确的价值观念乃至人生观奠定了基础。

健康的价值观随着体育大量介入发生了变化,人们传统的营养观也发生了变化,以食品价格评价营养的价值观转变为以合理的膳食结构评价营养的价值观。坚持体育运动与合理营养相结合,才能真正增强体质,提高抵抗疾病和适应各种环境的能力,使身体健壮、精力充沛,从而提高学习效率。

3.提供社会规范教育、社会角色尝试,促进人的社会化

社会规范是历史形成或规定的行为与活动的标准。人的行为总是受某种文化下的社会规范的制约,这些社会规范不仅指法律、规章制度,还涉及人际交往时的一些礼节规则和游戏规则。当人们进行各种游戏时,在游戏中的人们也遵守着游戏规则,对游戏规则持有内在观点,认为处于游戏中的人们在某些情况下涉及游戏规则时,就应该做出某种行为或者受到某种约束。人们在游戏中扮演角色、学习角色、领悟角色,从而使自觉遵守社会角色规范成为可能。人刚刚出生时他的生物属性占主导地位,随着时间推移,他的智力水平逐渐提高,在家庭教育、学校教育、社会教育的作用下,他的生物属性渐渐地被社会属性所替代,最后以社会属性为主导,这个过程就是人的社会化过程。

我们在进行体育游戏或某项运动比赛时必须要明确游戏规则,每个参与者必须无条件服从规则。"尊重游戏规则"如果延伸到社会生活的各个方面,就是必须要遵纪守法。学会基本的游戏规则,即为学会了社会规范。

4.促成个性形成和发展,培养完美的自我观念

体育不仅能影响到人的生理属性,还能影响到心理属性,促进身心的全面发展。现代体育是一种培养个性的手段,具体通过三个方面进行:首先,体育培养个体的自我意识,使参与者可以正确认识自己,选择方法自我改进,巩固提高自己的长处,促进个体自我观念的形成;其次,体育参与往往发生在群体活动之中,参与者要为了取得与自己相适应的地位和角色不遗余力。在体育群体中,良好的表现会得到奖赏,反之会受到冷落或批评。参与者要学习群体规则,塑造自己的思想和行为,因此体育具有模仿社会的性质和培养社会化的重要功能;再次,参与体育既要接受客观环境的影响与制约,又要进行自我调整,自觉参与,在主客观的相互作用之中培养对自身积极性和客观限制性的辩证理解,从而达到塑造个性的效果。

体育教育是由"身"及"心"的过程,通过身体运动和动作技术的学习,发展人的"主体性"。我们知道动作技巧的中枢体育机制同思维智力机制在神经网络层次上是融为一体、密切联系的,体育不仅仅是体质发展的必要条件,也是智育和德育发展的重要条件。儿童的运动游戏,不但对于体育和智育非常重要,而且还是儿童培养积极意志和健全人格,正确认识和参与人际关系的一个重要课堂。

>>>（二）体育的娱乐功能

体育的娱乐功能是指通过身体活动帮助人们享受愉快生活的作用和效能。体育在人类历史上已经存在很久了，最初的体育基本上都是以游戏的形式表现出来的。例如，马术、射箭、蹴鞠、马球等。体育活动不同于为了生存的工作，它是工作之余的活动，具有放松性，所采用的各种体育项目很多也具有游戏性，因而体育活动与娱乐有着紧密的联系，所以体育具有娱乐功效也是必然的。

体育活动的娱乐要素主要表现在：第一，它是一种自愿、自发性的活动，是人们想做时才做的自由的活动；第二，它是非日常性、非生产性的活动，不带有功利性；第三，它有一定的竞争性、对抗性和不确定性，其对抗胜负具有很大的不确定性。

随着技术的进步和生产的现代化、数控化，劳动时间缩短，人们的余暇时间不断增加。在现代人的余暇活动中，体育娱乐具有十分重要的作用，很大程度上，它所具有的社会功能是其他的余暇活动方式所不能取代的。

体育的娱乐功能一般通过两种基本途径实现：一是参与，个体参加到体育活动中，并且和其他运动者共同奔跑、跳跃、流汗。二是观赏，作为观众观看他人的体育活动，可以是比赛现场观看，也可以是通过电视观看。尽管参与体育运动对身心的良好影响要比观赏体育运动更积极、效果更好，但是现实社会中以观赏方式从体育运动中获得娱乐的人群要多于以参与方式来获得娱乐的人群数量。

体育的娱乐功能主要体现在以下四个方面。

1.体验自由感

体育运动能够得到广大社会成员的喜爱，一个重要原因是体育与文化、艺术等活动一样具有较强的娱乐功能。人们在体育运动的过程中能体验到很多乐趣和快乐，愉悦身心，疏导情绪，获得解放感、自由感。体育是人类社会多种娱乐方式中的一种。而积极健康的娱乐也是现代社会中人民提高生活质量的一项重要内容。例如，人们在奔跑中自由自在，能体验到人的自由存在状态；户外活动可以调节生活，使人返回大自然，享受自然界的乐趣；在轻松优美的健美操锻炼中，练习者的注意力从烦恼的事情上转移开，忘掉失意与压抑，心情享受健美操运动所带来的欢乐，得到内心的安宁，从而缓解精神压力，使人具有更强的活力和最佳的心态。

2.感知生命的活力

在运动竞赛中不断追求"更高、更快、更强"，以战胜自我，得到精神上的满足。特别是一些惊险项目，如跳伞、跳崖、潜水、冲浪、赛车等，在向自然的挑战中创造人生价值，增强生命的力量，从中获得能量释放的乐趣和快感。例如，空中抓杠活动项目能够挑战自我，克服心理障碍，增强自我控制的能力；面对机遇，果断地把握，增强自我决断的能力；以积极的心态去争取和获得机会。又如,高空断桥活动项目可通过活动提高参与者的灵活性,增强人们面对挑战时应具备的生存能力和适应能力,从而提升人的综合素质和无限潜能。再如,从巨人天梯活动项目中可领悟到合作中最重要的是主动伸出你的手;在合作中尽快找到别人和自己的所长,并使其作用于团队;通过相互帮助来实现两人的相互沟通和彼此了解;体会共同登峰后的喜悦,认识自己的成功往往包含帮助别人成功的理念;确立目标与成功之间密不可分。

3.体验自我实现感

美国人本主义心理学家马斯洛的需求层次理论指出,人的基本需要有五种:生存的需要(衣、食、住、行以及其他本能需要)、享受的需要(安全感、生活的质量等)、发展的需要(体力、智力的发展,文化素养的发展,职业前途的发展等)、尊重的需要(被他人承认和接受、得到社会的尊重等)、自我实现的需要(超越自己、实现最终理想)。有的职业运动员把追求奥运会金牌作为毕生的理想,他们在竞技训练和比赛中能显示自我的能力,感受到自我能力实现的极大快乐和幸福。只有达到自我实现层次的人,可以抛弃一切功利性目的,以忘我的程度投入工作。这时候工作就是他的全部生活,因此对他来说也不存在余暇和工作的差别,工作对他来说和娱乐活动是一样的,但这样的人在世界上毕竟是极少数的。

4.获得美的享受

体育运动给人展现的是一个绚丽多姿的艺术世界,它能使人得到精神上的愉悦及美的享受。运动员在体育比赛中表现出的高超艺术,是体育运动中美的体现,它像一幅幅流动的画面,给人美的享受。

当人们在观看艺术体操比赛时,运动员做波浪动作时所表现出的柔美连绵的特色;做转体动作时表现出来的身体的轻盈高飘;做平衡动作时表现出的稳健、优美,都给人强烈的美的感受。在观看竞技体操比赛时,运动员稳健、准确、高难、优美的动作更给人以精彩、动人、魅力无穷的回味,使人进入梦幻般的境地。在观看球类比赛时,球场上快速多变的战术、紧张激烈的争夺、熟练默契的配合,更是高潮迭起,精彩纷呈,把人带入神话般的世界。更有跳高运动员腾空飞越横杆的英姿,帆船运动员搏击风浪的奋勇,击剑运动员敏捷灵活的雄姿,花样滑冰运动员在冰上的千姿百态的舞姿,棋类运动员统率千军万马的气概等。这些诗情画意无不使人陶醉于体育美的享受之中,激励人们对体育美更高、更深的追求。

四、 体育的系统质功能

系统质功能是指当一个事物从自然质、结构质的功能系统再进入社会系统时,这一事物就会又产生许多以前不具有的功能。例如在结构质中产生了许多新的功能的家具,在这一系统中它们对人来说只有使用功能,床用来睡觉,不能当饭吃。但是,如果将床拿到市场上,它就成为商品,就可以换到米、面,就可以当饭吃。床的新功能是市场所赋予的,而市场则是社会系统的一个局部。

当体育进入社会系统,就会产生某种功效和作用,就又出现了许多新的功能,这样的功能就被称为体育的系统质功能。其中,体育的经济功能和体育的政治功能就属于此类。例如我国20世纪末体育产业的发展说明,体育必须进入市场才能表现出体育的经济功能,而市场是社会系统的组成部分;运动员进入世界体育的大舞台,在奥林匹克运动会上为国争光的表现,就说明了体育的政治功能必须在社会系统中才能表现出来。

》》》(一)体育的经济功能

体育的经济功能是指体育运动对经济发展的促进作用。体育的经济功能具有产业关联度广、需求潜力大、附加值高、资源消耗少、环境污染低的特点,是一个非常有前途、充满潜力和机遇的朝阳产业、绿色产业和健康产业。体育真正与经济挂钩,发挥其经济的功效,是在现代社会伴随着市场经济的发展开始的。随着市场的发展,商品经济无孔不入,体育文化作为社会消费的需要也成为现代经济中的一大产业。例如现代奥运会已不是一场纯粹的体育竞赛,它还是一场品牌的盛宴。全球化的传播通道,使企业从平凡走向伟大,可口可乐、柯达、三星、联想、伊利等中外著名企业都是借奥运与体育资源踏板迅速起跳的。如汉城奥运会,韩国让泡菜卖到了全世界上百个国家。"泡菜妈妈"专程到奥运村负责泡菜供应,在政府的推动下,"泡菜产业"似乎成了奥运会最特别也是最显眼的"赞助商",韩国泡菜借机名扬四海。可见体育在现代社会中对经济产生的巨大作用。体育的经济功能主要表现在以下三个方面。

1.提高劳动者素质,促进生产力发展

经济学家认为,劳动生产力的提高是社会经济发展的重要标志,在对生产力进行评价时,人的素质往往是最主要的衡量标准。而在人的素质中,身体素质又显得尤为重要,这就使得世界各国都格外重视体育发展劳动者体力的作用,以减少发病率,达到促进社会生产力发展的目的。这表明,体育的经济功能最初是由体育本身的发展,并间接通过提高国民身体素质,再转化为劳动生产力的。劳动者通过经常性的体育活动,使其身体强壮、精力旺盛,从而在工作中灵活、有力、协调,能够预防疾病和事故的发生,大大提高劳动生产率和经济效益。当今企业里大凡有见识的领导者都把开展体育锻炼,增进员工健康,提高出勤率视为提高企业员工素质的一个重要环节。

2.带动体育产业,促进第三产业发展

体育发展对经济的促进作用,表现在高度发达的商品经济社会。伴随着体育娱乐化和终身化程度的不断提高,为满足体育人口不断扩大的需要,各种运动器材、体育场地设施、体育用品的批量生产、建设和供应,乃至体育健身、体育娱乐和体育旅游业都在迅速发展,已逐

渐形成一个庞大的体育产业体系。竞技体育和商品经济的联系更为密切。比如,一场精彩的体育比赛可以吸引成千上万的观众,并可直接获取门票收入。一些大型运动会,除可带动旅游、商业、交通、电信和新闻出版等行业发展外,还可以通过发行彩票、邮票、纪念币,收取广告费、印刷宣传品等途径,从中得到相当可观的经济效益。随着商品经济浪潮的猛烈冲击,奥林匹克亦难免卷入其中,表现出鲜明的商业化倾向。正是商业、金钱和现代传媒的大量介入,使奥运会在20世纪后半期从一只丑小鸭变成了一只娇艳欲滴、光彩夺目的白天鹅,成为众多国家争夺的对象。

2021年10月25日,国家体育总局发布了关于印发《"十四五"体育发展规划》(以下简称《规划》)的通知。《规划》由15个部分组成,共3万余字,分三大板块。《规划》提出28大重点工程,并在推动体育重点领域工作方面进行了全面部署,围绕体育强国建设,力求推动"十四五"体育重点领域实现高质量发展。《规划》中也提到,"加快构建自主品牌体育赛事活动体系,打造100个具有自主知识产权的体育竞赛表演品牌。支持引进并培育100项具有较高知名度的国际体育精品赛事。重点培育10个具有较大影响力的体育赛事名城"等。由此可以看出,体育产业已经成为我国体育事业发展的重点内容。

3.优化产业结构,增加就业机会

体育作为第三产业正以劳务的形式向社会提供服务。自20世纪70年代以来,世界经济的发展促进体育的经济功能得以不断开发,体育产业呈现快速化、国际化的发展趋势。并且体育产业自身发展的同时也促进了经济的发展,因为它是与市场经济相互推动、相互作用的。作为产业必然创造价值,在有些国家体育产业已经成为国民经济的支柱产业。体育产业的发展优化了产业结构,为社会提供了更多的就业岗位。2016年我国国家体育产业总产出为1.9万亿元,体育产业机构数量明显增加,年增长率达21.7%;吸纳就业能力不断增强,体育产业从业人数达440余万人;消费市场日益繁荣,消费规模接近万亿元。2020年全国体育产业实现总产出27 372亿元、增加值10 735亿元。与之相对,北京奥运会成功举办的2008年,全国体育及相关产业实现增加值1 554.97亿元,体育产业增加值2008年至2020年间的平均增速高达17.5%。据统计,我国体育产业总规模到2025年预计达到5万亿元。我国体育产业总规模稳步提升,从2015年的1.71万亿元扩大到2020年的2.74万亿元,占GDP比重在1%以上,总规模和增加值的增速均高于同期GDP增速。产业结构日益优化,2020年我国体育服务业增加值为7374亿元,占体育产业增加值的比重为68.7%,超过传统体育用品制造成为带动产业发展的主引擎。

我国体育产业的快速形成和发展,不仅拓展了第三产业的增加值,也起到了优化产业结构的作用。同时,体育产业是一个上游产业,它既能带动和促进第二产业中的一些相关行业的发展,也能带动和促进第三产业中一部分行业的快速发展,所以,对整个国民经济总量扩张和结构改善都有一定作用。体育产业良好发展将会提供千万个就业岗位,为我国劳动力就业市场开辟一个新的广阔空间。

》》》（二）体育的政治功能

体育的政治功能是指体育运动对社会团体、国家、地区的安定团结、发展进步、繁荣昌盛的促进作用。在人类社会的诸多社会现象中，占有统治地位的"政治"往往具有主导作用。体育不可避免地要为一定社会和利益集团的政治和政治需要服务。体育有时候还具有很强的不可替代的政治功能，在中外体育运动的发展历史上，体育的政治功能和体育为政治服务的现象与事例屡见不鲜。例如在古代社会，竞技与政治的关系非常密切，竞技往往成为达到政治目的的一种手段，古希腊人利用恢复奥林匹克竞技会的机会，在伊利斯国王伊菲图斯的政治周旋下，终于确定了奥林匹克神圣休战条约，由此开始了体育为和平政治服务的先驱。

体育的政治功能主要表现在以下两个方面。

1.提高国家威望、振奋民族精神

体育被放在国际社会的平台上时，它就被赋予象征国家、象征民族的功能，特别是现代奥运会已经成为世人瞩目的政治舞台。体育竞赛是人类社会在和平气氛下进行的"礼仪化"战争，体育竞赛的胜负寄托着一个民族的情感，它在弘扬爱国主义、强化民族精神方面有着重要作用。例如中国女排的"五连冠"在中国大地上掀起了一股"女排热""女排精神"；洛杉矶奥运会上，许海峰的第一块金牌实现了中国在奥林匹克运动会上金牌"零的突破"，外国评论"中国是正在苏醒的体坛巨人"；2008年北京奥运会，中国队以51枚金牌、21枚银牌、28枚铜牌，共计100枚奖牌位居金牌榜首位。这是中国队第一次在奥运金牌榜上排名第一，进一步体现了中国体育大国的地位。这些事实都表明，体育对于提高国家威望、振奋民族精神具有特殊的效能和作用。

2.表明国家政治立场、为外交服务

国际比赛受到世界的关注，因此各国政府也非常注意运用这一舞台来表明自己的政治立场和态度。通过奥运会来表明自己政治态度的做法许多国家都使用过，西方国家也曾使用这一手段来实现自己的政治目的。例如1980年的莫斯科奥运会，由于苏联入侵阿富汗，以美国为首的西方国家抵制参加这届奥运会。而反过来，1984年的洛杉矶奥运会，以苏联为首的东方社会主义国家也抵制参加这届奥运会，理由是"美国不能保证公民的生命安全"。这其实就是两大阵营之间的政治斗争，双方都在通过奥运会来表达自己的政治态度。又如2014年俄罗斯索契冬奥会遭到西方围攻，抵制浪潮声势不小。一些人权组织、同性恋团体、国会议员、政府部长一窝蜂地借"美国冷落俄罗斯"之力，向俄罗斯发泄积压许久的不满，要求俄罗斯"取消反同性恋法律"，"惩罚俄罗斯包庇斯诺登"等。

体育是一种以身体运动为基本手段，无须翻译就可以交流的"世界语"，因此体育文化交流往往成为各国友好交往的桥梁。运动员们不仅被视为具有高超技艺的个人，而且被看作是一个国家的优秀代表,看作是国际友好关系的使者,他们被称颂为"微笑的大使""外交的先行官""穿运动衣的外交家"等。例如"乒乓球外交",中美乒乓球之间的交流,被誉为小球转动了大球,成为体育外交的佳话。

第二节
体育的价值

一、体育的价值概述

》》(一)体育的价值概念

从哲学的意义上说,价值就是指客体与主体需要之间的一种特定(肯定或否定)的关系。主体与客体之间的关系,不仅是一种改造与被改造、反映与被反映的关系,而且也是一种价值关系。价值不仅取决于客体本身的结构,而且也取决于主体的活动,是与主体需要密不可分的。

从价值学的一般观点来看,体育的价值即体育的功能与人的需要之间的关系。体育作为客体是一种社会客体,它与自然客体不同,总是与人的需要和利益直接相关。体育作为一种社会文化现象,之所以能伴随着人类文明史生生不息,绵延至今,并对今日世界产生全方位的重大影响,皆因其具有满足人和社会发展需要的实际效用。这种实际效用就是体育的价值。体育价值不仅是体育存在的社会前提,也是体育文化的核心内容。

》》(二)体育的价值主体和价值客体的关系

体育的主客体关系是非常复杂的,这主要有以下三方面的原因。

一是体育的价值主体的需要具有多样性和层次性,由于社会的政治、经济、文化、道德标准存在差异,不同层次的主体在不同的历史阶段的主体需要不同。例如,从事健身运动的主体与从事体育经营活动的主体间的需要会有很大的差别,在需要重要性的排序上也会有很大的不同;同文化、不同经济状况的主体,其体育的主体需要的差别也较大。

二是体育的价值客体的属性也具有多样性,随着人类认知程度的提高,人们对客体属性的认识不断拓展和深入。

三是体育的外在表现形式是丰富多彩的,与社会其他系统的关系非常紧密,这就表现出在体育的价值实现的过程中,主客体间的相互作用是非常复杂的。以奥运会为例,国际奥委会为价值主体时,整个奥运会及其相关事物就会成为其对象性客体;对赞助商来讲,国际奥委会、奥运赛事、运动队或运动员、奥运相关的营销活动等在不同的赞助环节都成为其对象性客体;对奥运主办地来讲,赛事活动组织、国际奥委会、观众、电视转播等都可以成为其对象性客体,对参赛运动员来讲,教练、营养师、医生、赞助商等也都可以成为其对象性客体。虽然体育的价值主体和价值客体的关系非常复杂,但并不是说在研究这些问题时会束手无策,其中是有规律和原则可循的。体育的价值问题必然遵循事物的一般价值规律。

》》》(三)体育的价值结构层次

价值表现为不同的形态和类型。从系统构成要素的联系形式上看,包括自然系统、人与自然的关系系统和人际间的社会关系系统,因而形成自然价值与社会价值的不同形态;从系统构成要素的联系效果上看,主要是指存在和发展,因而形成工具价值和目的价值的不同形态。不同的价值形态反映着客观物质世界价值关系的不同内容,体育作为社会系统中的子系统,也存在着这样的价值形态。体育的主体是人,其中包含不同类别的主体形式,体育活动是主体人的对象性活动。体育的客体比较复杂,包括物质客体、人、物质与人共同构成的复合客体。所以体育的价值关系不是简单地理解为物质客体满足人的需求。

从体育系统构成要素的联系形式上看,可以分为体育的自然价值和社会价值(含人文价值)两种形态;从体育系统构成要素的联系效果上看,可以分为体育的工具价值和目的价值。

体育系统的划分可以有多种方式,不管如何划分,体育的子系统必须符合体育整体的实践要求。在体育价值的体现形式上,必须体现出以核心价值为中心。虽然体育不同系统间的价值存在和价值取向存在差异,这种差异主要是由系统主体的认知水平和系统所处的环境引起的,但是体育的主导价值必然和其子系统的主导价值具有一致性,这是系统正常运行所必需的,即系统核心价值的统一性。我们以体育的自然价值、社会价值和人文价值形态来探讨体育,这样便于我们清晰地探讨体育的价值问题。

二、体育的自然价值

体育的自然价值是指参与体育活动所集中反映的身体积极变化的价值。跑步、做操等运动,使人血脉畅通、肌肉发达,进而朝气蓬勃、身心俱泰,这是人们对体育价值的最直接的自然感受。人类作为大自然中的一个物种也必须遵从自然规律,满足符合自然规律的生物存活的基本需求。

》》》(一)体育对人类有机体的自然价值

人体经过史前时代巨大的改变,形成了世界上唯一直立行走的身体活动方式,双手掌控器械为萌生丰富多彩的运动形式奠定了基础。"非常专门化了的人类的腿形成于人类的脑之前——甚至可以说腿的专门化也许是促进脑发展的条件。我们的祖先最初一定是像猿一样的动物,后来臀和腿发生了改变,使它能站立起来并能直立行走"。直立行走是人类产生体育需求的自然根源。人类的两足行走、工具使用与脑容量增大,是对人类的身体运动形式、攻击性竞技能力、体质的彻底改变起决定作用的重大事件。人类区别于其他动物的最重要的解剖学特征,就在于能够直立行走的身体构造上的特点。这也使人类自身的器官发生重大改变,如腹腔中内脏的位置发生变化,某些改变带来困难和不便,也容易导致人类患上一些特有的疾病。面对大自然选择过程中留下的遗憾,人类有意识地创造出包括体育在内的许多手段来应对。换言之,两足直立行走导致人类身体运动形式产生根本改变,即伴随着文明程度提高而必须面对的身体日渐衰弱和疾病隐患,人类注定要以非凡的智慧来弥补。如果没有两足行走,就不会创造和发展出丰富多彩的人体运动方式,体育的萌芽如无源之水。

人类进化以头脑的增长和肌肉的消退为特征的过程,这似乎埋下了体育需求的种子。其实,人类身体的弱化早在开始两足行走的史前时代就已经开始萌芽,而并非我们一向错误认为的是现代文明的产物。只不过,近现代工业加速了这种与动物身体相比的弱化,而我们也强烈意识到必须用体育来满足自身增强自然物种质量的价值需求。

▶▶▶(二)体育在生物学意义上的自然价值

体育的自然价值(或生物价值、科学价值),是反映在生物学意义上的功利需求,来自体育对人体培育和锻炼的生物性效果,也可以说是遵循自然规律的身体活动对人的身体自然属性所产生的积极作用。体育给人们带来的这个最基本的好处看得见、摸得着,是实实在在可以发生在每个人身上的效果,是体育为满足人类在大自然中延续生物性存在的最基本的功能。在这个基础上,才能引申出其他价值。

近代自然科学的兴起,使人们认识到体育可以强身健体、锻炼肌肉、提高躯体的运动能力,这是人类在自然界生存的物种发展需要;把这种生物性的作用说成是"自然价值"可能还欠准确,但这种对人体自然属性的价值评估,暂时没有其他更好的词语来表示,姑且按其研究对象属于自然科学的思路来锁定。对其进行探讨的自然科学中如果按学科的进一步划分,则无疑应该归于生物学科(或生命科学)的范畴。在"体育学"下面的二级学科中,有专门的"运动人体科学",其中包括人体解剖学、运动生理学、运动生物力学、运动生物化学,以及人体运动医学、人体测量与评价等若干子学科。这些学科都是把人作为自然物质,通过体育活动给人体带来的变化来确认其自然价值。

体育在生物学意义上的自然价值,反映在体育活动所带来的强身健体的效果上,主要借用医学的方法进行评估。这种效果清楚地显示在每一个参加体育锻炼的个体身上,它作为体育的基础性价值举足轻重,以致人们在很长的历史时期几乎把它等同于体育的全部价值。迄今为止,对体育自然价值的研究已十分成熟,论文和专著汗牛充栋,科普读物遍及社会。

人虽然是一种动物,但体育却是其他动物所没有的社会文化行为。人类进入所谓的文明社会不过短短几千年,体育萌芽于这历史长河最近的一瞬。并且在这一瞬中的大部分时间,只有仅限于某些局部区域的身体游戏和娱乐竞技活动的兴盛,而面向大众和深入学校的体育活动伴随着工业化的进程成为一种相对独立的文化形态,其真正的历史不过短短的几个世纪。认识人体的自然现象,确认体育给人带来的生物学意义上的变化,只能依赖自然科学。值得注意的是,仅用科学主义来认识体育的自然价值,是一把利弊均存的"双刃剑",在遵循工具理性的轨迹中给体育的发展留下阴影。

三、体育的社会价值

体育的社会价值是指体育竞赛等组织形态辐射到社会领域的价值。追溯体育的社会价值,最初萌芽于通过身体活动给自己所属的社会群体带来利益的行为,潜藏于渔猎时靠体力获取食物、冷兵器作战时靠体力制胜的年代。到了身体活动脱离了军事而相对独立的体育成形期,其社会价值被广泛确认,主要表现为早期工业经济对于劳动力的培养、使用和修复的需要。体育的社会价值主要体现在以下两个方面。

》》》(一) 社会稳定的重要指标

在和平年代,体育作为疏导人类攻击性(侵略性、破坏性)的社会安全阀门,体现了稳定社会的价值。社会稳定是体育发展的基础,体育的发展也为社会的稳定提供一定的平衡力量。在现代社会发展的进程中,体育所起的作用越来越为人们所重视,发展速度越来越快。

1.体育运动可以缓解国际争端

国际运动竞赛,能促进不同民族或团体间人们的相互认识,能促使人们为共同的利益团结奋斗。在古希腊时期,举行体育运动时,各城邦之间要立即停战,这就是人们常说的"休战宣言""和平声明"。当运动员获胜时要为他升国旗、奏国歌,当国旗升起、国歌奏响的时候,所有人都会投去赞许的目光,洋溢在幸福之中,这时也不会引起他国敌视。

2.社会安定的有效砝码

体育运动对于维护社会安全,减少暴力,降低犯罪有积极的作用,每次大型体育赛事的举行,刑事犯罪率都会有很大程度的下降。根据调查统计资料证明,凡是城市里有重大赛事或电视里转播重大国际比赛时,街上的行人、公共交通工具上的乘客就大为减少,犯罪率也明显下降。同时,体育运动竞赛活动中的公平、公正、遵守规则、服从裁判等特定的要求对培养市民良好的道德品质和自觉遵纪守法有积极的作用。再者体育运动过程增加了彼此的了解、信任、友谊,不同地域、不同民族、不同国籍的人们共同为理想而战、为荣誉而战,没有对手就没有胜利,彼此怀有不断超越的精神。面向未来的后工业时期,体育又成为人们休闲娱乐的重要方式。随着人类社会的发展,体育的社会价值将随着需求的递进而演变,分量将不断增加。

》》》(二)强大的社会工具功能

1.振奋民族精神,凝聚民族情感

在某些特殊的社会时期,体育作为某个群体发展寻求话语权的特殊手段,被认为可以强国、强种。体育竞赛活动可以振奋人心,凝聚民族自信心,给国家带来精神利益,这体现的是体育作为政治工具的价值。这样的社会价值往往体现在给群体带来巨大的凝聚力和精神满足上,有其历史阶段性。最为刻骨铭心的记忆,发生在改革开放之初。当时中国体育中的高水平竞技运动在国际体坛崭露头角,中国女子排球队运动员们的每一场比赛甚至每一次扣球,都牵动几亿人的心。

改革开放对中国体育的积极影响是巨大的,但体育并不仅仅是被动地接受改革开放的影响,而是积极为改革开放作贡献,前所未有地正面显示了体育的社会价值。特别是在改革开放的启动时期,体育竞赛为中国人树立了积极进取参与国际竞争的意识。由体育竞技掀动的积极进取精神以及由此焕发出的民族自信心和爱国主义热情,有力地推动了我国对外开放的进程;而在对内搞活方面,则是通过体育竞赛带来重视契约和诚信的规则意识、团结配合的协同精神、公平参与的民主观念,高效率规范运作取得优异成绩,支持了社会主义市场经济观念的树立。中国体育是凝聚民族情感、增强群体自信心、表达开放决心的强心剂、体现了难以取代的社会价值。

2.协调人际关系,创造和保持稳定的社会环境和局面

体育运动是人类进步的结果和文明的象征,随着社会的发展,体育运动越来越成为人类社会生活进步的基本内容。同时,竞赛也是相互学习和交流的最好时机,并且通过竞赛能够创造相互理解和联系的条件,协调彼此之间的关系使之正常化、情感化,从而为国家的稳定、经济的发展、政权的稳固、科学文化的繁荣等创造合适的社会环境和局面。体育运动对协调人际关系、缓和社会矛盾、加强社会公德、提高人民文明程度有积极的作用。"体育竞赛为控制冲突提供了一种有效的可能性",体育竞赛中的竞争是激烈的,这是身体技巧、策略和战术上最优秀的人取胜的唯一模式。体育竞赛能增进和调节国家民族间的关系,创造有利于人类共同发展的和谐国际环境,也释放了现代人的生活压力,缓解了来自各方的矛盾。

3.宣传意识形态优越性的手段

体育的社会价值,往往在人类不同群体极端对立的战乱时期受到高度推崇。体育可以用来训练身强力壮的士兵,在全民皆兵的年代体现了很充分的军事工具价值。在19世纪下半叶和20世纪初,体育在世界范围受到了军国民主义思潮的深刻影响,体育的社会价值受

到国家意志的空前认同。"二战"后的冷战时期,体育成为宣传意识形态优越性的手段,通过竞赛的较量来显示政治制度的巨大威力。还会作为外交手段暗度陈仓另辟蹊径,有些国家甚至利用互相抵制奥运会来给敌对阵营施加政治压力,掀动国家主义、民族主义的狂热,使体育的社会价值发挥到登峰造极的层面,一度成为体育的主要价值甚至唯一的价值。进入21世纪,少数国家仍然惯性地推崇曾经给自身带来巨大效益的体育社会价值,使体育的其他价值受到忽视。

体育的社会价值在利用体育的自然价值转化为服务工具时,往往舞动科学主义的旗帜,以"社会本位"取代"人本位",以"种意识"蒙蔽"类意识",带来极为容易受人忽略的负面效果。实际上,体育并不是天地间生生不息的自然现象,也不是人类社会直接的政治经济活动,不能单纯将其视为一种资源或工具加以利用。体育是一种后天习得、传承和创造的身体文化,是人类独有的培养、完善自己身心的有组织、有目的的活动,是追寻健康理想的过程。因此,它所隐藏的人文价值就进入了我们的视线。

四、 体育的人文价值

体育的人文价值是指体育对促进人自身终极发展的精神文化价值,是体育满足人的文化需要的程度,是关于体育中代表人的生存状态和方式的价值。体育是人在长期演进中创造的一种文化,一种生活方式。只有人的生存方式才能形成体育文化;只有成为人的生存方式体育才能充分发展。体育完全不同于动物的生存竞技或躯体游戏,或人利用体力进行物质生产的劳动,它是人类为自由发展而能动地设计出来的一种满足自身创造性欲望的身体运动方式。

(一)满足人的全面发展

在体育活动中,人的价值高于一切。世上最宝贵的就是人,人是发展的中心主体。社会经济、政治、文化各方面的发展,人是参与者和享有者,在所有的发展中,人的全面发展是最重要的,尊重人的利益和尊严是体育对人类自身发展的终极评估。体育的主要作用、主要功能、主要目标,最终都只能指向人的发展。当代体育的人文价值,逐步成为反映体育深层次功利需求的核心价值。

在体育生活中,体育的人文价值能被感觉到,但往往很难说清楚。比如,顾拜旦说奥林匹克是为了人的尊严和美,这就是甚至连许多体育工作者都浑然不觉的人文价值;而奥运会通过竞技弘扬了人类的生命力,成为全世界最壮观的文化盛事,促进了全人类的发展,潜移默化地让人们领悟到做人的价值。

体育人文价值的外化形态是体育文化。体育文化的出发点是对人性的尊重,它关注人对各种需求的满足,注重人格的完整和充分的自我发展,具有人文主义的精神蕴涵。体育的人文价值也是各民族文化的人文价值理念在体育领域中的多样化体现,它具有与其他领域相同的有关人文标准和原则的普适性,也具有以身体的发展为基础来满足人性需求的特殊性,它决定了体育对人的生活意义的终极评价。体育作为一种文化现象,对人类社会所产生的作用和影响是多方面的,它全面作用于社会各方面。

》》》(二)塑造人的发展方向

体育的人文价值,是体育的属性和功能在满足人类对自身发展需要的过程中形成的一种抽象关系。体育的人文价值是体育如何塑造人、培育人的一种内在标准,它为人们建立正确的体育价值观提供支撑。这种价值既反映了因人类而存在的尊严和通过体育活动实施的人文关怀,也体现了人文精神通过体育行为所表达的人类的情感、旨趣、欲望和审美理想,最终凝聚为体育未来发展的航标。

相对于体育的自然价值、社会价值,体育的人文价值具有内含隐性的特征。它虽然是相对隐性和抽象的,但涉及体育如何塑造人的发展方向,是最值得珍视的价值。体育的人文价值确立了体育真正的理想价值,是体育追求的终极意义和目的价值,它从根本上回答了人为什么需要体育,发展体育的真正意义是什么,体育追求的终极目标究竟是什么。因此,人文价值观在体育价值观体系中,属于主导性价值。它不是体育在某一方面和某些局部的价值,而是指向人的自由发展意义上的全部价值。

体育的人文价值,代表人类对体育未来的崇高理想,是弥补和整合体育多种价值取向的航标,引导和支配其他价值观念,使按生物规律运行的身体活动上升为文化习得行为,使丰富多彩的运动形式受社会因素干扰后仍然能够回归到为人类发展服务的终极轨道。体育的人文价值是一种体育本体意义上的价值理念,它从根本上引导人类体育的长远发展,承担起连接自然价值和社会价值的作用,标识人类体育的发展目标。

第三节
体育与其他社会活动之间的关系

体育运动作为一种社会文化现象,有其自身发展的规律,有一定的独立性。同时,它又是整个社会机体的一个组成部分,在社会这个更大的系统中,体育与其他各种社会活动如政治、教育、经济、军事和大众传播等都有着密切的联系。我们要深刻认识体育,不仅要研究体育内部的发展规律,而且要研究体育的外部联系。

一、体育与政治的关系

体育与政治的关系是一个不容回避的问题。现代社会发展的现实表明,体育向社会各个领域的渗透,政治对其他各种社会活动包括体育的干预越来越明显。体育与政治之间有着千丝万缕的联系,这种联系复杂又微妙。体育对政治的渗透及政治对体育的干预,已经成了众所周知的事实。近年来又有一些外国学者试图通过一些措施来割断体育与政治的联系,消除政治对奥运会的影响,但实际上这是很难做到的,而且也是不可能的。体育与政治的关系是系统互动的关系,即互相影响、互相作用。

》》》(一)政治对体育的制约与影响

对体育与政治的关系的剖析,要从体育是不是上层建筑谈起。对这个问题必须作具体分析,笼统地说体育都属上层建筑、都有阶级性是不对的,应当说体育确实有一部分是属于上层建筑范畴的。比如体育的理论观点、政治观念、目的任务、方针政策、制度等,在阶级社会里都有一定的阶级性,要受政治的制约,也为一定的政治服务,发挥其上层建筑的职能。在国际体育交往和比赛中,政治干预体育、体育受政治制约的事例比比皆是。可以说,在当今世界上,完全"超阶级""超政治"的体育根本不存在,没有哪个国家不利用体育为其政治服务,也没有哪个国家的体育能够真正脱离本国的政治而独立存在。这就是体育与政治关系的最本质的一面。

由于体育也有一部分不属于上层建筑范畴,比如运动技术、战术,教学训练的方法、手段,运动服装、器材、场地、设施等,一般不带阶级性,可以被不同的政治所控制和利用,因而体育与政治的关系又表现出一定的灵活性。它既可以被用来宣传社会主义的优越性,传播共产主义思想,也可以被用来宣扬资产阶级的自由化等,这是体育与政治关系的另一面。

》》》(二)体育对政治的反作用

体育作为社会的有机组成部分,它不仅受到政治的制约,同时它作为相对独立的、有重大影响的社会活动对政治也具有重要的反作用。体育运动可以作为一种安全阀为观众和参加者服务,可以按社会接受的方式消除多余的能量、紧张和敌对情绪,从而创造安定的社会环境;体育运动是向人们灌输政治哲学的工具,可培养与现存政治制度相一致的观念和规范;体育运动可以用来反映民族形象,体育运动的胜利可以提高国人的民族自豪感,加强国家的一体化,巩固现政权的统治;体育可改善和促进国家间的关系,增进友谊。运动员能充当促进国际关系友好发展的"外交家";运动员在国际体育竞赛中赢得奖牌或获得冠军可以象征地体现国力的水平,从而提高国家地位,增强国际声望和威信。通过共同参加体育活动,可以增加不同阶层人群的交流和沟通,为政府领导人或寻求执政的人提供寻找塑造良好形象的机会,以便提高其威望和宣传其政治观点,塑造国家精诚团结的形象,或宣扬一种政治意识等。

体育作为特殊的文化现象,其对政治的影响是显而易见的。但我们还需注意到,体育就是体育,体育不等于政治。它既有服从和服务于政治的一面,也有自身发展的一面。在这一方面,既要反对过分强化体育政治功能的弊端,又要坚决消除淡化体育政治倾向的思潮。应实事求是地看待体育这一特殊的社会现象,发挥体育的多元功能。

二、 体育与经济的关系

体育与经济之间相互联系、相互制约。经济的发展为体育的发展提供物质技术条件和财力基础,又向体育事业提出新的需求。研究体育与经济之间的联系可以揭示体育对经济的依赖关系,以及体育对社会经济发展的作用。

》》(一)经济是体育发展的基础

物质资料生产是人类社会赖以存在和发展的基础,当然也是体育赖以存在和发展的基础。

1.经济决定社会对体育的需要

人们对体育运动的需要是人为了适应劳动、健身、精神、心理、社会交往的要求,而有意识、有目的地创造出来的一种社会性需要。而人类社会对体育的需要性质和需要程度,不是由人的主观愿望决定的,而是由社会经济条件所决定的。随着社会经济的发展、消费结构的变化,特别是工作与闲暇生活的平衡,参加体育锻炼的人数和时间必然越来越多,体育活动内容也日益丰富。如医疗体育、娱乐体育、康复体育、保健体育、体育旅游等就是经济发展的产物。

2.经济状况决定体育发展的规模和水平

体育发展以经济发展为基础,从宏观上说,只有经济发展到一定水平,人们才考虑生存温饱阶段以后的生活质量,经济保障是体育投资和体育消费的前提。体育的发展必须依靠经济发展提供的资金和其他物质条件。体育投资和体育消费主要受社会经济发展水平以及居民人均消费水平等经济因素的制约。欧洲之所以成为现代体育的发源地,其根本原因是生产力发展水平较高,经济较发达。衡量一个国家的经济状况,主要是看这个国家的经济实力和经济水平。而经济实力的主要指标是国内生产总值或国民总收入,经济水平的主要指标是人均国内生产总值或人均国民收入。统计结果表明:

(1)奥运会成绩与本国经济实力高度相关。

(2)竞技体育水平与经济实力是同步发展的,群众体育水平与经济水平是同步发展的。

（3）体育整体发展既包括竞技体育的发展又包括群众体育的发展,既与经济实力高度显著相关,又与经济水平高度显著相关。因而衡量一个国家的体育整体状况,制定体育整体发展战略,就要对国家的经济状况进行科学的估计和预测。也就是说,体育运动的规模和水平与经济是同步发展的。

3.体育的发展需要专门的经济运作

从国家层面上看,苏联较早地运用体育彩票的方式来募集社会资金,投入到体育事业的发展中去,这是政府的运作方式。从西方市场经济国家来看,更多的是运用市场机制,在体育领域中发现市场供求关系,巧妙地激发强大的市场需求,然后刺激投资不断增长,保证体育产业较好的盈利水平,让体育与市场经济结缘,体育靠市场力量扶持,市场力量在体育事业中获得丰厚的投资回报。例如 NBA 的产业化运作堪称典范。NBA 一方面追求世界篮球运动的最高竞技水平,一方面追求商业利益的最大化,体现了竞技体育与经济的完美结合。经过多年的发展,NBA 已经形成了完整的管理体系,从完善的赛制到运动员的选拔与交流制度,从场馆的建设到门票、广告以及其他 NBA 产权产品的商业运作等,都极大地推动着 NBA 的发展。

4.经济的发展制约着体育的结构和手段

在经济发展的基础上,体育运动项目和教学训练的物质手段也有了很大的发展。现代工业不仅为体育提供了各式各样的运动训练的器械设备,电影、电视、录像等不但成为体育传播的手段,而且也成为教学、训练、科研手段逐渐应用到体育运动中来。电子计算机、遥测等现代化的检测技术也成为强化运动训练的有力手段。

》》》（二）体育能促进经济的发展

体育作为一项全民的、具有重大社会经济效益的事业,可以服务于经济的发展,对物质生产和国民收入的增长起直接和间接的促进作用。这就是体育的经济价值的体现。

1.体育产业的日益壮大对经济的发展起到举足轻重的作用

随着各国经济的发展,体育产业的规模也逐步扩大,体育的经济动能被不断开发,体育产业呈现出快速化、国际化的发展趋势,成为国民经济的重要部门,甚至成为支柱产业。如2020 年,美国体育产业规模约 5 200 亿美元,居世界首位,美国约 400 万人从事体育产业,占就业人口的 2.5%。

毋庸讳言,在全面建设小康、经济发展突飞猛进、人们工作方式和生活方式的改变而使体育活动备受推崇的现代中国,体育产业有着广阔的发展空间。进入 20 世纪 80 年代以来,中国经济持续高速增长,在我国经济快速发展的宏观背景下,体育产业发展迅猛,成为第三产业中不可忽视的生力军。近年来,我国又陆续出台相关政策引导体育产业快速发展,将体育产业打造成国民经济的重要产业。2020 年被疫情冲击后,人们的健康意识逐渐增强,体育消费需求提升,进一步推动体育产业成为国民经济发展的支柱型产业。国家统计局数据显示,2017—2020 年,全国体育产业总产出从 21 987 亿元增长至 27 372 亿元,年均复合增长率为 7.6%。从内部构成看,2020 年体育服务业增加值为 7 374 亿元,占体育产业增加值的比重为 68.7%,比上年提高 1 个百分点。体育用品及相关产品制造增加值为 3 144 亿元,占体育产业增加值的比重为 29.3%,比上年下降 1.1 个百分点。体育场地设施建设增加值为 217 亿元,占体育产业的比重为 2.0%,比上年提高 0.1 个百分点。

2.体育消费能带动经济增长

体育正在改变着人们的生活方式,因此,体育进入消费市场,能产生巨大的经济拉动力量。业余生活的丰富,闲暇时间的增加,消费能力的提高,价值观念的时尚化和多元化,这都为体育经济创造了雄厚的市场基础。现在不论是在哪个城市,大小经营性的体育场馆不下数百家,从女性瑜伽、舍宾、健身操,到网球场、室内游泳馆、羽毛球馆、乒乓球馆、健身馆、保龄球馆等,再到社区的老年人棋牌活动室等,已经星罗棋布地散布在城市的各个角落。这在一定程度上带动了经济的发展。

3.体育的发展可扩大需求并为其提供市场

体育产业是新兴的产业,具有很大的发展前途,主要满足人们精神文化、健身等需求。社会的分工,经济的发展,使体育产业从非独立行业而逐渐成为独立行业,使该产业在国民经济中发挥特定的功能。目前体育产业的主要市场有健身娱乐业、体育用品业、体育竞赛转播业、体育博彩业、体育广告业、体育经纪业和体育电子商务等,还有待于进一步开发。体育运动的发展必然扩大对相关产品或劳务的需求,为这些相关需求提供市场,推动这些产业的发展。

4.体育运动的开展能推动整个经济建设

体育是一个群众性很广的活动,一旦广泛开展,尤其大型赛会可推动各行业的繁荣,从而推动整个建设事业的发展。一次大型的体育运动会不仅将有力地推动本国产业结构的调整和升级,大大促进本国的基础设施建设,而且会推动体育产业、文化产业、环境产业和能源工业发展,刺激通讯业、交通业、旅游业、金融保险业、建筑房地产业、餐饮业、服务业的发展,从而大大促进本国的经济发展。

三、 体育与教育的关系

体育作为一种满足社会发展和个性发展需要的多目标综合起来的教育过程和社会现象,必然与教育有着千丝万缕的联系和深层的交流融合。习近平总书记在 2018 年全国教育大会上提出了"享受乐趣、增强体质、健全人格、锤炼意志"的学校体育目标体系。随着体教结合的逐步深入,校园对于学生而言不单要"文明其精神",也要"野蛮其体魄",让青少年养成热爱运动的习惯,通过"以体育人"实现全面发展。

》》》（一）体育是教育的重要组成部分

希腊教育是西方现代教育距今最远的渊源。在古希腊教育中,最有代表性的是雅典教育和斯巴达教育,而体育都是其中的基本内容。"雅典教育内容构成主要包括:体育教育(体操教育和体育训练)、心灵教育(或智育)以及审美和道德教育",而斯巴达教育则是以体育和军事训练为特征的教育,其教育目的就是为国家培养体格健壮的军人。雅典教育和斯巴达教育对西方教育产生了重要影响,在后来的博雅教育、骑士教育等教育中,都体现出体育与教育的紧密联系。中国古代对体育的认识可以追溯到原始社会末期,当时含有原始舞蹈和原始体操因素的体育内容,对舒展筋骨、宣导郁滞、增进健康具有积极作用。春秋时期孔子全面总结了奴隶社会教育的历史经验,肯定了包括体育在内的"六艺"教育,并与学生一起参与体育娱乐活动。

欧洲经过几百年的封建专制时期之后,出现了文艺复兴。此时期的人文主义教育家们,在当时生产力发展、科学文化繁荣的新形势下,为把人从中世纪神的奴役下解放出来,强调人的地位和肯定人的价值,在教育上特别强调人的个性发展,培养健全的人格。所以,他们对体育给予了足够的重视。

》》》（二）体育是一切教育的前提和基础

教育的构成通常是指教育目标中所包含的德、智、体、美、劳等教育的组成部分。教育目标的第一层次是促进受教育者心理发展的抽象层次提出的目标和任务,这就是德育、智育和美育;当把心理发育的目标同其生理基础联系在一起考察时,就进入了教育目标的第二层次,这就是体育;与前两个层次的教育目标相比较,更具体、更现实,不仅是前四育的综合,而且是将前四育中获得的各种知识和能力在个体实践中创造性运用的最基本的劳动技能教育,即第三层次。现代教育的内涵是促进受教育者身心和谐发展,体育作为教育目标的第二层次不仅内在地包含着德、智、美三育,而且劳动技术教育在一系列的体育活动和训练中会更有效率、更有活力。

1.体育与德育有机联系,互相促进

对学生进行道德和意志品质的教育,既是德育的任务,也是体育的任务,在整个全面教育中很难被截然分开。体育是培养和发展道德品质及完美个性的重要手段。在学校教育中,应注意寓德育于体育之中,体育在实现思想品德教育方面有其独特的有利条件。

(1)体育能促进良好个性品质的形成。体育以它丰富多彩的活动内容吸引着青少年,通过体育活动进行思想品德教育,更适合青少年学生的年龄特征,特别是结合各种运动项目的特点和要求,能较全面地实现对青少年思想、品德和个性的培养。例如,田径运动对培养勇敢顽强、坚忍不拔的精神,具有突出的教育作用;集体性的球类项目,对培养学生的组织纪律性,集体主义精神和机智、灵活的应变能力,活泼开朗、豁达合群的个性有显著的作用;体操、武术等项目,则更有利于培养沉着、机智、果断的优良品质并提高自控能力等。

（2）体育可以培养集体意识。学校体育的基本活动形式多以集体为单位（如班级、代表队、锻炼小组等），这有利于对青少年进行集体主义教育。青少年绝大多数都有上进、好奇、活泼好动等心理特征,因此,他们都有参加集体活动的需要,特别是体育活动更对他们有吸引力。在体育课上,课堂常规要求要整队报告人数,练习时要按一定的秩序进行,对场地器材要爱护,对同学要进行保护帮助等。这些严格的纪律和严密的组织,都蕴藏着生动的道德教育的因素,有助于提高他们对自我行为的责任感,学会正确处理个人与集体、自由与纪律的关系,形成团结互助、自觉纪律等思想品德。

（3）体育可以培养竞争意识。学校体育活动多用竞赛、评比和奖励优胜等方式,比如全校运动会、班集体单项比赛、课间操评比等形式。这些形式本身对学生就具有教育意义。竞赛能激发青少年力争上游、奋发向上的精神;评比能使学生比较容易地意识到个人的努力或懈怠影响集体的成败,而集体的成败又会给集体的每个成员带来影响,这就有助于培养他们的集体荣誉感和为集体作贡献的义务感、责任感,体育比赛对优胜者的奖励,能给青少年带来精神上的满足和感情上的愉悦,激起他们锻炼身体与发展才能的愿望。

（4）体育可以培养规范意识。学校体育作为一种进行教育和善度余暇的手段,对于防止和纠正学生的不良品德、教育犯有过失的学生都有积极的作用。造成学生品德不良的原因是多方面的,客观上有家庭的、环境的、社会的不良影响和教育工作不当等原因。从学生主观上来讲,形成品德不良有种种思想和心理因素,诸如缺乏正确的道德观念,受错误的个人欲望和要求所驱使;意志薄弱,道德观念不能战胜不合理的需要,不良行为的习惯作用,受不良道德观或错误的道德逻辑支配等。学校体育在克服上述客观原因方面,能以各种健康文明的体育活动充实学生的余暇生活,占领业余阵地,防止不良的道德观念对学生的影响,抵制精神污染。通过体育活动还可以提高学生辨别是非的能力,培养和利用学生的自尊心和集体荣誉感,从根本上提高学生自身的抵抗力。所谓自尊心是个人要求受到集体和社会尊重的情感。在自尊心的基础上,可以培养学生的集体荣誉感。集体荣誉感是爱国主义的要素,是推动人们互相团结,创立功勋的一种力量,也是人们克服个人缺点和错误的内部动力。经常犯有严重过失的学生,由于过多地受到指责和惩罚而缺乏自尊心,因而也更缺乏集体荣誉感。然而,但凡有各种过错的学生,又往往是精力充沛、活泼好动的,把他们吸引到体育运动中来,把他们的剩余精力用于发展其运动才能,把他们争强好胜的（如喜欢打架斗殴等）个性导入有一定约束的运动竞赛之中。体育竞赛都有一定的规则,应该怎样做、不应该怎样做,都有明确规定,违犯了就要受到教育和处罚,这对于培养学生约束自己行为的自制力,培养自觉性有显著的效果。教育实践的经验证明:学生在用行动争取荣誉的过程中,能深刻体验到作为集体成员的一种有尊严的感情,从而有助于培养他们的自尊心和形成集体荣誉感。很多学校里全校知名的"调皮大王",经过各种批评、教育,甚至处分都不能使其转变,然而在运动场上却找到了他们受教育的课堂,有的后来转变成了德、智、体全面发展的三好学生。

　　当然,以上论述只是说明了体育在内容、形式、方法和学生对体育的兴趣方面提供了进行思想品德教育的有利条件,如能充分利用这些条件进行教育,就能使这种可能变成现实。但同时也必须看到,体育运动总是伴随着激烈的竞争和对抗,要拼个你输我赢,因此,如果教育工作抓得不紧,也会出现动作粗野、故意伤人、个人主义等毛病,这是必须引起我们重视的。另外,在体育运动中所培养的思想品德要迁移到日常生活中,也需要注意做大量的引导和转化的教育工作。

　　2.体育与智育相互联系,辩证统一

　　在教育实践中,往往容易直观地看到体育与智育矛盾的、对立的一面,认为时间是个常数,用一定的时间锻炼身体就会影响学习,这正是重智育轻体育的“根据”。事实上,体育与智育是对立统一的辩证关系,体育对智力的发展有着积极的促进作用。毛泽东同志在《体育之研究》中曾提出体育可以“增知识”,并且对此进行了精辟的分析:“文明其精神,野蛮其体魄。其言是也。欲文明其精神,先自野蛮其体魄;苟野蛮其体魄,则文明之精神随之。夫知识之事,认识世间之事物而判断其理也,于此有须于体育者焉。直观则赖乎耳目,思索则赖于脑筋,耳目、脑筋之谓体,体全而知识之事以全,故可谓间接从体育得知识。”这里涉及体育增强人的体质,促进人的认知能力、判断能力、观察能力和思维能力发展与完善,知识领域的取得都取决于力能胜任。2017年8月,习近平总书记在天津会见全国群众体育先进单位、先进个人代表和全国体育系统先进集体、先进工作者代表以及在天津全运会群众比赛项目中获奖的运动员代表时的讲话提出,“体育承载着国家强盛、民族振兴的梦想。体育强则中国强,国运兴则体育兴。加快建设体育强国,就要坚持以人民为中心的思想,把人民作为发展体育事业的主体,把满足人民健身需求、促进人的全面发展作为体育工作的出发点和落脚点,落实全民健身国家战略,不断提高人民健康水平。”。2020年9月,习近平总书记在教育文化卫生体育领域专家代表座谈会上指出,“加快体育强国建设。体育是提高人民健康水平的重要途径,是满足人民群众对美好生活向往、促进人的全面发展的重要手段,是促进经济社会发展的重要动力,是展示国家文化软实力的重要平台。党的十八大以来特别是‘十三五’时期,我们全面推进群众体育、竞技体育、体育产业、体育文化等各方面发展,深入实施全民健身国家战略,提升体育公共服务水平,大力发展冰雪运动,体育事业取得长足发展。”

　　(1)增强体质为智力发展创造良好的物质基础,为勤奋学习提供充沛的体力和精力。从现代教育学和心理学的角度来看,学习不是单纯的脑力活动,是通过思考、观察、分析、推理以及批评性评论等方式实现的,这就需要身心俱健。要有充沛的精力、饱满的精神和乐观的情绪,这样才能发展积极的思维、良好的记忆力、丰富的想象力和集中的注意力。

　　(2)根据大脑皮层对人体各种活动的分工,与体力和脑力活动有关的中枢抑制与中枢兴奋可以交替,从而提高学习效率。一个人的智力水平高低、学习效果,主要取决于大脑的发达及其反应的灵活性。运动生理证明:局部肢体的运动能促使大脑皮层相应部位神经中枢的发达,改善和提高中枢神经系统,特别是大脑皮层的工作能力,使兴奋和抑制更加集中,提高神经过程的均衡性、灵活性和大脑皮层的综合能力,如使思维更敏捷、判断能力更强等。

(3)体育活动提高心肺功能,充分满足大脑工作对氧的需要,提高记忆力。学习的过程是一个脑力劳动的过程,大脑皮层处于积极活动状态,需要大量的氧气供给,而体育活动可以加速血液循环,提高心肺功能,改善大脑的供氧情况,提高大脑的工作效率,如增强记忆等。

(4)体育运动对学习来讲,还是一个积极性休息的手段。人的大脑不像电子计算机那样可以无休止地储存信息,大脑在工作一段时间后,就会产生疲劳,适当的消极性休息(如睡眠、静坐等)当然是必要的。但在某些情况下(并非睡眠不足),采用体育活动的方式进行积极性休息(如课间操等)效果会更好。这根据的是高级神经活动负诱导规律,即在大脑皮层中,每一个兴奋灶都会诱发其周围部分的抑制,兴奋中心愈集中,则邻近区域的抑制愈强。据此,在体育活动中,运动中枢的兴奋会导致思维、记忆中枢的抑制,从而获得完全的休息而很快消除疲劳,恢复工作能力。这正是在集中学习、工作一段时间后去从事一些体育活动,会使人感到头脑清醒、精神焕发、记忆增强的生理机制。

(5)在体育教学和训练中,运动记忆具有重要意义。运动记忆是一种复杂的心理过程,是指对运动动作和完成工作过程的记忆。它包括身体位置的记忆,运动形式、方向、速度的记忆,以及复杂成套技术要领和系统完整科学知识的记忆。

(6)从事体育运动全面发展了人的身体素质,提高了青少年身体的灵活性、协调性、耐受性以及适应各种环境和条件的应变能力,有助于他们掌握各学科的技能技巧。研究资料和实践证明:学校代表队的运动员和经常参加体育锻炼的学生,能够更快、更容易地掌握各种技术性动作,工作的效率也比较高,并且比不经常参加体育运动的人更坚强、更具有配合精神,这是由于运动培养了他们豁达合群的个性特征。

(7)体育锻炼还能起到防病治病的作用。健身祛病是坚持学习不可缺少的条件。

总之,参加体育运动有助于学生智力的发展,能改善学生的心理素质,培养思考的深度、综合的技术、动手的能力、视听记忆的能力、注意的集中以及感觉的敏捷、反应的迅速等,有助于学生对文化科学知识与技能技术的掌握。

当然,体育需要智育,但智育不等于体育。体质的增强只能为智育提供有利条件,体育不能解决智育的所有问题,体育与智育互为条件,却不可互相代替,体育与智育有各自的教育任务,但都为完成教育的总目标服务。

3.体育与美育关系更为密切

美育是审美和创造美的教育,借助音乐和艺术以及大自然和现实生活中美的影响,感染陶冶人和教育人,培养感受美、鉴赏美、体现美和创造美等能力。美作为人的个性和谐发展和精神文明的综合的标志,它是广泛地寓于德育、智育和体育之中的。思想品德和情操的美与德育是紧密联系的;风度美、语言美、环境美等又是同一个人的文化程度、知识水平和美学修养直接有关的。这里着重论述体育与美育的关系,体育与美育是完全融合在一起的,很难截然分开。体育中的美育有三大方面。

(1)体育中的美育体现在培养人的健美身体上,也就是说,通过科学而严格的体育教学和运动训练,促进学生和运动员集体的健美发育,从而获得匀称的体形、优美的姿态。坚强的骨骼、发达的肌肉、健康的皮肤和气色,使人的体格塑造得更加健美。这种健美,是广大青少年健康成长的基础,是人类的共同愿望,也是人类精神文明和物质文明不可缺少的重要组成部分。当然,人的体型和遗传变异有很大的关系,但通过体育锻炼可以加以改善。现代研究证明,长期坚持体育锻炼,对人的肌肉、骨骼会产生良好的影响,使人身高体壮,增强健美感。从身体的角度意识到的艺术的美,如:健康美、姿色美、协调美、强壮美和肤色美。

(2)体育中的审美教育不同于一般教育的根本特点,在于"寓教于乐",是通过生动、鲜明、具体的形象来激荡人们的情感,产生感情共鸣的。它不是靠说理教育人,而是靠形象打动人,使人们在体育观赏中不知不觉地受到美的感染、美的熏陶。从运动的角度意识到的美,如:韵律(节奏)美、形态美、强力美、和谐美、弹性美、敏捷美、柔韧美和放松美。

(3)体育作为精神文明的有机组成部分,人们参加体育运动本身就是一种高尚的社会文明活动,不论是直接参加还是观赏者都能得到精神的调节,使人的身心得到愉悦、情操得到陶冶。从行为的角度意识到的美,如协作美、结构美(指集体组织)、道德美(指责任感、正义感、牺牲精神、诚实、纪律、礼仪和谦逊等)、耐性美、热情美、纯朴美、机智美和沉着美等。

4.体育与劳动教育的关系

劳动教育包括劳动态度、劳动习惯和劳动技能的培养。儿童和青少年的发育阶段不同,劳动教育的目标和内容也有所不同,但三者的目的基本相同,通过劳动教育促进德智体美各育发展。在劳动中发现个人天赋才能促进学生的职业定向,这些目的只有亲身参加劳动过程才能达到。劳动条件大大改善的情况下,劳动教育在一定程度上对青少年的人体生长发育、增强体质有一定作用。但由于劳动的性质形式必须服从创造财富的目的,劳动增强体质的作用有片面性与局部性,不能使人体得到全面锻炼。所以劳动不能代替体育,必须经常组织劳动者参加各项体育运动以促进身体全面健康发展,使体育运动成为劳动者积极休息,丰富文化生活,保持充沛工作精力,祛病强体、延缓衰老的重要手段。青少年在亲身参加劳动过程中增强劳动态度、劳动习惯和技能,就会自觉积极参加体育运动以谋求自身全面发展,进行积极性休息,并在体育活动中参加力所能及的劳动,如打扫运动场地、修理和保管运动用品、给场地划线、松沙坑、布置比赛场地、协助裁判工作、进行广播采访、绘制宣传品等工作及各种社会公益劳动。

》》(三)教育对体育的制约和影响

教育的本质就是培养人、塑造人,体育包含着增强学生体质的教育过程,体育属于教育的范畴,是教育不可缺少的组成部分。而教育是体育功能的本质属性之一,教育思想和目的的制定实施,教育的文化背景和发展水平的好坏高低对体育也有相当的制约力和影响力。

1.体育来源于实用

在我国古代原始社会和奴隶社会,体育一是直接或间接地满足生存需要,二是为了满足军事作战保护疆土的需要。到了封建社会,由于"罢黜百家,独尊儒术",体育一直被排斥在学校教育门外,只有军事武艺出于实用功利需要而得到发展。尽管古希腊斯巴达人那种在今人看来过于苛刻的体育教育也是源于他们危险的海盗生活,源于频繁的城邦战争的需要,但他们的教育重视体育,崇尚人体力量和人体之美,而正是这种体育教育拯救了古希腊,也拯救了斯巴达。从此,体育运动和舞蹈便成为希腊人最神圣的教育活动。所以说,占统治地位的统治者所实施的教育方针、教育宗旨、教育目的是制约和影响一个国家、一个民族的体育观念、体育发展方向、体育水平的重要因素。

2.体育高于实用

奥林匹克运动会这样的体育活动,也是一种"有意味的形式",而不是简单的实用人生的复现。正是这样脱离了实用的体育活动,最终才会成为真正的"游戏"。换句话说,体育不仅是肢体的游戏,同时也是心灵的游戏,它虽受制于教育的发展和变革,但它又有自身相对的独立性。体育的独立性和独立意义已经显现出它的价值,因为体育游戏"使人打破了技术化的例行公事,逃脱了人为的规范和物质领域,它至少涉及了人类生存的一个基本问题,即人们与胜利失败的各种感情体验之间的斗争"。

学者争鸣 >>>

"土洋体育之争"的由来

1928年"中、日、德三国田径对抗赛"在东北大学举行以后,德国体育的迅速发展再次引起国人瞩目;1931年"九一八"事变后,抗日救亡运动风起云涌,体育界的"体育救国"呼声再次高涨;中国在历届远东运动会上的成绩每况愈下。一连串的事件促使体育界重新检讨中国体育发展的道路,试图通过对历史的反思寻找答案。其直接动因则是1932年刘长春一人代表中国首次参加奥运会,并在100米和200米预赛中即遭淘汰。消息传来,舆论哗然。此时,正逢全国体育会议即将在南京召开,会议准备讨论制定"国民体育实施方案"。许多关心体育的人士纷纷在会议召开之前发表主张,要求进行体育改革。部分人士坚持要求以武术、养生为中心的"土体育"取代由欧美传入的近代田径和球类运动项目。这种论调遭到一批曾在西方留学的体育学者的强烈反对和批判。为此双方在各类报刊上发表文章相互争论。

土洋体育之争实际触及当时重要的几个体育基本理论问题：一是对体育本质和价值的理解。二是中国体育应走什么样的体育发展道路。提倡"土体育"的认为，中国过去的体育盲目模仿西洋，妄自菲薄，走入了歧途。当前国家外受列强欺凌，内陷贫困动乱，西式之运动，中国既不暇学，亦不必学，且不可学。因此应脱离洋体育，觅取中国独有的体育之道。而提倡"洋体育"的则认为，推动体育固然应该根据"国民性与国情"，但不能拒绝学习国外体育的先进成果，因为西式体育以近代科学为基础。总之，土洋体育之争，可以被理解为"五四"时期有关体育问题讨论的继续。它不仅使"洋"体育以后能更好地走进中国社会，而且也为后来的中国"土"体育即民族传统体育走向世界创造了条件。

知识拓展)))

"乒乓外交"——体育之功能

乒乓外交是指 1971 年中国邀请美国乒乓球队访华事件。1971 年 4 月 10 日，美国乒乓球代表团和一小批美国新闻记者抵达北京，成为自 1949 年以来第一批获准进入中国境内的美国人。此举对中美关系的突破产生了影响，被誉为"小球推动大球"。中美两国乒乓球队的友好往来，推动了中美两国关系正常化的进程。

"乒乓外交"的历史意义并非仅仅在于打开了中美关系的大门，它对中日邦交正常化也起到了不可忽视的影响：日本乒乓球协会就邀请中国参加名古屋世乒赛，并同中国乒乓球协会达成了一个会谈纪要，其中包括日方从一开始就主动提出的承诺，即遵守周恩来总理 1958 年 7 月会见日本社会党代表团时提出的"日中关系政治三原则"，也就是不执行敌视中国的政策，不参加制造"两个中国"的阴谋，不阻挠日中两国关系的恢复。纪要签署后的第 2 天，即 1971 年 2 月 2 日的《朝日新闻》就发表评论说："日本方面承认了政治三原则，这就打开了日本和中国进行'乒乓球交流'的道路。"

"乒乓外交"的真正成就在于，它开创了一个以人民之间的友谊促动国家之间的交流与和解的成功模式，而这种外交模式的载体正是跨越国界和意识形态障碍的国际体育交流。

现代外交是总体外交，不同领域的对外交往都要为国家的总体外交服务，而体育外交正是其中丰富多彩和充满活力的重要一环。体育在外交中的最大优势在于，它跨越意识形态的国际属性能够在外交格局中实现求同存异，为矛盾双方创造建立沟通的结合点。

知识回顾)))

本章从概述体育的功能出发,重点介绍了体育功能的结构层次,体育的自然质、结构质、系统质功能的主要形式及其具体内容。在概述体育的价值基础上,从体育系统构成要素的联系形式角度,重点阐述了体育的自然价值、社会价值和人文价值主要体现的内容。在此基础上论述了体育与其他社会活动之间的关系。通过对体育功能和价值的分析,进一步加深对体育文化的认识。

思考题项)))

1.体育自然质功能的表现形式有哪些?
2.体育教育功能的表现形式有哪些?
3.体育的经济功能是如何体现出来的?
4.体育的政治功能有哪些方面的表现?

推荐阅读)))

[1] 卢元镇,任海,郝勤,等."体育概念及其价值功能的再认识"笔谈[J].成都体育学院学报,2019.
[2] 范叶飞,马卫平.体育价值分类探究——基于人与社会的价值结构统一的视角[J].北京体育大学学报,2015.
[3] 陈尚伟,刘原,孙晓华,等.习近平关于体育强国重要论述的价值特性研究[J].天津体育学院学报.

参考文献)))

[1] 杨文轩,陈琦.体育概论[M].3版.北京:高等教育出版社,2021.
[2] 胡小明,石龙.体育价值论[M].成都:四川科学技术出版社,2008.
[3] 杨文轩,陈琦.体育原理[M].北京:高等教育出版社,2010.
[4] 李献青,唐刚,张波.公共健康视域下体育健康功能提升及价值实现路径[J].沈阳体育学院学报,2020,39(4):9-16.
[5] 梁金玉."大数据"背景下高校体育的职能演进[J].广州体育学院学报,2019,39(6):20-24.

［6］丛密林,邓星华.对体育若干基本概念生成逻辑及相互关系的新思考［J］.北京体育大学学报,2020,43(6):101-109.

［7］卢元镇,任海,郝勤,等."体育概念及其价值功能的再认识"笔谈［J］.成都体育学院学报,2019,45(5):1-26.

［8］蒋红霞,朱兴林.我国体育价值研究的进展、不足及趋向［J］.山东体育学院学报,2018,34(5):37-43.

［9］龚德胜,郑成爱,张利.中国体育价值选择的历史演变及展望［J］.体育与科学,2009,30(3):51-53.

［10］张细谦.当代中国体育价值体系的构建［J］.广州体育学院学报,2012,32(4):1-6.

［11］邵伟德,邵天逸,李启迪.学校体育价值论［J］.北京体育大学学报,2016,39(7):83-88.

［12］刘爱杰.竞技体育的时代价值与功能:2015年运动训练科学高峰论坛致辞［J］.首都体育学院学报,2016,28(1):54-55,63.

［13］王福秋,王松涛.我国群众体育的社会价值变迁［J］.体育文化导刊,2015(2):40-43.

资源链接)))

[1] https://www.icourse163.org(中国大学 MOOC 国家精品课程在线学习平台)

[2] https://weread.qq.com(微信读书《体育概论》)

第三章

体育目的

思政要点

深刻领悟二十大精神，牢牢把握立德树人根本目的；深刻把握务必不忘初心、牢记使命的深层逻辑；坚定历史自信、文化自信；强化体育为人民、体育为强国的本质目的论。

教学导论

目的是实践主体在活动之前有意识设计的活动结果，是人的主体需要和客观事物发展规律整合后产生并存在于人们观念之中的一种预期结果，是人们实践活动的一个必然的内在规律性。 本章着重从体育的三要素方面对体育本质进行了分析，使学生理解并掌握构成体育的三要素和体育的本质，能够对体育与其他身体运动形式加以正确区分。 对体育目的的概念和目标任务的概念及其特点做了较为全面的介绍，通过分析制定体育目的的依据，让学生通过学习并掌握我国体育的目的和目标任务的基本内容，理解实现我国体育目的任务的基本途径和要求。

学习目标

1.掌握构成体育的三要素和体育本质，正确区分体育与其他身体运动形式之间的区别。

2.掌握我国体育目标任务的基本内容。

3.理解实现我国体育目标任务的基本途径和要求。

4.了解制定一个国家体育目的的依据。

学习地图

```
                                        本质的内涵
                                        身体运动的三种形式
                     体育的本质 ⇒       体育的本质
                                        体育本质的研究现状
                                        体育的多种属性与体育本质

                                        目的的概念及特点
                                        体育目的的概念
体育目的             体育的目的 ⇒       研究体育目的的意义
                                        确定体育目的的依据
                                        我国体育的目的

                                        目标任务的概念及特点
                                        目的与目标任务的关系
                     体育的目标任务 ⇒   我国的体育目标任务
                                        影响体育目标任务实施的主要因素
```

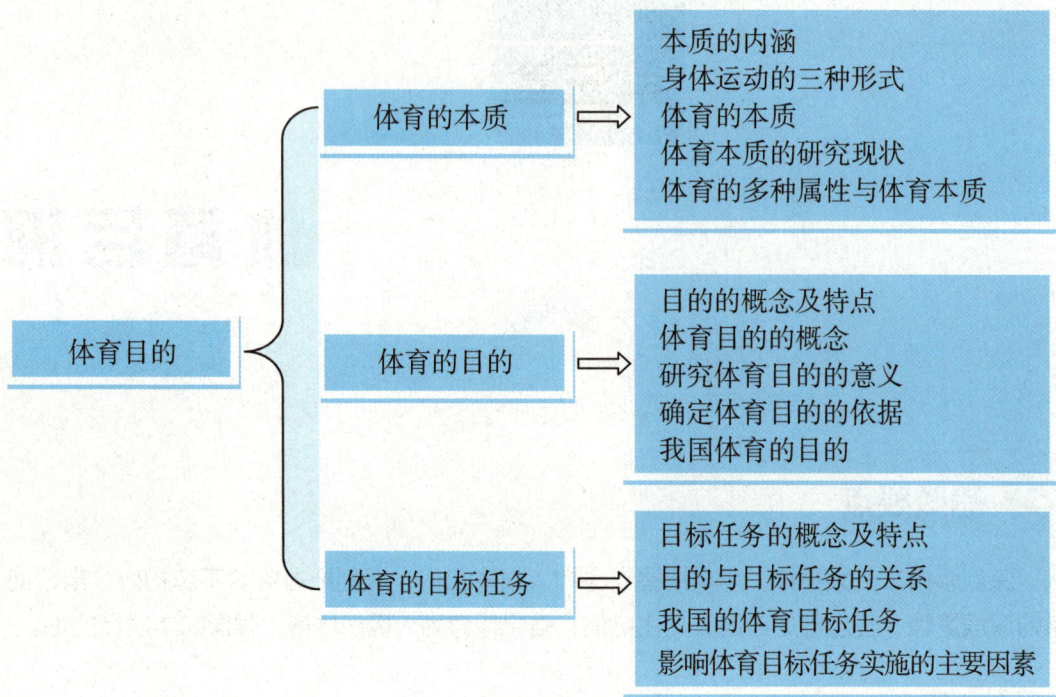

第一节
体育的本质

体育的本质问题是体育理论中最基本的问题,体育的本质是认识体育的核心,但这个问题至今中外学者众说纷纭,莫衷一是。要讨论体育的本质,首先应明确什么是本质。

一、本质的内涵

亚里士多德认为,"事物的本质就是它的第一本体(形式)","在事物的说明方式中所包含的第一要素,也就是说,表现那一事物是什么(本质)的东西叫作属概念,而那一事物的诸属性质叫作种差"。一般来说,某事物的本质是指决定这一事物是什么的东西,即某事物的本质决定了该事物就是它自身,而不是其他事物,本质属性是指该事物所具有的必不可少的特征。因此,本质是指事物本身所固有的、决定事物性质与面貌和发展的根本属性,是区别于其他事物的基本特质。根本属性,是指在一种事物的多种属性中,处于主导地位的,能够决定事物之所以是该事物而不是别的事物的属性,即独特性。

事物的本质是隐蔽的,是通过现象来表现的,不能简单直观地去认识,必须透过现象掌握本质。本质是事物的内在联系。它由事物的内在矛盾组成,是事物比较深刻的、一贯的、稳定的方面。科学认识的任务是揭示事物的本质属性,把握事物的规律,指导实践,促进实践的发展。我们要了解体育本质的目的也在于此。如何透过表面现象,揭示体育现象的本质特征? 本质的内涵给我们提供了一条非常有价值的线索:寻找特殊性。

二、 体育现象与非体育现象的本质区别

体育和非体育现象在本质上有什么不同? 在这些特征中,哪些是特殊而主要的? 有两种视角的体育:一种是抽象的视角下,体育是一种关于身体运动的文化现象(宏观体育现象包括体育思想、体育制度、体育手段、体育方法、体育内容等);一种是具体的视角下,体育是一种独特的身体运动现象(微观的体育现象指各种形式的身体运动)。人类的身体运动,从目的上看大致分为三种。

》》》(一)为了维持生存必需的身体运动

与人们日常生活紧密联系的身体运动,即日常生活中的身体运动,如走、跑、站立、举、放、上下台阶、身体的转动、身体的弯曲等。这些运动是人类生存最基本的需要。离开生存需要,其他需要则无从谈起。人类为了生存,在同大自然的斗争中,就必须拥有快速地奔跑、敏捷地跳跃和准确地投掷等本领,需要勇敢品质,而"勇敢需要力量,力量需要体魄,体魄来自锻炼,锻炼必需体育。这就是希腊人的逻辑与培养勇敢的途径。"[①]

》》》(二)为了改造自然必需的身体运动

与生产劳动直接联系的身体运动,即劳动中的身体运动,如农民种地、工人体力劳动等。动作的形式依据生产劳动的需要和使用工具而定。劳动以谋求外在事物为目的,这种活动受制于外物,因而是不自由的。

》》》(三)为完善自身必需的身体运动

与生活、生产劳动没有直接关系的身体运动,就是为了达到某一特定的目的而专门进行的身体运动,如塑身中的运动、休闲中的运动、教育中的运动、竞技中的运动等。

---

① 马卫平,范运祥.体育本质的公理化方法阐释[J].天津体育学院学报,2011(04):7-11.

上述分析的结果为:体育现象与非体育现象相区别的特征不仅是身体运动,更重要的是身体运动的目的。兹列举生产劳动与体育的关系予以比较说明。

生产劳动与体育有着相关之处:①劳动在改造自然的过程中,也改造了人的"自身自然";②劳动是体育获取实践手段的源头之一;③劳动是促进体育产生和发展的主要动因(劳动结构的转变对体育产生影响)。

然而,生产劳动与体育的差异性也是显而易见的:①二者的目的不同。劳动是以获取物质生产资料,满足人类生存、生活需求而进行的身体活动;体育则以增强体质、增进健康为目的。②二者作用的对象不同。劳动作用于生产资料,它虽然也作用于人的"自身自然",但其过程是自在的,而不是生产劳动技术改造的着眼点,它对人的身心可能产生良性的影响,也可能产生消极的影响;体育则作用于人并改造人的"自身自然"。③两种身体运动的表现形式也不完全相同。劳动中的身体运动是以人体的某一部分或几个部分重复、机械运动而实现的;体育则尽可能使全身器官、系统共同参与,身心互动。

三、 体育的本质

体育的本质,是指体育本身特有的不同于其他事物的根本属性。体育本质虽属抽象的体育原理问题,但在现实的体育实践之中处处都有它的体现。从宏观上看,对体育本质的不同认识直接影响体育目标的确立,体育内容和方法的选择,体育发展战略和各项体育方针、政策的确定,以及体育投入等。从微观上看,对体育本质的不同把握将直接影响人们体育观的形成。因此,认真研究和明晰体育本质,对树立科学体育观具有重要意义。

探索体育的本质,一方面要归纳体育过程基本要素的内在联系,另一方面又要综合这些内在联系的一系列必然性和规律性。体育的本质反映了体育过程内部的特殊矛盾,构成了体育区别于其他事物的特殊性质。本质是相对现象而言的,现象指某一事物的外在表现,而体育有着多种多样的外部表现形式。如果我们能够透过这些变化多样的外部现象,从纷繁复杂的矛盾中找到潜藏在现象中同一的、普遍的、稳定的东西,便是找到了体育的本质,找到了决定体育活动与其他社会实践活动根本区别的特殊规定性。人、运动、目的是构成体育的基本要素。体育在本质上是三个要素的有机融合,三者若缺一,体育将不复存在。下面将从三个方面分析体育的本质。

》》(一)人是体育的物质前提和最终归宿

1.人的有机体是运动的物质前提

人作为有生命的自然存在物和社会存在物,首先是一种自然存在物。人的有机体是运动的载体,离开了有机体以及有机体的基本活动能力,人的运动便不复存在。

2.体育是人创造的

人是能动的自然存在物,人类为了满足自身生存、发展需要而从事各种实践活动,并创造出丰富多彩的文化现象。体育就是人类有意识、有目的地创造出的有关身体运动的文化现象。

3.体育是为人创造的

在人类创造的所有文化现象和各种活动中,"体育"具有鲜明的"为我性"特征。体育是人类针对自身所创造出的一种身体运动文化。体育的目的直接指向"人类"自身(身心)的发展问题,真正体现着"以人为本"。

》》》(二)身体运动是体育的手段、内容和外在表现形式

各类身体运动(项目)共同构成了体育的内容和外在的表现形式。身体运动分为有意识的身体运动和无意识的身体运动,而有意识的身体运动包括运动系统的身体运动和其他系统的身体运动。

身体运动由身体姿势、身体运动轨迹、身体运动时间、身体运动速率、身体运动速度、身体运动力量、身体运动节奏等要素构成。人就是在参与各种各样身体运动(空间位移或内部代谢加强)过程中实现独特目的的。

》》》(三)目的性将人和运动融合为体育

如前所述,运动是体育的内容、手段和外在表现形式,没有运动便没有体育。但是,运动还不是体育,只是体育之前的事实和现象,运动和体育并无必然联系。是目的使人和运动发生了联系后,体育才成为一种新质的现象。

人在长期的身体运动实践活动中,逐渐认识到了身体运动对自己存在发展的意义,并开始有意识地运用自己的身体运动来实现特定的目的——人类自身的完善和发展。随着人类对自身结构、功能、身心发展规律、身体运动规律认识的深化,其目的性变得更加明确。体育是人所特有的意识的产物,它的质的规定性是:人类有目的地以身体运动为基本手段促进身心健康发展的文化活动。

四、关于体育本质的研究现状

由于对体育的概念存在分歧,因此各学者对体育本质的认识也是各持己见,纵观国际社会,研究体育的哲学家、社会学家、历史学家和心理学家在学术上对体育的本质展开过激烈的探讨,至今依然做着不同观点的学术对话。

》》》（一）国外体育本质的研究现状

国际体育组织对体育本质有过重要的论述。加拿大和美国的健康、体育、娱乐与舞蹈联合会在北美论坛共同制定的《学校体育的全球性展望》中指出体育对儿童和青少年的正常生长和发育（不仅是生理的，还包括社会和情感的）的所有方面都是至关重要的。世界体育峰会提出的《柏林备忘录》指出，高质量的身体教育是向儿童提供最有效和最广泛的身体教育的手段，有助于保证智慧、身体和精神全面和综合发展。西方学者从不同的视角对体育本质进行了研究，如美国体育学麦克乐、威廉姆斯将体育定义为一种身体的教育。而勃朗纳尔和苏联体育家马特维耶夫主要从促进人的社会化方面定义体育。《牛津词典》从 Physical Education 和 Sport 两方面来诠释体育，认为 Physical Education 是作为教育开展的活动，特别是学校体育。而 Sport 是个人或团体通过运用体力和技能与他人竞争，并从中获得乐趣的活动。在《韦氏词典》中，体育是一种以共同参与活动的形式为那些获得和保持有灵敏性、技巧及活力的个体或者是团队成员开展的竞赛。在美国，体育用 Physical Education and Sport 泛指一切非生产性的体力活动，即从兴趣出发，以竞技为目标和以强身健体为目的的体力劳动。

》》》（二）国内体育本质的研究现状

1.教育的观点

（1）增强体质的教育。体育是增强体质的教育，人的解放、人的自由等都不是体育的本质（即单本质观）。郭劲松、陈长礼指出"体育的本质是由体育过程中的内部规律决定的，从运动具有特殊性和普遍性，从历史和现实的角度来看，体育的本质是身体的教育，是人类在其身心的参与和协调下，加速自身建构、改造和完善的社会实践过程"。任杰、刘卓分析得出"体育在本质上不是一种通过身体而是一种针对身体的教育，它的独特功能是育体"。唐建从哲学、人类学、教育学等学科理论与方法的角度，从人的本质的发展和人的实践活动出发，在分析出"体育是人类所特有的社会现象，其本质属性具有层次性"的基础上，认为"体育的本质是培育人身体的活动。"

（2）以身体活动为媒介（手段）的教育。此观点又有两种不同的认识。一种观点认为体育是以身体活动为手段，促进人身体素质全面发展的教育。郝森林、陈敏在明确了体育的概念、体育的根本目标、体育的基本手段之后提出了新的体育本质论，从体育的概念出发，认为："体育即以身体活动为基本手段，以全面发展和完善身体素质为直接目的的教育活动。"另一种观点认为体育是促进人全面发展的教育。什么是人的全面发展？用教育学的语言来讲，即人在德、智、体诸方面或在身心两个方面的全面发展。大多数的学者对这一观点持否定的态度。任兵等人认为："全面发展的教育离不开体育，但体育断不可能是一种'包打天下'的全面发展的教育，体育是培养'完人'的教育的一种。"谢军认为："体育中有运动技术、技能教育、文化娱乐教育、军事教育、思想品德教育的内容，无疑是正确的，但它跟我们所讲的体育本质不是一码事。"屈杰也认为："根据体育的本质——体育不可缺少的性质，进行思想品德教育和丰富社会文化生活都不是体育的特有属性，尽管体育的过程中包括这些属性，但都不是体育特有的。因此，我们不能把所有素质教育的内容强加到体育的本质上，这不是体育所特有的，因为这些内容只是在体育的过程中有所反映和体现罢了，而且这只能说体育和其他教育在功能上有所交叉。所以我们应明确说'体育促进身体素质的全面发展和完善'。"

2. 社会活动的观点

体育不局限于教育，是一种社会活动，是各种体育现象的总称。有学者表述为"体育的本质是任何一种通过身体活动谋求身心健全发展的竞技性、娱乐性、教育性的社会文化活动"。20世纪80年代体育学院通用教材《体育理论》对体育的定义是"体育是以身体练习为基本手段，以增强体质、提高运动技术水平、丰富文化生活为目的的一种社会活动。"卢锋认为："体育是人类社会的特殊产物，要弄清体育的本质首先得阐明其创造者——人的本质。人的本质就是人的社会性，正是人的社会性的驱使才使人在积极实现自己的本质的过程中创造、生产人的社会联系、社会本质。体育是人类社会特有的社会活动，它的产生与发展完全与人的社会基质密切联系。"他对体育的社会性本质作如下定义："体育是人类根据自身的需求建创的一种社会文化形式，它存在于每一个特定的时代或特定民族的文化模式之中，随着人类社会中需求的改变而调整着本身的内容和结构，改造自身的功能。"刘德佩认为："体育是人类为促进自己身心发展和满足自身高级需要，而主动采取的以各种身体运动形式为主要表现特征的社会文化现象。"陶于认为："体育的本质是以身体活动为基本手段，以增强国民体质为目的的社会行为与社会现象。说明体育的主要对象是社会现象中的国民群体，是一种普及化的社会行为与现象，它是衡量一个国家人民体质强弱及健康水平高低的重要标志。"一般来说，体育文化学者和体育社会学家都支持这一表述。

3. 人化的观点

关于体育本质的人化的认识主要有两种观点：一种观点是单从人的自然属性出发，认为体育是改造人自身身体，健身、健心的一种实践。向家俊、袁旦从辩证唯物论的观点研究，认为"体育属于人为满足自身享受和发展需要的一类实践"，概括出"体育的这种客观存在，本质上乃是人们为满足娱乐享受和促进身心健全发展而创造的，以自觉意识支配的身体活动作为主要手段对自己的身心进行改造并趋于完善的实践"。吴光远认为："体育是人类通过身体练习来改造自身身体、挑战身体极限的实践活动"。李力研认为："在'自然的人化'过程中，只有'人的自然化'才能阻止人类物种倒退。体育的本质就是'人的自然化'，有人类存在、有社会存在、有文明进步、有'自然的人化'就必然有体育运动。当然'人的自然化'的过程，并不意味着人类行为要倒退到低等动物的水平，体育运动是一种'感性中充满理性'

'兽性中不失理智'的心理积淀的结果。"另一观点从人的双重属性——自然属性和社会属性出发，认为体育集健身、休闲、社会共处等于一体。赵立军、韩孝栋认为："体育的本质应回归到'以人为本'，人的双重属性——自然属性和社会属性，是人身心发展的前提条件和体育发展的最终目的。应把体育的本质定位在培养人身心素质，以达到理想发展模式，即身心俱健的理想模式的活动。其实质是人类遵循适应与变化的自然规律，以自身动作为基本手段，通过活动中主体与客体之间能动而实现的双向对象化过程，以增强体质，促进和保持维护人身心全面健康发展，达到个体身体理想发展模式的活动。"许杰、付丽萍认为："体育科学是关于人的科学，人的发展问题是当代世界科学和哲学关注的焦点，体育对人的发展具有积极的意义。有必要从哲学角度对体育的本质及其与人的关系做一探讨。"最后他们从哲学的角度得出结论："体育是人的本质的展现和成因，体育的本质与人的本质密切相关，简言之，体育的本质就是'人化'。"

从国际体育组织和中西方学者的研究结果来看，体育本质的界定基本上落位于身体教育、竞技、社会实践活动、社会文化，体育的定义是落实在相应本质界定的基础上。其特点是力求从宏观上概括人类体育总的特点，但从宏观概括的本质特点并不能反映每个时期人类体育的时代特点，因此研究的结论必然互为掣肘，似是而非。人类的发展是人认知世界和改造世界的辩证过程，是人逐步认知物质世界与人自身本质的过程，也是人逐步接近真理的过程。体育是人类认知世界和改造世界中逐步形成的实践和意识形态，说明体育的本质不是既定的，也不是一成不变的。在不同时期、不同文化背景下，人类体育本质的体现存在着显著差异。随着人类社会的发展，当我们面对如火如荼的体育现象，我们会发现还是绕不过如何真正定义"体育本质"固有的樊篱。因此，中西方社会才有了对体育本质"社会性的身体活动"这一殊途同归的认知。

五、 体育的多种属性与体育本质

体育由于其多源性及发展的复杂性，其本质具有多种属性，在把握体育的本质时这些属性是缺一不可的。它包括教育性、文化性、竞争性、技能性、娱乐性、社会性、健身性。正是这些属性才从总体上确定了体育区别于其他任何事物的本质内涵，而这些本质属性却不是始终不变的，它们在不同的时期、不同的场合下表现的深刻程度是不同的。这给确定体育本质带来很多困难。下面对体育的多种属性加以分析。

▶▶▶（一）教育性

到目前为止，仍然有很多学者把教育看作是体育的一个基本属性。日本学者前川峰雄说："体育是通过可视为手段或媒介的身体活动进行的教育。"日本也还有其他学者认为"教育"是体育的本质。其实，把体育理解为"以身体活动为媒介（手段）的教育"是回到20世纪

30年代的体育认识水准。不能把"属概念"当成事物的本质。如果把"教育"当成体育的本质，"教育"可以使体育区别于文化、艺术、娱乐等实践活动，但"教育"并不能使体育区别于德育、智育、美育。"以身体活动为媒介的教育"甚至也不能使体育与德育、智育、美育区别开来，因为德育、智育从某种角度上看也是"以身体活动为媒介的教育"。

（二）文化性

体育作为社会文化现象已越来越被更多的人理解和接受。现在有不少学者把"文化性"作为体育的一个基本属性。我国早期把Physical Culture直译为"身体文化"，而这里的文化（Culture）一词也有开发与教育之意。1974年出版的《体育运动词汇》明确指出："体育文化是广义文化的一个组成部分，它综合各种利用身体锻炼来提高人的生物学和精神潜力的范畴、规律、制度和物质设施。"20世纪80年代后，我国体育界掀起了体育文化研究热，这是关注体育文化属性探讨的结果。

（三）竞争性

竞争性无疑是体育的一个重要特征。但是，也不宜将竞争性这个特点过分突出，体育并不像有的人所说的"没有竞赛、竞争，体育运动不仅没有活力，而且没有存在的价值"。体育和运动，既有竞赛方式，也有非竞赛方式。对体育来说，竞争或竞赛不见得是理想的手段和方法。顾拜旦就说过，"我们必须估计到，它对体育既是有力的刺激，也是危险的腐蚀"。在体育运动中必须正确运用比赛的手段。从体育的根本意义上讲，非竞赛的运动方式，如中国的太极、印度的瑜伽、西方的健身体操以及个人的自由运动等，都应当是体育运动的重要手段。特别是中老年人的体育，更宜提倡从事非竞争性的或竞争激烈程度较低的运动项目。在广大的青年学生中，仅有很少人具有运动天赋，可以从事运动竞技事业，而绝大多数人是通过体育教学和锻炼，学到终身促进健康、提高生活质量的知识、技能和方法。所以，把竞赛说成是体育的本质，恐怕是不妥当的。

（四）技能性

在体育运动实践中，无论是提高运动能力，还是增强体质、增进健康，都需要学习并掌握一定的运动技术、技能。但是，运动能力在不同社会形态里有着不同的作用，对此我们应该有清醒的认识。原始社会初期，人们常用"奔跑"来获取生存资料。在以身体的体能和技巧作为战争主要获胜因素的年代里，"快速奔跑"无疑是一种重要的战斗力；在现代战争中，由于高科技武器的大量运用，士兵的快速奔跑能力变得基本上没有价值（当然在局部地面作战中仍有大量应用），"跑得快"已不再成为士兵战斗力的主要构成。在现代社会中，交通已相当发达，像"马拉松"之类悲壮的故事不太可能再发生，尤其是作为普通人，他们的劳动和生活中已不怎么再需要"快速奔跑"这种能力。如果只是单纯追求某种运动的"运动极限"，总有一天,这种运动将失去意义。但即便是不能超越运动的极限,竞技运动仍然能够生存下去,因为竞技运动还有着强烈的娱乐欣赏价值。如拳击运动,只要在赛场上有紧张的胜负因素存在,这种运动就可以延续下来,并不需要关心"运动极限"问题。竞技运动只要有延续下来的理由,运动员就可以把运动竞赛当作谋生手段。所以,上述观点有它的局限性。另外,竞技运动也有它的教育价值,可是,我们不能把竞技运动看作是大家熟知的教育的组成部分,因为竞技运动是以"客体的人的运动"去愉悦他人,不符合教育强调以"以主体的人的活动"达到个体社会化和社会个性化目的的本质。所以,技能性这个特点在体育和竞技运动中的分量是不同的。

》》》(五)娱乐性

过去,很少有学者在体育中谈"娱乐性或休闲性",不大注意研究体育中娱乐性和休闲性的特点。其实,在体育运动实践中发挥娱乐性的特点,对于调动人们参与体育的积极性,从而促使人们形成良好的体育意识、养成体育运动习惯,是非常有好处的。游戏、娱乐不仅对儿童少年是不可少的教育手段,对成年人也未尝不是劳逸结合、增进健康、改善生活方式、提高生活质量的重要途径。

》》》(六)社会性

体育与其他实践活动一样,除了有自然性的一面,还有社会性的一面。体育是提升人的健康意识和水平的实践活动。只要是人的活动,就必然打上"社会"的烙印,具有"社会性"。在体育改革和发展中,我们不仅注意人的发展,也要关注社会对体育的需求,促进体育的社会化发展。

》》》(七)健身性

体育的根本目的在于增强人的体质、增进人的健康,进而使人的身心得到全面协调发展,使人成为适应社会需要的合格劳动者。身体和精神的相互联系和作用,贯穿于体育过程的始终,表现为人通过有意识的身体运动对自己的身体所进行的培育、锻炼和养护等实践活动,体育通过健身进而健心,最终使人社会化。健身是体育过程中的一个不可逾越的基础阶段,也是体育的一个基本属性。

以上,对体育的一些重要属性作了简单分析。其实,体育还有其他属性。现在问题的关键是,我们从体育的众多属性中寻找出决定体育发展方向或体育与其他社会实践活动相区别的起到决定性作用的属性,即体育的本质。

只有以人的身心发展为中心,以增进人的健康、提高生活质量、促进社会文明发展、提升社会的现代化水平相统一为宗旨,体育才可能符合现实中人的发展与社会发展的需要。任何将体育单纯理解为娱乐、运动或者是脱离人身心发展的其他教育,都是违背体育的本质的。由此可见,树立以人为中心的体育观,对身心关系和体育本质进行全面反思和重新认识,既能肯定体育的多种属性,又能抓住体育"以身体运动为基本手段促进身心发展"的本质,是体育原理研究走出低谷、体育改革实现超越的必由之路,也是体育科学化和现代化的必备前提。

透过现象看本质,不论我们强加给体育多少属性,多少性质,这都无碍于体育作为一种促进身心协调发展、改善生活方式、提高生活质量的重要途径。体育过去是、今天是、将来也必定还是——以身体运动为基本手段促进人们身心健康发展,提高人们的生活质量和生命质量,这便是体育的本质。

第二节
体育的目的

体育,由于本身对社会中的人和社会其他方面产生作用和效能,能够在某些方面满足个人和社会的需要,因此存在于任何国家和社会。但不同的国家和社会,由于各自的情况不同,对体育的需求和要求也有差异,这种差异最终在赋予体育的目的上表现出来。

一、目的的概念及特点

(一)目的的概念

所谓目的,是实践主体在活动之前有意识设计的活动结果,是人的主体需要和客观事物发展规律整合后产生并存在于人们观念之中的一种预期结果,是人们实践活动的一个必然的内在规律性。简言之,目的就是人们在实践过程中,活动主体对自身活动先期赋予的一种理想化期望及实现的结果。目的决定着行动的方向和行为方式,行动方向和行为方式是能否达到目的的决定性因素。南辕北辙是达不到目的的。人们所确定的任何一个具体的目的都是人们从事具体实践活动的起点,又表现为实践活动的全部过程和归宿。在人的每一项具体的实践活动中,目的既是出发点,又是实践活动的归宿。它不仅使行为的动机在意识中具有明确的对象,而且实际规定着行为的方向,支配着整个行动过程,又体现于行为终了时所达到的结果。因此,在人的一切实践活动中,目的是原因和结果的统一。目的的意义在于,它是实践活动所要创造的未来事物在观念上预先建立起来的主观形象。它是作为内心意向,作为需要、动机和动力而在观念上预先提出和设定的预先结果。

》》》(二)目的的特点

目的是人的自觉活动和行动的基本要素之一。在实践活动前,实践主体会先在头脑里形成目的,而后再按照目的去确定措施、选择途径和方法,进而去实现目的,由此改变着外界物质和环境。主体的目的对象化到客体,使客观世界打上主体活动的烙印。在这个过程中,目的既是实践活动的起点和终点,又表现在实践活动的全过程。它具有以下特点。

1.主观性

目的作为实践主体在行动前的一种设计和期望,反映了主体的需要,是主体的一种理想追求,所以目的是主观的。当然这种主观性必须以客观性为存在前提,否则目的很难成为现实。

2.预见性

目的是实践活动的预期结果,一旦确定,对活动过程中的各种因素,就需要进行预先的设想,并由此确定行动方案,以克服和减少实践的盲目性,力争实现目的。

3.概括性

目的是对实践要取得的结果的构想,它一般不太具体详细,而只能提出一个概括性的方向或要求,需要在实践中进行具体化工作,一步一步达到目的。

二、 体育目的的概念

体育目的是人们在从事体育活动和体育锻炼过程中,自身期望所要实现的结果或要达到的标准。体育目的强调的是未来,着重有预定的指标。它制约着体育内容、体育计划、体育过程及体育结果等各个方面。它决定着体育的方向,规定着体育的进程,以期获得最佳效果。没有体育目的就没有体育活动,有什么样的体育目的才有什么样的体育活动,也才可能达到什么样的体育目的。对体育目的的确定,有助于体育活动有组织、有计划、系统地向着预定目标进行。体育目标贯穿于体育实践的全过程。在体育实践之前要预定体育目的,在体育实践过程中要实施和检查体育目的,体育实践的最终结果是实现体育目的。

体育目的具有对体育活动的定向功能、调节功能、评价功能。人类社会发展到现在,具有丰富的体育文化内容,需要根据体育的目的进行选择。体育活动不是一种随意的活动,是在一定价值观指导下的一种选择性的活动。确定体育目的,就是在体育活动中,对人类特有的体育文化作价值性的取舍。

三、 研究体育目的的意义

目的是人们实践活动的一个必然的内在规律性。人的一切活动总是自始至终自觉受其目的的驱使和支配,这也是人类的社会实践活动区别于自然界事物的自然变化和生物的本能活动的一个特点。体育是一种有目的、有意识的社会活动。这不仅表明了体育运动是人所独有的社会实践活动,而且也反映了人的这种活动是自觉的社会实践活动。体育目的会跟随社会的发展而变化,因此研究体育目的具有重要意义。

（一）研究体育目的是体育发展的需要

体育运动作为人类特有的一种社会实践活动,从它产生之日起,就有明确的目的性,而且在一定的历史时期,体育目的又具有相对稳定性。然而,作为一个国家体育工作的方向和努力目标的目的,又不是一成不变的。随着社会的发展、生产力水平的提高,以及社会及其成员物质、精神需要的不断增长,体育目的也要发展变化。原始社会,体育主要是满足人们的生存需要。人类进入文明社会以后,随着社会和人们需要的提高,体育不仅满足生存需要,而且满足一部分人尤其是剥削阶级的享受需要。在当代社会,体育作为满足广大人民群众发展需要的一个重要手段,其目的对我国体育事业的发展有着极大的指导和激励作用。

（二）体育的目的有极大的动员作用

体育运动是全民的事业,它关系到亿万人的身体健康。因此,体育不仅仅是体育工作者的事情,也可以说与每一个社会成员都有着直接的联系。然而,体育又不像吃、穿、住那样是人们不可或缺的东西,体育容易被人视为可有可无的事情,这与人们对体育的认识不足有关。如果一个国家具有明确的体育目的,并使其深入人心,这本身就可以动员和激励人们积极参加体育运动,并在共同认识的基础上,使每一个体育活动参加者和体育工作者时常意识到自己所追求的目标,动员人们朝着同一个目标努力,以提高人们参加体育活动的积极性、自觉性和工作的实效性。

（三）体育的目的是制定体育方针、政策、措施的重要依据

一个国家的体育目的是该国体育工作的出发点和落脚点,它表明努力的方向和最终要达到的结果。目标则是目的的具体化,人们是通过完成目标来实现目的。体育的方针、政策、制度、措施等,归根到底是为了保证体育目的的实现。在体育方面所制定的方针、政策都应紧紧地围绕着体育总目标的实现。因此,只有正确地明确了体育的目的,才能使我们的各项体育工作方向明确、有所遵循。相反,如果总的目的不明确或不正确,就会使我们的体育实践迷失方向,出现偏差。

四、　确定体育目的的依据

体育目的虽然是人们在观念上预先提出和设定的预期结果,但是,它并不是由人们随意

提出来的,它既不是人们头脑里先天固有的,也不是人们主观自生、凭空想象出来的,而是在人们同外部客观现实的关系中产生的,即以外部客观现实的可能性和本身的需要为前提和依据的。正如列宁所指出的:"事实上,人的目的是客观世界所产生的,是以它为前提的,……认定它是现存的、实有的。"因此,一个正确的目的,必须反映客观社会发展和自然事物发展规律的必然性,要反映人的现实需要的必要性,还要从事物内部固有的特点考虑目的实现的可能性。具体来讲,体育目的的确定要以社会对体育的需要、体育的主体——人的需要以及体育自身所具有特点和功能为依据。

》》》(一)社会对体育的需要

体育的目的是受社会的政治经济制度制约的。在无阶级社会,体育与政治无关。但在阶级社会,统治阶级的利益和意图,必然要渗透到体育的目的中去,使之带有一定的阶级性和政治性。但是,这并非意味着体育目的范畴的全部内容都具有阶级性,也不意味着不同社会制度国家的体育目的就毫无共同之处,不能互相借鉴。比如,在各国体育目的中,关于增强体质方面的内容就完全可以互相借鉴。当然,总的看来,在当今世界上,抽象的、不为本国政治和经济服务的体育是没有的。这一点,无论从体育的发展历史,还是从当代各国的体育实践中都可以得到证明。

从历史角度来看,在人类社会发展的各个不同阶段中,由于处于统治地位的阶级不同,体育便为不同的阶级服务。马克思曾指出:"统治阶级的思想在每一个时代都是占统治地位的思想。这就是说,一个阶级是社会上占统治地位的物质力量,同时也是社会上占统治地位的精神力量。支配着物质资料生产的阶级,同时也支配着精神资料的生产。"例如,在奴隶社会,奴隶主占有生产资料和奴隶,体育也就被用来为奴隶主服务。奴隶主利用体育训练甲士,用以镇压奴隶和平民,并对外进行征服和掠夺。在教育方面,体育也为培养效忠于奴隶主的武士和残酷镇压奴隶的统治者服务。同时,作为人类社会第一个剥削阶级——奴隶主阶级,由于生活奢侈腐化,也把一些刚具雏形的体育活动用来作为他们享乐的工具。进入封建社会,奴隶变成了农民,有了人身自由,有了一些自发参加体育活动的可能性,出现了一些民间体育,但是就整体来说,封建社会的体育目的,仍然是为封建统治阶级服务。他们利用体育来训练士兵、选拔武士,对青年一代进行教育,培养符合他们需要的接班人。如我国周朝实行的"六艺"教育、欧洲封建领主推行的"骑士教育"都是为了将封建贵族子弟培养成他们理想的接班人。同时体育还被统治阶级用作养生、享乐和消遣的手段。

在现代社会,不同社会制度的国家,体育运动的目的也有所不同。不管在表面提法上有多少共同处,其实质总是体现着为本国的政治服务、为统治阶级的利益服务。没有哪一个国家的政治家不利用体育来为其政治服务,也没有哪一个国家的体育能够真正脱离开本国的政治而独立存在。例如,在希特勒统治时期,德国体育的目的在于"使每一个国民具有民族自觉、种族优秀、胜任军役、拥护领袖的意志。"这一目的很明显,就是要人们拥护希特勒,鼓吹种族优越论,以便为其征服人类、统治世界的法西斯政治服务。

我国是社会主义国家,同时正处于社会主义初级阶段。我国现阶段的根本任务是发展生产力,就是要最大限度地丰富社会物质财富,不断满足人们对美好生活的向往。我国体育目的确定必须把提高全民族的体质水平,保证人民健康、长寿、幸福与促进物质文明和精神文明建设有机地结合起来,使体育更好地为社会主义建设服务。

》》(二)体育的主体——人的需要

目的这个范畴就它的前提来讲,不仅包含着某些必然性的规定,而且更重要的是包含着某些必要性的规定。科学技术的进步和社会生产的发展,不断地增加人们的余暇时间并改变着人们在余暇时间里的活动内容。人们对体育的诉求逐渐从技术层面上升到文化价值层面,从满足人的基本需要层面上升到满足人的享受和发展需要的层面,日益追求在各类体育活动中的文化心理的满足,这都是人们需要不断提高的具体表现。体育的目的必须与这些日益增长的需要相适应。在社会主义国家,社会生产的目的决定了我们应尽可能地满足人民的需要,其中包含了身体健康的需要、提高工作能力的需要和全面发展的需要。

需要反映人们对某种目标的渴求和欲望,它是人类一切活动的动因,与人相关的任何活动都不能脱离人的需要而存在。因此,确定体育的目的必须要分析人的需要。目前在西方最流行的需要理论是美国心理学家马斯洛的需要层次理论。马斯洛把人类的需要看成是一个组织系统,将其区分为生理需要、安全需要、社交需要、尊重需要和自我实现需要五个层面,并且肯定了物质需要的首要性和决定作用。同时,他强调了对人的关心和尊重,看到了需要在调动人的积极性、激励和组织人的行为中的巨大作用,突出了满足人的需要在人的发展中的重要性。尽管马斯洛的需要层次理论并不十分完美,但对我们研究需要论具有很大的启发作用。人的需要主要通过工作、学习、生活来实现。而体育在满足人不同层次的需要中都能够起到积极作用,不仅能满足物质层面的需求,还能在精神上满足人的需要,体育是满足人们需要的一种重要手段。

人是身体因素和精神因素相统一的结合体,在这一统一体中,身体的健康是人类生命活动和社会活动最根本的基础,因为有机体的所有活动都表现出对身体状态的依赖性。一个人的发展,无论是个性的形成,还是知识的增长,只有在其精神和身体的需要不断得到满足的条件下才能成为可能。对社会而言,也需要对其成员进行身体锻炼,培养出身心全面发展的建设者,为现代化建设服务。而对于个体而言,身体健康的需要,普遍反映在各种不同年龄段的人身上。青少年都希望生长发育良好,追求健美的体形;中年人都希望保持年富力强;老年人则都希望能够延年益寿。总之,每个人都有保持高水平生命活动的需要,这一需要将随着人民生活水平的提高而越来越迫切,越来越向高一级发展。因此,社会主义国家体育的目的更应充分体现出全体国民的这一需要。

人们的需要不仅注重物质需要,承认物质需要的首要性,而且也注意精神需要。社会主义条件下的全面发展不仅仅限于知识、技能,而且还包括人的精神生活,人的精神生活包括政治生活、科学和艺术生活、体育生活以及在各种各样伦理关系中的精神生活。随着整个社会的发展和生产水平、生活水平的提高,体育运动将成为人们日常生活中不可缺少的组成部分。它是一种健康的、有积极意义的精神享受,它区别于那种单纯追求物质生活的享受。因此,确定体育的目的,必须注意到满足人们日益增长的文化需要,不断提高公民的享受能力和丰富整个社会的文化生活的需要。

》》(三)体育自身所具有的特点和功能

体育自身所具有的特点和功能是确定体育目的的重要依据——内在依据,体现了人本位的体育价值观。体育目的应该具有体育的特性。体育以身体运动为基础,利用自然力和卫生措施等手段,达到增强体质、增进健康的效果。体育是通过身体活动的方式进行的,它要求人体直接参与活动,这是体育的本质特点之一。

体育的功能不仅取决于体育自身的特点,还取决于人们对体育所能发挥作用的认识程度,这反映了人们对体育效能的一种主观认识。现代奥林匹克运动会创始人——皮埃尔·德·顾拜旦在其名篇《体育颂》中,将体育的功能进行了综合的分析和表述,其中不仅讨论了体育(奥林匹克运动)对作为个体的人的作用,也讨论了体育对社会整体的价值,高度评价了奥林匹克运动在现代社会文明中的作用和地位。毛泽东同志在其《体育之研究》一文中从"强筋骨""增知识""调情感"和"强意志"四个方面阐释了体育的功效。

体育的特有效能是指体育最本质和核心的功能,即增进健康、增强体质。正因为增进健康、增强体质是体育带来区别于其他任何事业效能的本质特征,因此,它理所当然地成了确定我国体育目的的主要依据。

》》(四)体育法律法规的确定

体育法律法规的制定,本身就表现了一定社会和社会统治阶级对体育的认识及要求,因此,一个国家、一个社会有关体育的法律法规,在某种程度上反映了这个国家或社会的体育目的。而业已制定的体育法律法规反过来又约束了对体育目的和任务的确定。在这种条件相对稳定的情况下,已确定的体育法律法规具有如下作用。

1.实现体育目的
体育法律法规的制定和实施有利于实现社会体育的目的,它规定了体育活动的方向和目标,明确了活动者的权益和义务,制约了与目的实现相悖的行为发生,有助于社会对体育发展的控制和调整。

2.统一活动标准
体育活动是人类社会共有的产品,相互交流和交往是体育国际化和社会化的基本方式和具体体现。只有在活动方式统一、活动标准一致的前提下,不同社会条件下的相互沟通才有可能。体育法律法规是共同意志的具体表现,具有统一认识、统一思想、统一活动方式、统一活动规范和评价标准的作用。

3.协调社会关系

体育是人类的社会活动,在这种社会活动中,个人与群体、群体与群体,乃至地区与地区、国家与国家之间相互交往,而这种交往又必须建立在一种彼此接受、公正平等的基础上才能持续下去。因此,确定交往原则,规范交往行为,明确权益、义务才能和谐相互关系,才能使体育运动健康协调地进行。体育的法律法规在协调这种相互关系上,起到了不可替代的作用。

4.促进体育发展

体育事业持续、稳定地向前发展是全人类共同的需要。要使体育的发展始终保持协调有序,就必须给予适宜的调节和控制。就现代社会来讲,以法律法规的形式确定共同接受的体育发展方向和步伐,是唯一可以实施的途径和方法。同时,随着社会条件的变化和体育的发展,人们也只能通过共同性规范去适应这种发展和变化。

体育的法律法规体系是一定社会条件下人们的思想、意识、观念的产物,当它一经形成并实施之后,又会对人在体育活动中的行为和思想产生制约作用。当某种法规制度不符合人们共同的观点、不适应发展的需要时,就会对它进行修改或废除,并重新制定符合人们共同愿望的、适应发展需要的法规制度。

五、　我国的体育目的

我国的体育目的是根据我国的社会现实和发展的需要,遵照体育本身所具有的功能和特征提出的。我国政府以广大人民群众的利益为本,根据我国目前的社会发展水平,确定了我国的体育目的:增强体质,增进健康,改善人们生活方式,提高生活质量,促进社会经济健康、文明发展。其中,"增强体质、增进健康,提高生活质量"主要是针对个体而言的,是体育目的的核心部分,它是从社会发展的客观需要出发,对人身心发展的方向、内容和所要达到的水平所做的切实规定;"促进社会经济健康、文明发展"反映了社会需要,是社会发展对体育所提出的切实要求。作为文化、教育组成部分的体育,归根结底在于满足人们的健康和文化需要,从而促进社会健康、文明的发展。

"增强体质、增进健康"反映了体育的本质属性与特有效能,也反映了体育区别于其他一切社会活动的特点。"增强体质、增进健康"包含了一系列具体的指标体系,可以作为衡量体育工作成效的具体标准,有利于目标管理,也有利于指导实践。同时,"增强体质、增进健康"是培养全面发展的人的重要内容。不仅如此,体育自身同样包含了德育、智育、美育的各种因素,这使体育在促进人的全面发展中起到了积极的作用。

党的十八大以来,习近平总书记多次强调,"体育是提高人民健康水平的重要途径,是满足人民群众对美好生活向往、促进人全面发展的重要手段。""加快建设体育强国,就要坚持以人民为中心的思想,把人民作为发展体育事业的主体,把满足人民健身需求、促进人的全面发展作为体育工作的出发点和落脚点,落实全民健身国家战略,不断提高人民健康水平。"这些重要论述充分彰显了中国共产党坚持立党为公、执政为民的价值追求,体现了习近平总书记深厚的为民情怀。

进入新时代,随着经济社会的不断发展和综合国力的不断提升,我国社会主要矛盾已经转化为人民日益增长的美好生活需要和不平衡不充分的发展之间的矛盾。体育是人民美好生活的重要组成部分,在体育工作中落实好以人民为中心的发展思想,就是要及时回应群众关切,把人民满意作为检验体育工作质量的根本标准。要不断扩大体育场地设施等的有效供给和综合利用,着力解决群众关心的急难愁盼问题和区域、城乡之间体育发展不平衡不充分的问题,更加关注农村、基层、基础薄弱的困难地区和群众,让体育的发展成果更多惠及人民,满足人民群众对生命质量、健康生活方式、公共服务等方面日益增长的需要。

建设体育强国是新时代中国特色社会主义伟大事业的重要组成部分,是我国体育发展的最高战略目标,是实现中华民族伟大复兴中国梦的必然要求。要把体育事业放在中国特色社会主义伟大事业的全局,放在"五位一体"总体布局和"四个全面"战略布局中去思考、去谋划、去推动,这是推动新时代我国体育事业持续向前发展的内在要求。

体育强国梦是中国梦的重要组成部分,中国梦是实现体育强国梦的重要依托。《中华人民共和国国民经济和社会发展第十四个五年规划和2035年远景目标纲要》进一步明确了体育强国梦与中国梦的辩证关系,提出2035年建成体育强国的远景目标,即形成政府主导有力、社会规范有序、市场充满活力、人民积极参与、社会组织健康发展、公共服务完善、与基本实现现代化相适应的体育发展新格局,体育治理体系和治理能力实现现代化。《体育强国建设纲要》提出,到2050年,全面建成社会主义现代化体育强国,体育成为中华民族伟大复兴的一个标志性事业。

加快推进体育强国建设,推动体育事业高质量发展,要着眼中华民族伟大复兴战略全局,认真贯彻落实创新、协调、绿色、开放、共享的新发展理念,服务构建新发展格局,推动群众体育、竞技体育、体育产业的协调融合发展。要牢固树立"躬身为民"的服务理念,及时回应群众的体育诉求,进一步转变政府职能,稳步推进"放管服"改革,深化重点领域和关键环节的改革创新。不断增强体育发展的内生动力,激发体育发展活力,鼓励和引导社会力量参与体育改革发展,最大限度凝聚各方力量和资源,构建管办分离、内外联动、各司其职、灵活高效的体育发展新模式和大体育发展观,实现体育治理体系和治理能力现代化。坚持举国体制和市场机制相结合,努力开创新时代我国体育事业发展新局面。

新时代我们不仅要继承中华体育精神的优良传统,还要与时俱进,不断创新并进一步发扬光大中华体育精神。要将弘扬中华体育精神与培育和践行社会主义核心价值观结合起来,发挥体育文化、体育精神的潜移默化作用,把社会主义核心价值观融入到体育活动中,在体育竞赛中培育和践行社会主义核心价值观。加强运动项目文化建设、丰富体育文化产品、传承中华优秀传统体育文化,推动中国武术、健身气功、象棋、围棋、龙舟等民族传统体育借助国际体育舞台走出国门,向世界展示中华民族的智慧和国家文化软实力。

党的十八大以来,以习近平同志为核心的党中央站在国家强盛、民族复兴的战略全局,高度重视体育事业发展,对体育领域若干重大关系和基本问题进行了顶层设计和系统部署,提出了一系列新理念、新思想、新战略,形成了习近平总书记关于体育的重要论述。这些重要论述立意高远、内涵丰富、思想深刻,具有很强的战略性、思想性、纲领性,为新时代推动体育强国建设提供了根本遵循和行动指南。

体育要为整个社会的物质文明与精神文明建设服务,这是社会对体育事业的要求,是我国政治经济制度在体育目方面的反映,它指明了我国体育的性质,为我国体育事业的发展确定了方向。

第三节
体育的目标任务

一般来说,体育目的只指出体育发展的大方向,所以,体育目的往往不具备明显的操作意义。因此,我们依据体育目的进行实际工作时,必须将抽象转化为具体,并按层次逐步分解,直到能操作为止。在将"目的"具体化的过程中,通常用"目标""任务"等有形的或者说看得见、摸得着的,近期可以实现的具体工作范畴和标准,来规范和约束体育行为,使体育可以实际操作。这一般要依靠确定具体的体育目标、任务。围绕体育目的确定的体育目标任务,可以有多个,前提是体育目标任务没有背离体育目的。

一、目标任务的概念及特点

(一)目标任务的概念

目标是指在一定时间内要达到的具有一定规模的期望标准。它是人类实践活动所要达到的境地和标准,是目的和标准的统一,是个人、部门或整个组织所期望的成果,简单地说就是给梦想的实现加上一个日期和数字。

任务就是人们所做的一件事情或工作,它有特定的目标、恰当的内容、具体的执行路径和方法,它是目标的具体化。

>>>（二）目标任务的特点

一般而言,目标任务都是一个包括了使命、对象、目的、指标和时限等在内的系统。它表明人类活动的最终期望和期望结果的可考核性的有机统一,是人类活动目的的具体化。它具有以下特点。

1.具体性

从目标任务结果看,人们所力求达到的状态和境界必须具体、明确、可考核。目标任务的这种具体性在实践中一般表现为指标的确定性。指标既是目标任务的表现形式,又是目标任务的实际内容,其最大特点是具体明确。所以,没有具体化的多种特征,目标任务就会变得空洞和抽象,成为难以把握和不可捉摸的东西。而指标一经确定,它本身又成为目标任务,即某方面所要实现和达到的具体目标任务,实际承担着确定手段和道路的功能,成为衡量某方面实际工作成效的标准。目标任务和指标的上述关系揭示:目标任务均是通过指标得以体现的,是一个由指标所构成的系统。

2.明晰性

从目标任务实现过程看,不同时段所要达到的目标任务在目标体系中必须清清楚楚。目标任务的这一特征,在实践中表现为时限和指标的统一。目标任务的明晰性还指目标任务层次分明,总目标与分目标关系清楚明白。

3.系统性

目标任务的系统性,一方面指目标任务结构的完整性,即它是一个包括使命、对象、目的、指标、数据、时限等的有机统一体,缺少了其中的某项因素,目标任务结构就残缺不全。另一方面指构成目标任务的各项指标,像横向和纵向指标、整体和分项指标等相互制约,具有系统的关联性,它们共同起作用,影响着目标任务的实现。

二、　目的与目标任务的关系

目的是人类为实践活动规定的总方向,但目的由于具有概括性,比较笼统和抽象,不能在实践中直接分层操作。因此,目的都需要分解成具体目标,通过目标逐一地去实现。我国著名学者方万邦先生曾对目的与目标的相互关系进行了精辟的论断:目的是指示取向的最高标准,目标却是在目的中分析出来,指出特殊要点;因为目的较目标远大而高超,所以目的不一定能实现,而目标却易于到达,且是达到目的必经的阶段,指示我们接近目的的途径。时间、空间、事件和效果,是构成目的的基本要素。时间的长短、空间的大小、事件的性质、效果的好坏,是衡量目的的基本标准,故有明确标准的目的即为目标。

对于特定的行为而言,其最终的目的只能有一个,而针对这一目的的目标则可以有多个。有明确标准规定的事件,即为目标的内容,通常以任务的形式来表述,即任务是目标的具体化。对同一目标而言,可以由多个任务构成,目标不同任务也不同。

目的是主观设想或意图,目的相对于目标具有隐蔽性、完整性、长期性、稳定单一性、根源性等特征。相反,目标是意识所针对的具体的行为对象,是客观状态。目标相对于目的具有外显性、可分解性、阶段性、多样性、主观差异性等特征。

目的和目标可以转化,目的可能分解为目标,但大的目标也可以分解,从而相对更小的目标而言,大的目标就成为目的。虽然目标主要用于导向和规范行为,目的主要为行为提供内存动力,但是某种目标成为一种可持续的正反馈的情况下,目标同样具有动力性质和意义。

三、我国的体育目标任务

我国的体育目标任务应是我国体育目的的体现,业已确定的体育目的,是我国体育工作的基本方向,要实现体育目的,就必须完成相应的目标任务,主要包括以下四个方面。

》》(一) 增强体质,增进健康

增强体质、增进健康是我国体育的根本目标,也是我国体育目的的核心内容。

体质是一个重要概念,它指人体的质量,即在遗传性和获得性的基础上表现出来的人体形态结构、生理机能和心理素质的综合的、相对稳定的特征。在人的整个生命活动过程中,体质表现出明显的个体差异性。这种个体差异性与个体的遗传变异、生活环境、营养条件、运动状况和个人生命发展、生命活动特点等密切相关。从这个意义上讲,体质会在先天的基础上受后天诸多因素的影响而产生变化。而在这些后天的诸多因素中,经常地、科学地进行体育运动对体质的改变最为积极有效。体质由体格、体能、机能、适应能力和精神状态等构成。

健康是一个更为广泛的概念,包括身体、心理和社会三个维度的完美状态,是一种三维健康观。

增进健康主要表现在延年益寿、预防疾病两个方面。但是人在与大自然共处的过程中,不能仅仅满足于身体健康,还要在健康的基础上,进一步使体格健壮,使体能得到充分发展,只有这样才能使学习、工作、生活有坚实的身体保障。从这个意义上说,健康是进一步增强体质的基础,增强体质则是在健康的前提下,人体形态和机能的进一步发展。而体质在很大程度上反映了人的健康水平,体质的增强为获得健康的体魄奠定了物质基础。

体育锻炼是增强体质、增进健康的积极有效的方法。体育锻炼能使人由弱变强,提高工作效率,延缓衰老过程。利用体育手段增强体质、增进健康,必须因人而异,根据自身的实际情况和需要,选择相应的内容、方法和手段,采用适宜的负荷,循序渐进,持之以恒,才能达到预期的效果。

》》（二）提高运动技术水平，攀登世界体育高峰

提高运动技术水平，攀登世界体育高峰，是我国体育的重要目标任务之一。一个国家运动技术水平的高低，反映出国家体育事业的发展水平，同时也反映出一个国家的综合国力。运动技术水平是国家经济、文化、科技、教育发展水平的综合体现，也是一个国家或民族精神面貌的反映。所以，世界各国重视人们身体健康的同时，也非常重视运动技术水平的提高。

中华人民共和国成立以来，体育运动事业发展很快，特别是改革开放以后，随着我国经济发展水平的不断提高，体育事业得到长足发展，我国运动技术水平迅速提高，一些竞技项目在国际上也具有领先水平。在奥林匹克运动会以及一些国际比赛中，我国运动员取得了十分喜人的优异成绩，不仅为我国争了光，提高了我国的国际威望，而且也促进了我国与世界各国的交往和友谊，极大地振奋了民族精神，鼓舞了人民的斗志，成为振兴中华的强大的精神力量。

》》（三）丰富文化生活，促进精神文明

在现代社会中，体育已经成为人们生活方式的一个组成部分。随着我国人民物质生活水平的提高，人们在紧张的工作、学习之余要求有丰富的文化生活，以满足日趋发展的精神需要。体育运动作为人们消磨闲暇时间、增进健康的和容易被接受的休闲方式，已经成为现代人的生活理念，一些传统的、缺乏活力的、不健康的休闲娱乐方式被取代。现代研究发现，适宜地参加体育运动不仅使我们的身体更加健康，而且参加体育活动还可以满足人们的多种社会需要，如社会交往、净化情感、发散精力等。同时，欣赏高水平的体育比赛、表演，还是丰富人民精神生活的一项重要内容，不仅可以激励人们积极参加体育锻炼，推动群众性体育活动的开展，还可以让人们在欣赏高水平的体育比赛中调节精神、愉悦身心、陶冶情操。

》》（四）提高国民素质，进行思想品德教育

从思想上、精神上和文化知识上提高国民素质也是体育的基本目标任务。体育自产生之日起就是教育的重要组成部分。在社会领域，体育是一种具有特殊教育意义的社会活动，提高国民素质是其主要目标之一。素质包括身体层面的素质、心理个性层面的素质和社会文化层面的素质，而社会文化的素质又可分为思想道德素质、文化科学素质、审美艺术素质和劳动准备素质，它反映了一个人的思想觉悟和文化修养的程度。体育运动中的思想品德教育，主要包括培养共产主义道德、良好的意志品质以及优良的体育道德作风等。

在学校教育中，体育是一个有目的、有组织的教育过程，是教育的目标之一。体育教育的任务，首先在于运用体育手段，对人们进行思想品德教育。

体育道德是社会道德在体育领域的具体化，用以调整体育运动中人们之间的行为准则和规范。在体育运动中进行思想品德教育具有很大的潜力。人们在体育运动中，性情开放、

情绪活跃,能反映出平时不易暴露出来的一些问题。各种游戏和比赛活动中,由于环境条件频繁变化,又受到各种规则的限制和约束,人们为争取游戏或比赛的胜利,往往要付出极大的努力。同时,在整个过程中,还往往表现出个人与个人、个人与集体、集体与集体之间错综复杂的情境变化和利益冲突,这就是使人平时难以表现出来的思想品德得以充分地展示出来,从而为各种针对性教育活动提供了目标和内容。特别是当今世界,一场重大的国际比赛,全世界数以亿计的观众目睹比赛实况,它对人的教育、陶冶作用是难以估量的。

四、影响体育目标任务实施的主要因素

体育的目标任务的实施和达成需要一定的条件,当一个社会确定了体育目标任务之后,必将采取相应的措施和政策,以确保体育目标任务的达成。但在有的情况下,一些社会因素对体育目标任务的达成会产生影响,促进或者抑制体育目标任务的达成。作为与社会其他方面有着广泛联系的体育系统来说,其影响目标任务达成的因素很多,但具有重要影响作用的因素主要是四个方面。

》》(一) 社会政治因素

在阶级社会里,各种社会活动都会受到政治因素的影响,体育也不例外。从根本上说,体育的目标任务属于上层建筑的范畴,带有阶级性或者统治阶层的意志,因此会跟随社会政治制度的改变而发生变化。政治因素的影响表现在根据统治集团的目的确定社会的体育目的与任务,以及对社会环境和社会条件进行调控,以便使体育的目标任务得以实施,体育的目的得以实现。

但社会政治因素在一定的历史时期或一定的历史条件下,会对体育的目标任务的实施进行制约或破坏性重组,重新确立体育的目的和任务,以满足新的政治的需要。从一般意义上讲,社会的政治安定可确保体育目标任务的顺利实现,而社会政治局面不稳定或长期的政治动乱,必然会导致体育的目的不明确、体育的任务不确定的无所适从的状况。

》》(二) 社会经济因素

经济是社会的基础,是各种社会活动开展和发展的基本条件,体育运动的开展和发展同样需要一定的物质基础和经济条件。对于体育的目标任务的确立,离不开对社会经济状况的判定,体育任务的实施离不开社会经济基础的支持。从现代运动技术水平的状况来看,"提高运动技术水平,攀登世界体育高峰"这一目标任务的实施,离不开一定的物质条件和科学技术的支持。从另一个角度来讲,这项任务的实施和完成必须有一定的经济实力为支撑。达到世界竞技水平的高峰,意味着从选材、训练到竞赛都需要得到科学技术的支持。身体状态、训练水平的诊断,运动员的选材,训练器械和运动器材的改进、创新,训练过程的监控、调

整等,都依赖于科学的技术、方法、手段、仪器,而这些东西越是高新,作用越大,价值则越高。

另一方面,体育目标任务的达成,有利于促进社会经济的增长。而提高劳动生产率,形成新的经济增长点,拉动消费市场的发展,本身就是体育的任务之一。

>>>(三)社会文化教育因素

人类社会是以自身特有的文化形态构成的。体育是人类文化形态的构成部分,它的发生与发展始终受到整体的影响和制约。教育既是人类文化形态的构成部分,又是人类文化的延续和传递方式,因此,教育对于一个社会来讲,具有特殊的功能。通常,一个社会或者一个国家所制定的体育的目标任务应与这个社会或这个国家的主流文化相适应,并符合社会教育水平。

但仍存在着对体育目标任务的制约和限制因素,如传统落后的"男尊女卑"思想,无疑是影响体育目标任务达成的消极因素,而且这种落后思想在一些地区仍有一定的市场。相反,在文化教育较为先进、发达的地区,体育的目标任务的达成水平明显地走到了前面。因为在先进的文化教育的影响下,人们具有男女平等的思想,对生活、对健康,乃至对人生的认识和态度都有了根本性的改变,对体育的理解也更加深入和全面,因此,人们自觉地参加体育活动,并将其纳入了自己的生活方式中。

>>>(四)社会生活方式因素

社会的生产方式决定着社会的生活方式,这是因为生活方式赖以存在和发展的基础是物质生活资料,而一定的物质生活资料则是一定的生产力发展的结果。另一方面,社会生产方式的发展,使生产率大幅度提高,生产时间缩短,社会闲暇时间增多。从某种意义上讲,生活方式就是对闲暇时间的利用形式。但社会生活方式仍具有相对独立性,反映的是人与生活资料的结合方式,在同样的生产方式的条件下,不同社会的生活方式不一定相同。社会生活方式的差异主要表现在消费观念、消费水平和消费方式等方面。

体育的现代消费走向,与我国传统的消费观念有矛盾冲突,因为从传统意义上讲,对体育的消费有"玩物丧志""不务正业"之嫌。况且,对体育的消费,既有物质生活资料的消费,又有精神生活资料的消费,而且这种消费通常是建立在物质生活与精神生活已经相对满足的基础上的。因此,在生产方式落后、生活方式简单的时代,体育消费无疑是一种奢侈行为。

在现代社会,生活方式已经发生了重大改变,体育的消费是必不可少的一部分,体育消费在现代人的生活中占有重要地位。体育消费的日趋发展,不仅有利于体育运动的发展,促进体育目标任务的实现,而且由于消费需要的演变,社会对体育目标任务的确定也会发生相应的改变。

五、　我国体育目标任务的基本实施途径和要求

〉〉〉（一）我国体育目标任务的基本实施途径

体育目标任务的基本实施途径有体育教学、运动训练、身体锻炼、运动竞赛。这些基本途径互相交叉、互相作用，共同完成体育的目标任务。

1.体育教学

（1）体育教学的定义。

体育教学是体育教师按照国家统一规定的教学大纲和学校的教育计划与要求，锻炼学生的身体，增强学生的体质，传授体育的知识、技能、技术，培养学生的思想品德和意志品质的教育过程。它是学校体育工作的基本形式，是体育目标的实现途径之一。

体育教学的特点是在教学过程中学生主要从事各种身体活动，但各种身体活动又是与思维活动紧密结合的。这种特点，使体育教学既要遵循各门学科认识事物的共同规律，又要遵循人体结构、人体生理机能活动能力变化和动作技能形成的规律。

（2）体育教学的基本任务。

第一项是锻炼学生的身体，增强学生的体质。通过组织教学和身体练习，促进学生身体的正常生长发育，培养学生正确的身体姿态；促进学生身体机能、身体素质和基本活动能力的全面发展；增强学生对外界环境的适应能力。

第二项是向学生传授体育基础知识、基本技能和基本技术。在教学中，要求学生了解体育的目的与任务；向学生传授锻炼身体的基本技能和运动技术；使学生掌握科学锻炼身体的方法和体育的娱乐方法。

第三项是培养学生的思想品德和意志品质。通过组织教学对学生进行思想教育，培养学生的共产主义道德品质；培养学生对体育的兴趣，养成锻炼身体的习惯和主动性，提高学生关心自身健康的社会责任感；促进学生的个性发展，培养学生的组织纪律性和生动活泼、勇敢顽强、富于创造的精神；陶冶美的情操，培养文明行为。

体育教学的"三项"基本任务是紧密结合的，它是通过身体锻炼和课堂教授完成的。锻炼身体、增强体质反映了本学科的特点和体育教学的基本要求。教授体育基础知识、基本技能和基本技术，不仅是增强体质、发展智力和向学生进行思想品德教育的手段，也是学生应具有的文化素养，教师要认真教好，学生要努力学好。在确定一堂体育课的具体任务时，体育教学的"三项"基本任务可以有所侧重，但是，从整体和长远的培养目标出发，应全面贯彻，不可偏废。

（3）体育教学的基本组织形式——体育课。

体育课是教师在学校课程表规定的时间内，根据体育教学大纲规定的内容，对一定班级

的学生进行系统教育的形式,是体育教学的基本组织形式。它对学生掌握体育的基础知识、基本技能和基本技术,进行思想品德教育,促进学生进行体育锻炼、提高运动技术水平,实现学校体育的目标任务具有重要意义。

在体育课教学实践中,按教材的性质、对象的特点及一节课的具体任务等方面,可把体育课划分为多种类型。又根据人体机能活动变化规律,划分出体育课的基本结构,即准备部分、基本部分、结束部分。这三个部分是相对稳定的、任何体育课都应遵守的共性结构。各个部分的任务、内容、组织教法的安排顺序、密度、负荷及时间的分配称为课的细微结构,它是灵活多样的,具有可变性。在体育课教学实践中,首先要解决编班分组问题。体育课的编班有男女混合编班、男女分班上课两种形式,并在此基础上按学生的性别、健康状况和体育基础、兴趣爱好、特长与技能水平等条件进行分组,或根据教学需要实行临时分组。其次,要掌握分组教学的形式。分组教学有分组不轮换和分组轮换两种基本形式,可根据学生的人数、教材内容的多少及场地器材情况灵活选用。再次,要认真执行课前、课堂和课后的教学常规,保证正常的教学秩序。上述组织工作对顺利地上好体育课是必不可少的。

体育课的密度和课后负荷是提高体育课教学质量的关键问题之一。体育课的密度包括一般密度和专项密度,负荷包括运动负荷和心理负荷。我国统编的体育教学大纲和教材不仅指明了体育课的密度、运动负荷和心理负荷各自的内在意义,而且介绍了测定、分析与评价的方法。这对学校体育工作者来说,是必须掌握的基本知识和技能,它对工作实践有重要的指导意义。

在体育课中培养学生自我体育锻炼的能力,是当前学校体育改革提出的新课题,它可以使学生终身受益。自我体育锻炼能力主要由认识能力(包括学习、锻炼的动机,以及对体育知识、技术的理解和分析能力)、运用、调控能力(包括运动负荷、心理负荷和动作姿势的自我调控)和自治能力(即从事自我体育锻炼的自我管理能力)等几个方面综合构成。其中,"认识"是基础,"运用"是核心,"调控"是手段,"自治"是保证。体育课培养学生自我锻炼能力的方法是:结合知识、技术教学培养认识能力,结合练习的组织和方法培养运用、调控能力,结合常规教学培养自治能力,加强课中学生自我体育锻炼能力的培养,使学生掌握锻炼身体的科学方法,促进课外体育锻炼,养成锻炼身体的习惯,使学校体育为学生终身体育打下坚实的基础。

(4)体育教学与其他课程教学的异同点。

共同点:都是一门课,是教育的一部分。都是教师与学生的双边活动,在这个过程中教师都要起主导作用,教师都要有目的、有计划地指导学生学习,向学生传授一定的知识、技能,发展学生的认识能力,培养学生的个性和思想品德。

不同点:其他课程的教学主要通过教师的讲授和演示,通过学生自己的思维活动过程理解和掌握教师所传授的文化科学知识,将来用于生产实践和社会实践;而体育教学不仅需要教师的讲解、示范,还需要学生的身体直接参与练习活动来掌握技能、技术,主要是用于身体实践。

体育教学是细致而又复杂的教育过程。教学质量的高低,取决于教师的理论水平、技术水平以及组织能力。因此,体育教师必须具有教育学、心理学、运动解剖学和运动生理学等有关学科的基本知识,要学好体育教学原理,掌握好体育技术,提高文化素质,并深入理解培养目标和教学大纲的内容,才能在教学过程中,以身作则,全面照顾,因材施教,发挥主导作用,引导学生自觉地刻苦学习和锻炼。

2.运动训练

(1)运动训练的定义。

运动训练是指在教练员的指导下或实施运动员自我计划的前提下,为全面提高运动员竞技能力和专项运动成绩而专门组织、进行的教育活动或过程。它是竞技体育的重要组成部分。运动训练的主要参与者是运动员和教练员,而不是一般的体育参与者。运动训练是一个有组织、有计划的活动过程,其目的是提高训练水平,为取得运动成绩奠定基础。

运动训练的主要目的表现为,在发展竞技能力的基础上,不断提高运动成绩。竞技能力是运动员体能、技能、智能和心理能力的综合表现。它由七个基本要素组成,即身体形态、身体机能、身体素质、技术、战术、心理能力和智能。这些要素对不同的运动项目和不同的运动员又以不同的形式组合在一起,决定着竞技能力水平的高低。七个要素之间有着密切的联系,它们相互渗透和影响,同时又各具特定的内容和鲜明的独立性。运动成绩是运动员在比赛中竞技情况的集中体现,是运动员比赛的主要结果,通常表现为测量的结果、胜负、得分和名次。竞技能力与运动成绩是紧密相连的,因此,在运动训练的过程中,必须将竞技能力、比赛和运动成绩紧密地结合起来。

(2)运动训练的基本特点。

第一,适应过程。适应是有机体内外环境不断取得平衡的过程。在正常情况下,人体各器官系统的活动相互制约、相互协调,处在一种相对平衡的状态。这种相对平衡是人体生命存在和有机体机能正常活动的必要条件。当外界环境发生变化时,有机体内环境的相对平衡受到破坏,体内各种功能不得不重新进行调整,以维持机体内外环境的相对平衡,这就是适应过程。适应是生物活动的基本规律之一,也是通过运动训练提高人体竞技能力和取得优异运动成绩的生物学基础。

在运动训练中,引起适应过程的外界环境变化包括施加运动负荷、改变训练内容和变换训练环境与条件等。主要采用施加运动负荷等方法,有意识地打破机体内环境的相对平衡,使之向更高的机能水平转化,从而重新获得相对平衡。这种由于运动训练而产生的有机体与施加负荷的外环境不断取得平衡的过程,就称为训练适应。训练适应的作用体现在以下三个方面。

首先,训练适应是人体机能不断提高的生物学基础。不断提高人体机能是运动训练的重要任务之一。现代的运动训练要求运动员最大限度地挖掘其机能潜力,而人体机能的不断提高依赖于训练适应过程。只有对机体不断施加运动负荷的刺激,使其产生训练适应过程,才能使人体机能不断提高。

其次,训练适应是发展竞技状态的生物学前提。运动竞技状态的形成,正是训练适应过程高度发展的结果。竞技状态的形成,要求运动员在各器官系统的形态、机能、运动素质、运动技术、运动战术及心理状态等方面的训练适应,都达到相当完善的程度,并和谐地结合成一个整体。而竞技状态的暂时消失,则是训练反适应性衰退的结果。这种反适应性衰退使运动员的机体得以恢复,并进一步发展新的训练适应,在高一级水平上重新形成竞技状态,取得更好的运动成绩。

最后,训练适应是运动训练理论的生物学依据。运动训练理论是运动实践经验的总结和概括,它建立在运动训练客观规律之上,对运动训练实践起着指导作用。运动训练理论只有建立在训练适应以及其他一些运动训练客观规律的基础上,才能经受得起运动训练实践的检验,形成科学的理论体系,指导运动训练沿着正确的方向发展。

训练适应过程的产生和发展受很多因素的影响,如运动负荷、恢复过程、身体情况和心理状态等,其中负荷和恢复起着决定性的作用。因此,在训练适应过程中恢复过程尤其重要,这是形成训练适应的必要前提。另外,如果运动员心理和日常生活的总负荷与运动员机体所能承受的负荷能力相吻合,训练适应过程就能正常发展,机能水平和运动成绩则可相应提高;如果运动训练与日常生活的总负荷超过了运动员机体的承受能力,则可能导致过度训练现象。对过度训练的预防,首先要根据运动员机体的可接受性和个人特点合理安排运动训练。其次要遵守生活制度,注意劳逸结合。过度训练的消除,可以通过观察及时发现早期症状,找出过度训练的具体原因,并调整训练计划加以排除。

第二,运动负荷。在运动训练过程中,只有通过练习对运动员有机体施加强烈的刺激,才能引起有机体的深刻的反应,充分地挖掘出机体机能潜力。运动员如果不能承受大负荷直至极限负荷的训练,是难以适应现代训练和比赛的要求的。极限负荷是相对的,是就运动员个体而言的,当某一训练阶段的负荷达到运动员个体的极限,并产生训练适应时,就要进一步提高负荷水平。由于在训练过程中运动员具有承担负荷的极限性特点,教练员要将科学、合理地安排负荷作为实施训练的重要环节。合理安排运动负荷的基本要求如下。

训练过程中加大负荷必须循序渐进。加大运动负荷切记不能认为越大越好、为大而大,超过了运动员所能承受的"最大负荷"能力。对高水平的优秀运动员而言,应在整个运动训练过程中经常性地采用与比赛接近的负荷,力求使大运动量和大强度同时出现,以使运动员全年保持竞技状态,随时出现最佳成绩。对一般运动员来说,负荷必须循序渐进地逐步增加,既有运动员所能承受的"最大负荷",又有中小负荷的搭配,保证能持续地进行大负荷训练。这对青少年儿童运动员尤为重要。

掌握好负荷和恢复的关系。没有负荷就没有训练水平的提高,但没有恢复地就不能安排新的负荷。只有在有机体承担一定的负荷后,得到适当的恢复,以消除疲劳,才能使机体能力逐步得到提高。所以训练中每次课程的恢复安排,应在运动员机体能力得到恢复和提高的基础上进行,训练课程之间的间歇过长或过短都不利于机体能力的提高。

适当地搭配负荷量和负荷强度。训练过程中负荷的安排一般都呈现一种波浪起伏的状态,负荷的量和强度的变化,通常有三种搭配的形式;一是既加量又加强度,二是加强度减量,三是加量减强度。在现代高水平运动员的训练中,保持竞技状态的基础,必须使负荷量和负荷强度同时达到最大值,要定期地模拟比赛所特有的负荷和紧张状况。对此,无论以哪种形式搭配负荷量和负荷强度,都要从运动员的实际出发,以有利于尽快提高运动成绩为前提。而突出强度,是当今高水平运动员负荷安排的一个重要特征。

根据训练的不同任务和运动项目的特点安排负荷。就一次训练课程而言,如果主要任务是学习掌握技术,则强度不宜过大,而以加大练习量为主;如果主要任务是发展某一运动素质,则负荷的量和强度都应加大。运动项目的特点和比赛对负荷的要求不同,在日常训练中负荷的安排也应有所区别。但无论哪种项目负荷的安排,都应以提高单位训练时间里最大的效益为准则。

加强医务监督和恢复手段的运用。负荷安排不当是造成运动损伤和过度疲劳的主要原因之一。因此,加强医务监督,尤其是监测负荷所产生的效应很重要。同时要向运动员传授一些有关负荷及自我监督、控制和调整负荷的必要知识,使其与教练员更好地配合,以使负荷的安排符合运动员所能承担的水平。另外,积极采用有效的恢复手段,有助于更快地消除负荷后的疲劳,加强能量物质的再生,迅速地产生适应。

第三,表现性。通过运动训练,运动员的竞技能力会有所提高,但必须经过比赛,并在比赛中取得优异的运动成绩,才能体现个人的运动价值,也才能被正式承认。因此,在日常训练中要加强运动员比赛能力的培养,比赛能力的培养与竞技状态的形成发展密切相关。

竞技状态是指运动员达到优异运动成绩所处的最适宜的准备状态。这里所指的"优异运动成绩"是就本人的最佳成绩而言;"最适宜的准备状态"也是相对的,是就运动员本人在参赛前训练的准备程度而言的,准备的程度越高,在比赛中创造本人最佳成绩的可能性越大。

只有经过必要的准备性训练才会出现竞技状态。竞技状态的出现有其具体特征,它们是衡量和判定竞技状态的客观标志。这些特征是:①运动员有机体各器官系统的机能达到最高水平,在运动中出现"节省化"现象,机体能最大限度地适应大负荷以至极限负荷的训练和比赛,并且恢复过程也比较快。②运动员的运动素质和专项技术、战术的发展达到了本人的最佳水准,并且运动素质与专项技术、战术结合紧密,能通过专项技术、战术把提高了的运动素质最大限度地发挥出来,完成的动作准确、熟练、协调,具有最佳效果。③运动员在训练中情绪高涨、精力旺盛、自我感觉良好、渴望参加比赛,在比赛中具有特殊的专项感受力、意志顽强、心理稳定,以及具有完成任务和夺取胜利的充分信心。

竞技状态的上述特征,集中表现为运动员能在重大比赛中达到甚至超过本人的历史最好运动成绩。

(3)运动训练的基本任务和要求。

运动训练的直接目的,是不断提高运动员的运动技术水平,创造优异成绩。其任务是:①提高运动员各器官系统的机能,发展运动素质;②掌握和提高专项运动的技术和战术,以及有关的理论知识;③培养运动员独立进行训练的能力;④进行道德和意志品质教育。四个方面的任务是紧密联系,互相促进,又都是以创造优异成绩为目的的。因此,训练的内容及采取的方法、手段等都具有专门的性质,并要求运动员承担很大的运动负荷,训练中的成绩要能在正式比赛中表现出来。这与体育教学和身体锻炼都有明显的不同。

能否严格而又科学地进行运动训练和评定运动技术水平的高低,在一定程度上反映了一个国家的现代科学水平。世界上许多国家为在竞技比赛中夺取胜利,都大力地开展运动训练。一些国家,在重点运动项目的发展上都有长远的战略安排,如俄罗斯、美国、古巴等还建立了奥运会训练中心和训练基地,对高水平的运动员进行短期和长年集训。为加强训练的科学性,在训练中心和基地建有用现代科学仪器设施装备的运动生理、运动医学、运动心理等研究室,由著名的专家、教授、医生和教练员相互配合,结合训练进行科学研究,探索人体和运动训练的规律。

要科学地指导运动员训练,教练员就应具备较高的科学文化水平和组织教学、训练的能力,精通本运动项目的科学技术,扎实地掌握有关学科的基础理论。

3.身体锻炼

(1)身体锻炼的定义。

身体锻炼是指人们根据需要自我选择,运用各种体育手段,通过身体运动并结合或利用自然力(空气、水、阳光)和卫生措施,以发展身体,增进身心健康,增强体质,调节精神和丰富文化生活,娱乐身心的过程。它是提高全民族素质的重要手段和实现大众体育任务的主要形式,体现了全体民众追求自我身心健康的欲望。一个民族、国家和地区对体育的重视程度与普及广度,可通过体育人口的多少反映出来,它直接关系到全民族体质的增强、运动技术水平的提高以及社会文明建设。

(2)身体锻炼的基本特点。

身体锻炼同体育教学、运动训练、运动竞赛相比较,有以下特点:①具有广泛的群众性,不论是男女老少,不论是何种职业,甚至患有某些疾病的人,都可进行身体锻炼。现在某些国家经常进行身体锻炼的人,已超过总人口的一半。一个国家参加身体锻炼的广泛程度,也是衡量该国物质文化生活水平的标志之一。②身体锻炼的内容十分广泛,具有很大的选择性。人们可以根据各自的实际情况,选择锻炼的内容和方法,以提高锻炼的效果。许多运动项目诸如田径、体操、球类、武术、游泳、健美、爬山及旅游等均可作为身体锻炼的内容,锻炼者可根据自己的兴趣、爱好及具体情况任意选择,可选用其中一项、两项或多项进行锻炼,并可结合生产劳动、工作学习进行安排。③身体锻炼的组织形式灵活多样,可以组织集体锻炼,也可以分散进行锻炼;可以在统一规定的时间锻炼,也可以在各自安排的时间锻炼,具有很大的自由度和业余性。④身体锻炼还要结合生活进行安排。这里指的是改善营养、卫生条件,遵守生活作息制度,注意学习、工作、劳动生产的特点以及季节气候情况等。

(3)身体锻炼与一般身体活动的区别。

身体锻炼是在生产劳动和人类思维发展的一定水平上才逐渐形成的。人类社会生产力的发展引起了对发展身体的各种社会需要,这就为身体锻炼的形成创造了客观条件。同时,随着科学技术的进步和发展,人类的思维水平也在不断发展,人们逐渐意识到身体锻炼的价值和自身的需要,这就为身体锻炼的不断发展创造了主观条件。身体锻炼就是在主、客观条件相互作用中逐渐形成的。

身体锻炼不同于一般的身体活动,主要区别在于:身体锻炼是一种以运动为基本手段,以增强体质和促进身心健康为主要目的的身体活动,在形式、负荷和效果等方面是按身体锻炼的科学原理付诸实践、求得实效的。在身体锻炼中,为取得好的锻炼效果,要求锻炼者采用适量性运动负荷,既能满足增强体质的需要,又符合身体的实际接受能力,一般要求每周锻炼三次以上,行动强度应在一定范围内。适量性运动负荷是身体锻炼必须遵守的基本原则,运动量过大或过小都不能取得好的锻炼效果。

4.运动竞赛

(1)运动竞赛的定义。

运动竞赛是以争取优胜为直接目的,以运动项目(或某些身体活动)为内容,根据规则要求而进行的个人或集体在体力、技艺、心理上的相互比较。它使竞技体育与社会发生关联,并作用于社会的媒介。

运动竞赛是体育运动的主要特点。早在原始社会就出现了竞技、球赛等竞赛活动,随着人类文化的发展,运动竞赛也得到更加广泛开展。通过运动竞赛,可以宣传体育运动,吸引和鼓舞人们参加体育锻炼,推动群众性体育运动的开展;检查教学和训练工作质量,总结交流经验,促进运动水平的提高;使观众受到高尚体育道德作风的熏陶与激励,振奋精神,增添乐趣,丰富和活跃业余文化生活。通过运动竞赛还可加强国内各族人民之间的紧密团结,促进与世界各国人民之间的了解和友谊。

(2)运动竞赛的基本特征。

影响范围广泛。运动竞赛的影响范围广泛,随着社会的发展,运动竞赛的影响日益增大,四年一届的奥林匹克运动会成为世界瞩目的焦点,有人甚至把"奥林匹克现象(文化现象)"与"联合国现象(政治现象)""跨国财团现象(经济现象)"称为当代最具国际性影响的三大现象。

竞赛环境及运动员表现的复杂性。运动员在运动竞赛中努力创造优异运动成绩,由于竞赛环境在很多情况下是一种非常态环境,运动员是在高度(有时甚至是极度)应激的条件下进行活动,其生理、心理反应往往异于常人。

竞赛结果的不确定性。竞赛过程不但存在必然性和确定性,而且还存在偶然性和不确定性,运动竞赛因其固有的随机、模糊、偶然事件发生概率较大的特点,往往变得扑朔迷离。因此,在现代竞赛中,只能用"可能性大小"来预测竞赛结果。这种不确定性,既增加了竞赛的魅力,又为检验教练员和运动员的训练添加了困难。

(3)运动竞赛的价值。

运动竞赛的价值体现着运动竞赛的功能。我们可以从内外两个方面来认识运动竞赛的价值,即运动竞赛在体育中的地位和作用与运动竞赛的社会效益。

第一,运动竞赛在体育中的地位和作用如下:

运动竞赛是体育的核心和杠杆。体育最鲜明的特点就是运动竞赛,竞赛是体育的重要组成部分。通过竞赛优胜劣汰,可以检验运动员的技术水平,选拔人才,吸引更多的人参加体育活动,实现以竞赛为核心,推动体育事业的迅速发展。在发展中国家,人们常常有意识地利用竞赛手段,围绕竞赛来带动体育活动的全面开展,以发挥竞赛对体育的"杠杆作用",即将有限的人力、物力和财力运用于局部以带动整体。

运动竞赛是实现体育价值的主要途径。在体育实践中,当体育的某种属性或功能同人的某种需要结合在一起,就凝结成体育的某种价值。随着体育科学的发展,人们对体育的价值认识也日渐丰富,例如人们已经认识到体育具有政治、军事、经济、教育和艺术等方面的价值。然而,体育的上述价值往往是通过竞赛这条途径来体现的。人们通过参加或观看竞赛,来认识和领略体育的价值,满足各自的不同需求。在这一过程中,人们通过竞赛铸成了千差万别的体育价值坐标系,这些体育价值坐标系的客观存在,也正是一场竞赛能使举国沸腾的原因之一。

运动竞赛是构成体育方法的重要组成部分。竞赛是体育中的一项特殊的活动,而这种活动也具有方法的意义。由于运动项目丰富而饶有兴趣,具有游戏特点和娱乐价值,它便成为体育活动中广泛采用的特殊而有效的手段和方法。为了在竞赛中获取优异成绩而逐步发展起来的科学训练理论和方法,也大量渗入到大众性体育锻炼活动中。而运动竞赛得以实施的具体方法,如淘汰赛法和循环赛法等,是保证体育目的得以顺利实现的一条重要途径。对这些方法的研究和运用情况,将直接影响竞赛活动的进行,并将进而影响竞赛价值的实现。

运动竞赛是衔接运动训练的唯一通道。运动训练和运动竞赛是竞技体育的重要组成部分,运动员的竞技能力、运动技术水平和运动成绩必须通过运动竞赛这个唯一通道才能公平、公正地展现出来。

第二,运动竞赛的社会效益如下:

促进社会稳定与发展。运动竞赛要求无论是组织者还是参与者,无论是运动员还是观赏者,都在特定的时间和空间里接受和遵守规则、服从规则,潜移默化地形成了共同的价值观。依据特定规则进行的运动竞赛，能对全社会遵守共同制定的各种规则起到教化与示范作用。运动竞赛对减少社会暴力还具有减压阀的作用，参与者在比赛规则的控制下，通过对抗来排解压抑、焦虑、不满等情绪，以消除可能对社会造成的消极影响。而国际的运动竞赛，在提供了同场竞技、比试高下的舞台和途径的同时，也为双方带来了增进了解、消除隔膜的机会。随着政治主题性文化从生活中逐步淡出，亲朋好友会聚在一起，欣赏高水平比赛的闲暇方式对社会稳定起着积极的作用。

为社会提供规范的竞争范式，帮助人们形成良好的竞争意识。 运动竞赛是人类最具理想意义的竞争范式。竞争是竞技体育的灵魂，运动竞赛所体现出的公平竞争和规范竞争的理念将更具典范意义。竞技文化孕育的"公平竞赛"原则突出地体现了公开、公正精神，这正是现代社会所需要、所倡导的。竞赛的公开性即透明性又是民主社会的重要标志和元素，能为政治文明建设提供有益的启示。而竞技文化所倡导的自信、自律、勇敢、勤奋、进取、永不言败的优良品质，更是现代社会人们形成良好竞争意识所需要的内在品质。

丰富社会文化生活。 体育运动作为一种高尚、文明的文化生活方式已经为越来越多的人所采纳和接受。规模不同、形式各异的运动竞赛活动正在成为城乡、企业、社区、学校和军队等社会文化生活中的重要内容。欣赏高水平竞技比赛是人们文化娱乐生活的重要内容，运动竞赛在提高审美情趣、培养社会情感、陶冶社会精神、增强社会凝聚力等方面具有其他手段和方法难以替代的作用。

推动体育文化的传播与发展。 运动竞赛作为体育文化的传播形式，不仅促进了竞技体育的国际交往，而且在现代媒体的推波助澜下，把体育的理念和价值带向了千家万户，并与社会共生共存。运动竞赛是主要的体育文化传播渠道，运动竞赛活动的涵容量大，不仅涵盖了运动竞赛的全部过程，而且还包含了举办竞赛的文化理念，体育场馆的设计构思、建筑风格、科技水平，观众的文化修养等。无论是显性的运动竞赛活动，还是物化的体育场馆，均发挥着文化传播的媒介作用。在运动竞赛推动体育运动全球化的过程中，体育文化终将在民族的、多元的轨道上，以人为本，以健康公民、健康社区、健康社会为终极目标，发展成为颐养人的精神、陶冶人的情操、促进人的全面发展的一种生活哲学。

体育教学、身体锻炼、运动训练、运动竞赛的相互关系是：它们既相互联系，又交叉渗透。体育教学是身体锻炼、运动训练和运动竞赛的基础。在体育教学中所获得的体育知识、技术与技能，可广泛地运用到身体锻炼、运动训练和运动竞赛中去。身体锻炼、运动训练和运动竞赛的许多专门知识、技术与战术，在学习的开始阶段往往都要通过体育教学的形式来获得。体育教学是前提，身体锻炼是基础，运动训练是提高，运动竞赛是反馈，从而构成完整的体育运动应用技术系统。

>>>（二）实现体育目标任务的基本要求

1.坚持社会主义方向

中国体育事业的发展必须坚持社会主义方向,坚持四项基本原则,坚持党的领导,执行党的路线、方针、政策,处理好体育和政治的关系,不能使体育脱离政治,又不能以政治代替体育搞空头政治。坚持以人为本,体育为人的发展服务,为和谐社会的建设服务。

2.正确处理体育与经济的关系

体育要以社会主义经济建设为中心,为促进社会生产力服务。一方面,体育可以增强劳动者的体质,提高生产效率;另一方面,要坚持体育的社会化、市场化、科学化、产业化、法治化,实现自身的良性发展,提高体育的社会效益和经济效益,为经济建设服务。

3.为社会主义物质文明和精神文明服务

要充分发挥体育的功能,提高身心健康水平,促进生产力的发展和物质文明建设;提升道德水平,促进人际交流,缓解社会矛盾,为社会主义精神文明建设服务。

4.普及与提高相结合

坚持普及与提高,就是要坚持群众体育与竞技体育的协调发展,要做到两者相互促进,共同发展,不能厚此薄彼。

5.坚持优先发展学校体育

青少年是未来的希望,提高全民族的素质,就要优先发展学校体育,从青少年抓起。

6.体育管理的政府渠道与社会渠道相结合

在国家体育总局的宏观调控下,充分发挥体育行政机关和社会组织、协会的作用,促进我国体育事业的发展。

7.发挥竞赛的"杠杆作用"

体育竞赛能够激发人们参与体育活动的热情,吸引更多的人参与体育活动,促进体育的普及与提高。

8.奥运项目与非奥运项目相结合

奥运项目与非奥运项目相结合,全方位地发挥体育的功能,完整地实现我国体育的目标任务,使体育的内容更加丰富多彩,互相促进。

9.学习外国先进经验与大胆创新相结合

体育是人类共同的财富,它既有一定的国际性,又有一定的民族性,不仅要学习国外的先进经验,同时还要注意结合我国的实际,不断创新。

10.重视体育科研,实现科技兴体

体育的科技化,是体育的发展趋势之一,我们要重视体育的科学研究,实现科技兴体。

学者争鸣)))

体育观的转变与实现途径的选择

　　体育目的的确定要实现从手段论体育观向本然的目的论体育观的转变,手段论体育观十分强调体育对于实现社会目标的重要性和必要性,而对于体育运动参与者个人的满足和需求则是完全忽视的,由于人们在体育运动中失去了自主性,所以其体育意识呈现出被动的"工具主义"理性。而与手段论体育观不同,目的论体育观更多地受到人本主义精神的影响,把体育的目的放在参与者在运动过程中达到的自身满足上,它并不是否定体育的社会目的,但认为人自身的发展是体育的直接目的,社会发展只是间接目的。它重视参与者对运动项目的自主选择,运动过程中情感体验目标的实现,通过运动对人的意志品质的培养以及体育素质的提高。[1]

　　为了迈向体育强国,应加强群众体育组织与队伍建设。以筹备和成立中国社会体育指导员协会为契机,坚持增加数量与提高质量并重,强化培训服务与管理,完善网络管理体系,全面推进社会体育指导员队伍建设。要求城市以社区为重点,农村以乡镇为重点,完善全民健身组织网络。[2]

知识拓展)))

健康生活学习的必由路径

　　正如人们耳熟能详的一句话——"生命在于运动",对于正处在青春年华的大学生来说,身体锻炼,是永不褪色的人生项目,也是饱受争论的话题。在热议不断的新闻"华科大运动会取消长跑"中,华科大体育部副主任沈跃进接受采访时表示:"一方面是天气太冷,跑起来太辛苦;另一方面,这两项对学生的身体素质要求较高,大部分

[1] 杜建军.新世纪我国体育目的的研究——基于体育价值观范式转变视野下的探析[D].济南:山东大学,2009.
[2] 冯宝忠.中国迈向体育强国途径的研究[D].苏州:苏州大学,2012.

学生达不到要求,上场有一定危险性。"但是该校部分同学认为:"这样的项目最能凝聚班级、宿舍关系。一个人跑,十几个人在场内陪跑、喊加油,不管成绩怎么样,大家的关系会因此更亲密。"议论之余,我们不免会对大学生的身体锻炼情况产生一些疑惑和反思。对于运动一事,武汉大学自考新闻部记者专门在一个充满阳光的清晨,在武大校园里现场采访了几位正在晨跑的学子。大学生的锻炼形式中,最常见的就是跑步。在武大校园中,进行晨跑的学生不在少数。就晨跑一事,大多数学生都表示支持。有的同学认为晨跑可以促使自己早起,还能锻炼身体,"但不喜欢被强制,这样晨跑容易流于形式。"关于时间安排,有的同学说:"有些同学可能会不适应晨跑,或许可以改到晚上。"除此之外,据有关资料指出,清晨空气中释放出的二氧化碳等污染物的含量较高,汽车排放尾气中的氮氧化物、碳氢化物、铅等有害污染物质也聚于地面,人们若早起锻炼,就会吸入很多的烟尘和有毒气体。这一点,着实值得学院(系)负责人多方面考虑。记者还采访了其他学院(系)也组织了锻炼活动的同学。化学与分子科学学院的同学早前自发组织了早操活动,但是最近由于学生出勤率低,不便于管理而取消。不过,这并不代表他们就不锻炼了,"平常我会打羽毛球、篮球,上体育课时也可以多运动,这样既有利于增强体质,又可以调节心情,挺好的。"王杨说道。一学期接近尾声,国际软件学院的长跑进行得如火如荼,不少学生反映体力不支,有些应付不过来。化学与分子科学学院一直坚持锻炼的同学建议:"长跑要慢跑,尽量用鼻子呼吸,更有利于坚持下去。而且,锻炼要量力而行,根据自己的切实情况制定适合自己的计划。"据武汉大学自考新闻部记者的调查,许多学生都对自己的体质不满意,但也仅停留在"体质测试时对结果很吃惊"而已。一份名为《中国大学生健康与生活行为调查报告研究》的专题报告,曾引起了国内外体育教育专家的关注。这份调查报告显示,65.68%的中国大学生"感到运动不足",7.57%的大学生不吃早餐,15.44%的大学生不懂得饮食要荤素搭配。体育教育专家指出,当今大学生存在种种不健康行为的部分原因,就是他们缺乏必要的健康知识,这反映出我国早期健康教育的缺失。掌握健康知识是学生主动进行体育锻炼的第一步,只有掌握了这方面的知识,不愿运动的人才会知道运动的好处,才能促使他们去运动;喜欢运动的人才能更有针对性地选择适合自己的体育锻炼项目。

知识回顾)))

本章主要介绍了体育的本质,即体育是人创造的,体育是为人创造的,体育的手段是人的运动。从体育多种属性的角度对体育的本质进行了分析。在确定体育目的的依据的基础上,明确了我国体育的目的和目标任务,并探讨了实现我国体育目标任务的基本途径与要求。

思考题项)))

1.什么是体育本质?
2.体育的多种属性与体育本质有什么关系?
3.确定体育目的的依据是什么?
4.实现我国体育目标任务的途径有哪些?

推荐阅读)))

[1] 程卫波,董琛,李斌,等.体育本质阐释中本质主义倾向的思考[J].北京体育大学学报,2020.
[2] 袁海强,江亮.中西方体育本质发展的逻辑辨析[J].体育与科学,2014.
[3] 于江杨.基于辩证的视角对体育本质的研究[J].广州体育学院学报,2015.

参考文献)))

[1] 谭华.体育本质论[M].成都:四川科学技术出版社,2008.
[2] 杜建军.新世纪我国体育目的的研究——基于体育价值观范式转变视野下的探析[D].济南:山东大学,2009.
[3] 王春燕,潘绍伟.体育为何而存在——20世纪80年代以来我国体育本质研究综述[J].体育文化导刊,2006(7):46-48.
[4] 马卫平,范运祥.体育本质的公理化方法阐释[J].天津体育学院学报,2011,26(1):7-11.
[5] 袁海强,江亮.中西方体育本质发展的逻辑辨析[J].体育与科学,2014(3):109-112.
[6] 程卫波,董琛,李斌,等.体育本质阐释中本质主义倾向的思考[J].北京体育大学学报,2020,43(11):148-156.
[7] 张军献.寻找虚无上位概念:中国体育本质探索的症结[J].体育学刊,2010,17(2):1-7.
[8] 梁诚.体育本质的生存论与发生学阐释[J].体育科学,2018,38(1):71-78.
[9] 翁宏伟.本质即是"根据"——推进我国竞技体育本质研究的"引擎"[J].天津体育学院学报,2016,31(6):534-538.
[10] 刘欣然,王家磊.体育本质行为论[J].上海体育学院学报,2014,38(4):7-12,41.
[11] 于江杨,吴畏.基于辩证的视角对体育本质的研究[J].广州体育学院学报,2015,35(2):23-25.

资源链接)))

［1］http://bsu.innovisionu.com（北京体育大学在线课程）

［2］https://higher.smartedu.cn（国家高等教育智慧教育平台华南师范大学《体育概论》在线课程）

［3］https://www.icourse163.org（中国大学 MOOC 平台华南师范大学《体育概论》在线课程）

［4］https://www.icourse163.org（中国大学 MOOC 平台郑州大学《体育概论》在线课程）

第四章

体 育 过 程

思政要点

贯彻二十大新发展理念，落实新时代全民健身、健康中国、体育强国的要求，提升体育发展质量；以人为本，坚持唯物主义辩证发展思想；遵循科学发展观、落实协同发展理念。

教学导论

过程是指事情进行或事物发展所经过的程序，体育过程是体育目的赖以实现的实践经过。 体育过程由体育参与者、体育指导者和体育媒介等要素构成，具有实践性、直观性和层次性等基本特征。 根据体育形态的分类，可以把体育过程分为体育教育过程、竞技运动过程、健身休闲过程三种基本类型。 任何目标的达成过程都需要控制，体育过程的控制要遵循身心协调发展原则、同化优势原则和适宜运动负荷原则。 了解体育过程控制的类型，明确体育过程控制的要求，有助于更好地实现体育目标。

学习目标

1.了解体育过程的构成要素，知晓体育过程的基本特征，懂得体育过程认识的各发展阶段，明确并热爱自身所学专业的职业定位。

2.能够清晰地表达体育过程的主要类型，知道不同类型体育过程的内涵、特点和内容的异同，并能结合自身所学专业，学会设计基于某一体育目标的体育过程内容。

3.理解体育过程控制的原则和类型，熟悉体育过程控制的要求，能分析所学专业健身育人或竞技育人的价值和方法。

学习地图

```
                          ┌──────────┐      ┌──────────────────┐
                          │  体育过程  │  ⇨  │ 体育过程的构成要素  │
                          └──────────┘      │ 体育过程的基本特征  │
                                            └──────────────────┘

                          ┌──────────┐      ┌──────────────────┐
┌──────────┐              │ 体育过程的类型│  ⇨  │ 体育教育过程       │
│  体育过程  │ ⎨           └──────────┘      │ 竞技运动过程       │
└──────────┘                                │ 健身休闲过程       │
                                            └──────────────────┘

                          ┌──────────┐      ┌──────────────────┐
                          │ 体育过程的控制│  ⇨  │ 体育过程控制的原则  │
                          └──────────┘      │ 体育过程控制的类型  │
                                            │ 体育过程控制的要求  │
                                            └──────────────────┘
```

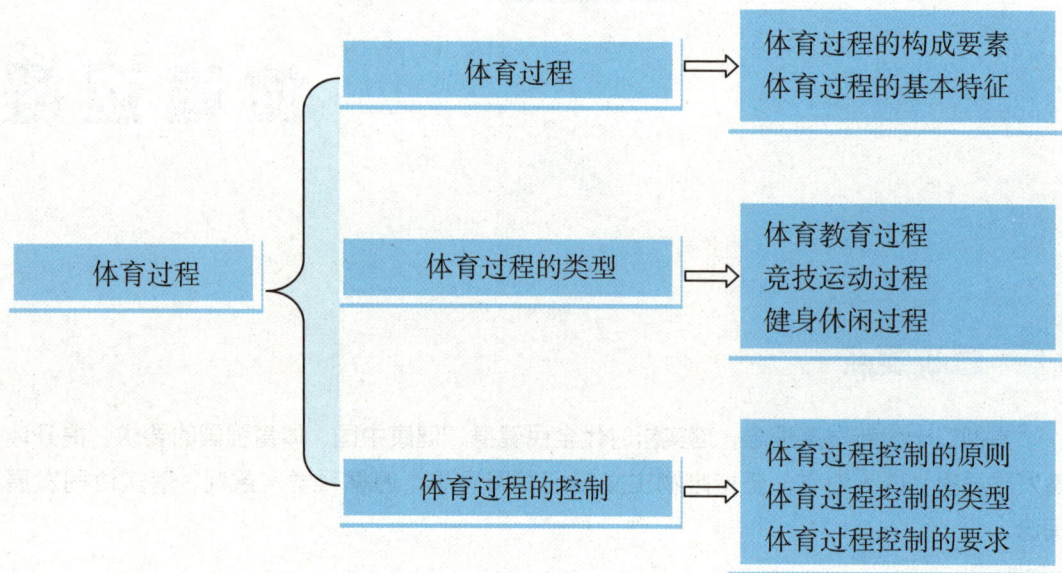

第一节 ■■■
体育过程

过程是现实世界中的事物或活动产生、发展、变化的连续性在时间和空间上的表现。过程可以分为宏观过程和微观过程，或总过程及具体过程。体育过程是指通过身体运动促进人的身心和谐发展的实践过程。所有的体育因素、规律、效果及其相互关系，都通过体育过程体现出来。离开体育过程，增强体质、增进健康、提高生活质量的体育目的就失去了实践基础。

一、 体育过程的构成要素

体育是人类社会相对独立的子系统之一，是促进个体身心健康和社会和谐发展的实践活动，具有特定的实践过程。了解体育过程的构成要素，对认识体育过程、促进其良性发展是十分必要的。为了科学合理地分析体育过程,要从多视角进行观察,可以先将体育过程分为过程要素和结构要素。过程要素是指体育过程中实体性较弱的因素,主要包括体育目的、体育方法、体育内容、体育环境、活动时间和活动空间等。结构要素是在体育过程中实体性较强的要素,主要包括体育参与者、体育指导者和体育媒介。

≫≫ (一) 体育参与者

体育参与者是参与体育运动或体育传播活动的人的总称。要充分理解体育参与者就必须详细地分析体育参与者的参与动机。体育活动动机是促进一个人参与体育活动的内部动因,它是个体的内在过程。进行体育活动的行为则是这种内在过程的结果。参与体育活动的动机是选择、激发、维持并强化一定的体育活动进而实现一定目标的内在动力。根据参与者的不同动机,可以将体育参与者分为三类。

1. 以增进健康为动机的体育锻炼者

这类参与者参与体育活动具有生理、心理、社会的需要。从生理需要来看,是出于体育活动可以发展体能、塑造体型、增强体质、增进身体健康;从心理需要来看,是出于体育活动可以调节情绪、体验乐趣、保持良好的精神状态、锻炼意志、养成健康的生活习惯;从社会需要来看,是出于体育活动可以扩大社交面、结交新朋友、增强凝聚力、健全人格、提高竞争力与社会适应性。

2. 以提高竞技成绩为动机的运动员

无论是职业运动员还是业余运动员,都以提高技战术水平、创造优异运动成绩、夺取比赛优胜为主要目标。他们通过长期的专业训练,获得参加专业体育比赛的资格,通过竞技比赛证明自身价值,实现人生理想。

3. 以培养体育与健康学科核心素养为动机的体育学习者

这类体育参与者主要是以在校学生为主体,在体育教师的组织和指导下,学生通过学习体育与健康知识、技能和方法,培养运动能力、健康行为、体育品德等核心素养。

不同年龄段的学生对于体育知识习得、体能发展、技能运用有不同层次的需求,进而表现出不同的参与程度。由于不同的体育参与者与群体需求不同,导致参与动机不同,进而促使他们选择的体育运动项目不同,但相同的是他们都通过体育过程实现自身所需。

≫≫ (二) 体育指导者

体育指导者也称为体育指导员,指在竞技体育、社会体育、学校体育活动中从事技能传授、锻炼指导和组织管理的人员。体育指导者是体育活动开展的基础,而各类体育活动需要不同类型的指导者。根据体育活动性质的不同,可将体育指导者分为以下三类。

1.社会体育指导员

社会体育指导员是指在群众性体育活动中从事运动技能传授、健身指导和组织管理工作的人员。社会体育指导员工作的主要内容包括:指导社会体育活动者学习、掌握体育健身的知识、技能和方法;组织人们进行健身、娱乐、康复等活动;协助开展体质测定、评价等活动;承担经营、管理及服务工作。按照技术等级可将社会体育指导员分为:国家级社会体育指导员、一级社会体育指导员、二级社会体育指导员和三级社会体育指导员。

2.教练员

教练员是指在运动训练中负责培养和训练运动员的人员。教练员对运动员的思想、身体、技术、心理等全面负责,需要具备专项运动的理论知识和较高的技战术水平,掌握先进的教学和训练方法,以提高运动员竞技水平为主要目的。

3.体育教师

体育教师是指接受过专门的体育教育专业培养和培训,在学校中指导学生主动学习与体育相关的科学文化知识和技能,增强学生的体质,培养学生的运动兴趣,引导学生树立终身体育意识和能力,把受教育者培养成社会需要的专门人才的教育工作者。

不同类型的体育参与者有着不同的体育学习目的和参与动机。不同体育参与者有着不同的体育学习背景或基础以及不同的体育学习兴趣、风格、能力,这导致他们各自在体育学习、运动过程中所遇到的问题或困难不同,所需要的指导和帮助也不同。体育指导员需要根据不同类型体育参与者的不同需求,辅助参与者完成体育运动,进而实现其体育目标。体育教师会根据不同年龄、不同层次的学生群体制定相应的教学计划,进而完成教学目的。由于体育参与者的体育学习是一个高度个性化的学习过程,指导者要想使参与者达到理想、高效的学习目的,就必须在把握不同参与者共性的同时,更多地把握他们的个体差异性,充分尊重学习者的主体地位,以更好地完成体育指导工作。

▶▶▶(三)体育媒介

体育媒介是指体育过程中支持体育参与者与体育指导者的内容和形式的总称。体育媒介可以从内容和形式上分为两大类。

体育媒介从内容上看包括体育运动项目、体育材料、体育设施与器材。它们是体育活动的媒介,是体育参与者和体育指导者互动的纽带,是体育指导者借以实现体育意图和体育参与者借以实现身心健康发展意图的桥梁。体育工作的宗旨就在于充分和有效地利用这个媒介直接促使体育参与者的最大发展,并间接满足整个社会的最大发展需求。因此,在不同的体育对象、不同的客观条件、不同的社会需要和不同的经济、文化背景下,体育运动项目必须要经过选择。这一方面体现体育的宗旨并满足社会的发展要求,有利于促进体育参与者身心和谐发展,同时也有利于促进社会的进步、完善社会的功能;另一方面,体育媒介也要满足体育参与者的兴趣爱好,针对参与者的身体状况,引导参与者选择适合自身的体育手段。

体育媒介从形式上看包括体育手段、体育方法、体育组织形式。体育媒介通常围绕着一定的体育内容、体育教材而设计,因而它受到体育内容、体育教材性质的制约。同时,体育内容、体育教材最终都要通过一定的体育方法、体育手段和体育组织形式来体现,两者可谓相辅相成。如今,体育方法日益多样化、体育手段日益现代化、体育组织形式日益综合化,这些都有利于最优化地体现体育内容,快速地将物质层面的体育媒介内化为参与者自身的体育能力。

>>> (四)体育过程要素间的关系

体育参与者、体育指导者、体育媒介这三个要素之间有着密切的联系。它们既相辅相成,又相互制约,共同构成了一个完整的体育实践活动系统。体育参与者在很大程度上影响了体育的内容、方法和组织形式,没有体育参与者,体育活动就失去了对象。体育指导者在整个体育活动中发挥着指导和组织的作用。没有体育指导者,体育活动就难以开展,体育参与者也不可能得到有效的指导。体育媒介是体育参与者与体育指导者相关作用的过程载体。没有媒介,体育活动就成了无源之水,再好的体育意图、发展目标都难以实现。而这些载体也只有被体育参与者和体育指导者所认识和实践并发生影响时,才构成体育媒介。

因此,上述三个基本要素的有机结合构成了体育过程。其中任何要素本身的变化,必然导致整个体育系统状况的改变。不同体育要素的变化及其组合,形成了体育形态的多样化,但其最终目的仍然是促进人的身心健康发展,从而提高生活质量。

二、 体育过程的基本特征

>>> (一)实践性

体育过程中社会需求和个体需求的统一,决定了体育过程是促进人的身心协调发展的活动过程。体育过程是体育参与者运用感官来认识世界并进行运动实践的过程。在体育过程中,体育参与者运用多种感官来体验周围环境的状态及变化的趋势,从而根据自己的感知和判断做出合理的动作,实现个体的目的。以身体运动来实现体育过程,这正是参与主体的实践过程。此外,所有的体育技术、战术、理论知识等都要以运动的形式表现出来,并运用到实践中去,否则一切都是纸上谈兵。长期从事体育活动,不仅可以发展个体支配身体进行运动的能力,还能提高个体把抽象的运动理论转化为现实行为的能力。

>>> (二)直观性

体育过程是以人体运动的形式得以实现的,具有很强的直观性。一个人在运动场上,做的什么运动、姿势如何、技术如何、战术如何,都一目了然。一个人的力量、速度、灵敏度、协调性、柔韧度等多种身体素质与学习技术的能力和组织能力,都会在这一过程中直观地表现出来。在教学过程中,体育指导者通常会用示范法进行教学,正是利用了体育过程的这一特点。由于体育过程的这种直观性,精彩的体育活动常常能吸引许多观众。现代竞技运动正是因为自身的直观性,才能迅速发展成为极具吸引力的表演业。

▶▶▶(三)层次性

体育过程是一个复杂的、多层次的过程,它主要包括体育教育、竞技运动和健身休闲三种过程。其中每一种过程都是由学习、应用、恢复三个阶段构成的,它们共同构成体育过程,实现体育的目的。由此可见,体育过程是一个综合而非单一的过程。因此,要用系统的方法来认识体育过程,不能认为体育过程就是单纯的体育教学过程或者健身休闲过程、竞技运动过程。

第二节
体育过程的类型

体育过程的类型包括体育教育过程、竞技运动过程和健身休闲过程,它们各有不同的属性。尽管其功能、方法及主体等方面有一定的相似性和包容性,但各自的目标、特点和内容不尽相同。

一、体育教育过程

▶▶▶(一)体育教育过程概述

1.体育教育过程的概念

体育教育过程是体育过程与教育过程在学校这一特定环境的结合。教育过程是教育者根据一定的教学目标,通过一定教学手段和途径,在特定的教育环境下,将一定的教学内容传授给受教育者,引导其身心健康发展,加速个体社会化的过程。综合体育过程和教育过程的含义,体育教育过程是指为实现教育目标,体育教师有组织、有计划地引导学生学习体育与健康知识、技能和方法,培养体育与健康学科核心素养的过程。

体育教育过程是决定体育教学目标能否成功实现的实践环节,它是由体育教师和学生共同配合完成的。体育教育过程是一种系统运行过程,师生共同参与,由确定目标、激发动机、理解内容、反复练习、反馈调节及评价等环节组成。在体育教育过程中,运动技能的学习和练习具有特殊的意义,因为运动技能的习得本身是体育教育的目标之一,同时,运动技能习得的过程也是实现体育教育其他目标的必要途径。

2.体育教育过程的构成要素

体育教育过程的构成要素主要包括体育教师、学生和体育媒介。体育教师是体育教育的指导者、组织者、管理者和研究者,在体育教育过程中起着主导作用。体育教师通过全面分析体育教育资源,科学制定体育教育工作计划,合理运用体育手段和方法,通过体育媒介、自身动作及语言等,培养学生的运动能力、健康行为、体育品德等核心素养。学生既是体育教育的对象,也是体育学习的主体,其体育学习的动机和状态直接影响到体育教学过程的效果。在体育教育过程中,体育教师和学生相互配合,学生有自我完成作用、能动作用、制约作用和评价反馈作用。体育媒介是完成教学的内容和形式,是师生之间信息沟通的桥梁,它将师生之间的活动有机地联系在一起,成为同步活动,保证体育教学在一定的时间和空间内有序地进行。体育媒介有很多种,如体育手段、体育方法、体育教材、体育场地、器材设备等。通过改善媒介,可以提高体育教育过程的效果。

》》》(二) 体育教育过程的特点

体育教育过程的特点是指体育教育过程既区别于竞技运动过程、健身休闲过程等其他体育过程,又区别于德育过程、智育过程、美育过程及劳动教育过程等其他教育过程,其特点主要包括以下九个方面。

1.学生身体活动的直接参与性

在体育教育过程中,学生必须直接从事各种身体运动,才能达到体育教育目标。与其他文化课程的认知方式不同,体育教育过程主要是运动性认知,学生需要通过身体运动这种身体直接参与的方式,才能习得运动技能和提升体质健康水平。

2.立德树人与育人价值的独特性

党的二十大以来,立德树人被进一步明确为学校教育的根本任务。立德树人作为学校教育的根本任务,贯穿于学生成长成才的全过程,渗透于各学校教育的全部学科。体育教育过程具有独特的育人价值,对社会主义核心价值观的培育具有不可替代的作用。体育教育过程既是锻炼学生身体、增进学生体质健康和传授运动技能的过程,也是培养学生优良体育精神和意志品质的过程。在体育教育实践中,要将健身与育人相结合,把健身育人贯穿于体育教育的全过程,促进全体学生健康成长。

3.体育活动与脑力活动的融通性

在体育教育过程中,学生在从事各种身体运动时,需要具有一定的体能水平。从表面上看,身体运动仅仅是一种体力活动,但实际上学生的身体活动过程是人的思维、情感、意志等活动的外显。各种身体运动、身体活动的完成,都需要体力活动与脑力活动融为一体,形成身体思维。因此,体育教育不仅能促进学生的身体发展,而且有助于学生智力因素和非智力因素的改善。

4.运动负荷安排与调节的适宜性

学生进行各种身体运动的过程中,机体各器官系统,特别是运动系统、心血管系统、神经系统等积极参与活动,身体必然承受一定的运动负荷。由于学生在身体形态、生理机能、身体素质等方面的差异比在智力方面的差异大而显著,且不同年龄阶段的学生在身体素质发展方面存在敏感期,这就决定了体育教育过程运动负荷的安排与调节要充分考虑实际情况,做到区别对待、因人而异。

5.课程实施与教学组织的复杂性

课程实施是体育教育过程的重要实践途径。从活动空间来看,体育教育不应局限于校内,还可延伸到校外;不应局限于室内,更应该在户外场所进行。在条件允许的情况下,有些学校还可以利用社区资源或自然条件开展体育活动。户外阳光充足、空气新鲜,许多自然条件本身就可以作为很好的体育锻炼资源。体育教育过程是在活动中进行的,班级学生的性别、身体素质水平、活动能力等差异,加上环境场地因素、器材设备制约等都造成了课程实施和教学组织的复杂性,需要体育教师因地制宜、因人而异地开展体育教育活动。

6.义务性和强制性

体育教育过程的实施主要存在于学校中,学校体育课程设置于义务教育或其他各级各类学校教育中,学生在学校接受体育教学是一种义务,体育课程标准由国家规定,具有义务性。同时,学校体育是国家为了增强儿童少年的体质,不断提高民族素质所采取的重要教育措施,每个学生都必须参与体育课、早操、课外体育活动等课程学习和教育措施,因此体育教育是强制性的。

7.基础性和普及性

学校体育既是国民基础教育的重要组成部分,又是竞技体育和社会体育发展的基础,带有明显的基础性特征。又因学校体育的对象是重要的体育人口,规模大,因此它与竞技体育和社会体育相比普及性更高。

8.导向性和超前性

学校体育在发展过程中能够有意识地根据社会需要,充分发挥学校教育的优势影响体育受众,成为整个社会大体育系统的核心和导向。学校体育能及时地反映和总结当代体育的最新体育成果,并直接或间接地影响竞技体育、社会体育,具有一定的超前性。

9.开放性和发展性

教学科学发展的前瞻性使学校体育具有开放特性,更易吸收其他体育系统的优点和长处。学校体育在不断汲取外界养分的情况下,总是充满活力,保持着持续的进步和发展。

>>>（三）体育教育过程的内容

体育教育过程的内容是依据体育教育目标选择出来，根据学生需要和教学条件加工改造，在学校体育的环境中学生学习的体育与健康知识、运动技能和方法等。体育教育过程的内容具有身体运动性、健身性、趣味性等特点。根据青少年儿童的身心发展规律，义务教育阶段与高中阶段体育教育过程的内容略有不同，如高中阶段把健康教育和体能列为必修内容，在基础教育阶段，体育过程的内容通常分为身体活动类（田径类）、球类、武术与民族民间传统体育类、游泳与冰雪类、体操类、新兴体育类。

二、竞技运动过程

>>>（一）竞技运动过程概述

提高运动技术水平和运动成绩是运动训练过程中产生的现象，而真正决定两者水平的是从事运动的人（教练员和运动员）的发展。因此，在竞技运动过程中，育人与传授技能同等重要。运动训练是从生物、心理和社会三个方面研究人的训练，即运动员体能、技能、心能等与人格相结合的训练。因此，"育人夺标"的训练理念才是现代竞技运动过程的本质，这种育人的过程并不是一个独立的过程，它将人的教育寓于运动训练过程中，是一种潜移默化的教育活动过程。

>>>（二）竞技运动过程的特点

1.竞争性

竞技体育中的"竞"是指比赛和竞争，"技"是指运动技艺。运动员在比赛中表现出的能力，称为竞技能力。竞技体育是较量运动员竞技能力高低的体育活动，激烈的竞争性就成为竞技体育区别于其他体育活动的本质特点之一。竞技体育的参加者总是力求最大限度地发挥自己的潜能去战胜对手，争取比赛的锦标。竞争性是竞技体育不断发展的推动力，它增加了比赛胜负的不确定性，使得竞技体育更具魅力。

2.公平性

竞技体育的竞争应在公平的条件下进行。也就是说，竞技体育比赛应该合情合理，不偏袒任何一方的参赛者。没有公平竞争，竞技体育就失去了存在的价值。为保证运动员公平公正地进行竞争，首先要制定出体现公平并为公众认可的竞赛规则。同时，竞赛的组织者要对比赛项目、时间、地点、场地器材、运动员的参赛资格和参赛行为、裁判工作作出公平而明确的规定。

3.规范性

现代竞技体育的发展,要求运动员必须具有高度完美的技艺,否则就难以取得比赛的胜利。高度的技艺性是竞技体育赖以存在的基础,但高度的技艺又是以对技术、战术和各种训练的规范性要求为前提建立起来的。竞技体育的规范性还表现在各个竞技体育项目竞赛规则、竞赛规程等制约机制和竞技体育全方位管理的规范性等方面。竞技体育的规范性是其不断壮大并愈益国际化的基本条件。

4.协同性

竞技体育是一种高度组织化、协同化的群体行为。竞技体育每一个目标的实现,都是以运动员、教练员为主体的有关人员通力协作,科研人员、管理者、队医、家长等全力配合的结果。在集体运动项目中,这种协同性表现得更加突出。竞赛活动的进行,不仅需要运动员、教练员与裁判员彼此之间的默契配合,还需要参赛单位、竞赛主办者、观众等各方面的相互理解与合作。

5.公开性

现代信息技术与传媒的发展,使重大比赛活动同时吸引全球数以亿计的人们的关注。竞技体育具有比一般社会活动更为公开的特点。新的运动技术和训练方法都无一例外地必须在比赛中公开展示,这些技术与方法将成为人类共享的财富。正是由于竞技体育的这种公开性,才促进着竞技体育的不断创新和发展。正因为如此,竞技体育才受到社会舆论的监督而保持良性运行的机制。

6.娱乐性

竞技体育项目大多是从以娱乐为目的的游戏发展而来的。现代竞技体育日益增强的竞争性以及对竞技体育的商业化操作,大大加强了竞技体育的观赏娱乐性。不仅参加者可以通过表现自我并战胜对手而获得胜利的喜悦,而且观众可以通过观看体育比赛,从日常紧张的工作和生活中解脱出来,获得一种轻松的感觉和美的享受。竞技比赛绽放的人体的美感、力量和拼搏精神都给人极大的振奋和鼓舞,观看体育比赛已经成为广大群众业余时间最好的休闲方式之一。

7.功利性

由于锦标的存在以及锦标背后承担的其他内涵,对于参与竞技运动的运动员来说,竞技体育不再像游戏那样,仅仅是为了个人消遣和娱乐。竞技体育的功利性使运动员们获得相应的社会地位和经济地位,也成为他们生活中艰苦和压力的源头,给身心带来高度的紧张。正由于这一特征,带来了世界范围内职业体育的空前繁荣。

8.综合性

当今的竞技运动是一个集生物、心理、社会于一体,利用多学科的研究成果,针对一个富有"人性"的"完人"进行的综合性训练。竞技运动过程的综合性还体现在实现训练目标的途径是多元的,即有人格修炼、技战术训练和身心训练等多种途径。

》》》(三)竞技运动过程的内容

一个完整的竞技运动过程包括选材、训练、竞赛等阶段,每个阶段依据生物学、心理学和社会学的不同变化规律,表现出各自的特点、任务、原则和方法,它们之间相互影响和制约,构成了一个完整的训练过程。

1.运动选材

运动选材是根据不同项目的特点和要求,用现代科学的手段和方法,通过客观指标的测试,全面综合评价和预测,把先天条件优越、适合从事某项运动的人从小选拔出来,以便进行系统的培养,并且不断监测其发展趋势的过程。选材工作要分层次与阶段跟踪进行,根据不同时期选材工作任务的不同,可将选材分为三个阶段,即初选、复选和优选阶段。选材成败受被选对象个人条件、选材环境和管理因素的制约。由于选材与竞赛成绩密切相关,所以,当前竞技体育领域对选材问题的重视达到了前所未有的程度。

2.运动训练

运动训练是为了提高运动员的竞技能力和运动成绩,在教练员的指导下,专门组织的有计划的体育活动。提高运动员的竞技能力和运动成绩是运动训练的目的,其中,直接目的是提高运动员的竞技能力。为达到运动训练的目的,运动员要经受身体形态、身体机能、身体素质、技术、战术、心理能力和智力等全方位的训练。现代条件下的运动训练除教练员和运动员外,还有科研工作者、医生、服务人员等参与者。只有遵循训练规律,科学地制定并认真执行运动训练计划,才能取得良好的运动训练成果。

3.运动竞赛

运动竞赛是在裁判员的主持下,按统一的规则要求,组织与实施的运动员个体或运动队之间的竞技较量,是竞技体育与社会发生关联并作用于社会的媒介。其中,创造优异的运动成绩是运动竞赛的基本特性。运动员通过运动训练获得的竞技能力,只有通过运动竞赛的形式表现出来,才能得到社会的承认,满足社会成员的需要。完整的运动竞赛由运动员、观众、裁判员、竞赛组织管理者、竞赛规程与规划、场地与器材等要素构成。现代运动竞赛形式多种多样,为体育事业的蓬勃发展增添了夺目的光彩。

4.恢复阶段

恢复是运动员在受运动负荷及其他环境因素的影响后,由于身心能量的暂时减少,诱导机体不断与环境进行物质、能量和信息的交换,从而再合成新能源,不断提高身体机能和运动能力的过程。其本质是补充物质能量和提高竞技能力。在运动训练后,为消除运动员的身体疲劳,可以采用营养补偿、药物预防、机械按摩、物理疗法,并施以自我心理调节、心理放松等手段。此外,还可以采用改善运动员的人际关系,优化学习、训练和生活环境等方式,这对缓解运动员疲劳、改善身体机能、克服生活障碍、再创运动佳绩具有重要意义。

三、 健身休闲过程

》》》(一)健身休闲过程概述

健身休闲过程是人有意识地促进机体新陈代谢的过程。从生物学角度看,人体的同化作用与异化作用并存。当新陈代谢积极、旺盛,同化过程大于异化过程时,机体处于生长发育、技能水平提高的过程;当新陈代谢过程变得缓慢,异化过程大于同化过程时,会加速机体衰老,各器官系统功能处于减退的状态。身体活动是促进新陈代谢的一种刺激,能引起组织系统产生兴奋,加速物质代谢和能量转换。有科学家指出,体育锻炼能增强体质是由于身体活动引起能量物质的消耗,随后便能引起同化作用的加强。加强恢复过程,可使体内组织细胞得到更多补充,合成新的物质,使有机体获得旺盛的活力,从而促使机体得以发展。体育锻炼是经过科学处理的身体活动,可使机体向着完善的方向转换。

健身休闲是一种回归自然的活动过程,是探索和寻求人性回归的过程。健身休闲过程具有健身、休闲娱乐、提高社会适应能力等多重功能,是一种健康的生活方式。在体育过程中,健身休闲功能也需要合理的调控才能实现,并不是个体只要参与体育活动,就一定能达到健身的目的。健身休闲过程在于追求人的体质的全面发展,从而提高生命存在的质量。为此,锻炼身体要结合自身实际情况,合理选择运动项目。

》》》(二)健身休闲过程的特点

健身休闲过程表现了体育对人类身心终极关怀的人文精神。在健身休闲过程中,体育活动的运动方式多样,对技术和体能的要求不高,活动场所可自由选择,活动时间灵活机动,活动过程使人们的心态愉悦。

1.健身性与娱乐性

健身休闲活动最基本的形式是亿万群众参与的体育活动。人们在自愿、自主的基础上,通过直接的身体运动过程,达到强身健体、愉悦身心、陶冶情操、交友合群的效果。健身性与娱乐性是社会体育的本质特点,也是社会体育区别于其他体育和文化活动最显著的特征。

2.全民性与普遍性

健身休闲活动可以满足人们不同层次的需要,因此,不同年龄、性别、职业、爱好,不同体质与健康状况的人,在一定条件下都能在社会体育中找到适合自己的位置。社会体育对象的全民性,决定了社会体育范围的普遍性。因为无论何处,只要有人群,就会有人的生存、发展、享受的需要,就需要社会体育去满足这些需要。

3.余暇性与主动性

健身休闲活动是人们在除工作学习、生产劳动、饮食睡眠、家务劳作以外的余暇时间里从事的一种活动。这种活动不带有任何强制性,人们总是根据自身的兴趣爱好和活动条件,自主选择活动时间、地点、形式和内容。

4.多样性与灵活性

我国幅员辽阔,民族众多,经济文化发展不平衡,决定着人们体育需求的差异性,以及健身休闲活动内容和形式的多样性和灵活性。只有因地、因时、因人制宜,采取丰富多彩的体育活动形式和内容,才能满足人们不同的体育需求,推动社会体育持续发展。正因为如此,我国人民才在长期的体育实践中创造了丰富多彩的民族体育形式。

5.公益性与社会性

健身休闲活动作为一项关系全国人民体质与健康的事业,带有很强的公益性。因此,必须加强发展管理社会体育事业的政府职能,为广大人民群众提供社会体育公共物品,满足公民的基本体育需求。同时,也必须依靠市场和社会中介组织、民间非营利组织等所谓的"第三部门"来提供社会体育资源,满足人民群众日益增长的多层次、多样化的体育需求。

》》(三) 健身休闲过程的内容

1.观赏性活动

观赏性活动主要是指观赏各种体育竞赛和休闲体育的表演。在观看比赛和表演的过程中,人们会表现出赞赏、激动、惊叹、沮丧、愤怒等各种情绪,心理压力会得到充分释放。在观赏的过程中,还可以学习一些体育知识,感受体育运动的艺术魅力,受到体育精神的熏陶。

2.运动性活动

根据各种健身休闲活动的特性,运动性活动通常可分为以下四种类型。

(1)户外运动。这里的户外运动,不仅仅是指在室外进行的体育活动,也指人们回归自然的各种体育休闲方式,如野营、远足、登山、攀岩、郊游等。

(2)技巧类运动。这类运动是指人们运用自身的能力,借助特定的轻器械所表现出的高度灵巧和讲究技艺的运动,如花样滑板、自行车障碍等。

(3)命中类运动。这类运动靠自身的技巧和能力,借助特定的器械击中目标,如打靶、射箭、投篮、保龄球、台球等。

(4)水上、冰雪运动。水上项目有游泳、潜水、摩托艇、帆板、冲浪等,冰雪项目有滑雪、花样滑冰、雪橇、冰壶等。

第三节
体育过程的控制

在体育过程中,不仅要有体育目标,还要对体育过程进行控制。任何目标的达成过程都需要控制,这样才能更有效、更快捷地实现目标。体育过程的控制是由体育管理人员在体育活动过程中对活动的走向进行测定并采取相应的措施,以确保体育目标实现的过程。

体育过程控制的主要内容包括确定标准、衡量进程和纠正偏差。从传统意义上来说,目标控制指的就是"纠偏",也就是按照计划标准衡量计划的完成情况。对体育过程进行控制,首先要了解体育过程控制的原则,其次要确定体育过程控制的途径和方法,最后要明确一些具有操作性的要求。这样才能对体育过程进行控制,纠正过程中发生的偏差,最终实现体育总目标。

一、体育过程控制的原则

》》(一)身心协调发展原则

在现代社会,体育的重要地位和作用逐渐显现出来。它不仅是人们锻炼身体、增强体质、延长生命的重要方法,而且是与德、智、美、劳相配合的教育组成部分。只有身体健康或只有心理健康的人不能称之为健康的人,唯有身心和谐发展的人才是真正意义上健康的人。因此在体育过程中,要促进人们体质的增强和心理素质的发展,不仅要重视智力因素,也要注重非智力因素,使两者协调发展、互相促进。

从体育过程的角度看,无论是哪一种体育,都要遵循身心协调发展原则,事实证明,那种只重视从生物角度研究和开展体育活动而忽视学生心理、社会适应能力发展的学校体育,会致使学生出现厌学体育的心理,也会影响学生在各个方面的进一步发展。在大众体育活动中,人们应在自身体质健康状况或者自身需要的基础上,选择适宜的运动项目、运动方式、运动时间和地点,以达到强身健体、愉悦身心、改善生活方式的目的。

》》(二)适宜运动负荷原则

运动负荷是指个体进行身体运动时所承受的生理负荷。适宜的运动负荷有利于实现增强体质、增进健康、提高生活质量的目标。体育运动要取得理想的效果,体育过程必须要保证强度适中的运动负荷。

从生理学角度分析,适宜负荷的运动有利于提高心脏和运动器官的机能、学习和工作的效率。如果运动负荷超出了机体的承受能力,就会产生不良反应,出现血压降低、脉搏急促而微弱、面色苍白、出冷汗、头晕、恶心等症状,影响身体健康。

从训练学角度分析,构成运动负荷的主要因素是负荷量和负荷强度。在进行体育锻炼时,适当的负荷量和负荷强度,可以促进人体的新陈代谢,提高机体的适应能力,并出现超量恢复。而体育锻炼之所以能够发展体能,主要是由超量恢复决定的。总之,体育过程的控制要坚持科学的态度,违背原则就可能事倍功半,甚至事与愿违。因此,要根据体育过程控制的原则确定体育活动的计划,指导体育实践,从而使得体育更好地为增进人体健康、提高生活质量服务。

二、体育过程控制的类型

体育过程的控制可分为预先控制、现场控制和事后控制。预先控制是指在体育过程开始之前就进行控制,对体育过程中需要的条件和可能出现的情况进行预测和估计,采取防护措施,即通常所说的作好准备工作;现场控制是指在体育过程进行时实施控制,主要是对活动中的人和事进行监督和指导;事后控制是指在体育过程结束后,对过程的结果进行测量、分析比较和评估后所采取的措施。

体育过程也可分为自我控制、他人控制和社会控制。自我控制是指由体育过程的参与者自己对活动主动地进行控制;他人控制是指由体育活动的非直接参与者对活动中的人和事进行监督和调控;社会控制是指社会组织利用社会规范和社会力量对体育过程中越轨行为的禁止、限制与制裁,其目的是维护社会稳定和保持体育过程的良性发展。

三、体育过程控制的要求

对体育过程的控制一方面要遵循体育过程控制的原则,另一方面要对影响体育过程的因素进行控制。体育过程控制的要求比较繁杂,从时空顺序看,要做好运动前的准备工作、运动过程汇总的调控工作、运动后的恢复和总结等工作。本节仅介绍一些体育过程控制的基本要求。

》》》(一)学会选择符合体育目标的体育手段

体育运动项目和方式多种多样,每个运动项目都有自己的特点。人们可根据自身特点和需要来选择运动项目和方式。例如,要增强耐力和心肺功能,可选择长跑、长距离游泳等耐力性项目;要获得良好情绪,可选择令人愉快或自己感兴趣的运动项目,最好是有氧运动;

要锻炼社会适应能力,可选择集体活动项目和变化较多的开放性运动,多参与竞争性活动,同时注重体育精神的继承与发扬以及基本运动能力的培养与提高。

》》》(二)善于调控体育过程的运动负荷

适宜的运动负荷是体育过程控制的基本原则之一,运用运动负荷来调控体育过程是指通过生理负荷的调节来达到调控体育过程的目的。从生理学角度看,就是要将运动负荷控制在身体可接受的"最佳负荷价值阈"范围内,这不仅有助于提高血糖浓度,提高学习和工作效率,还有利于让身体处于相对稳定的状态;从训练学角度看,就是要将负荷量和负荷强度控制在合理范围内,增强人体生理机能,促进运动技能的学习和掌握,从而达到提升运动成绩的目的,同时通过调节负荷量和负荷强度,能够使人较长时间地保持良好的运动状态;从心理学角度看,就是在体育过程中通过调节运动负荷,使参与者保持愉悦的心情,可以大大提高学习效率和参与的持续性。

学者争鸣 》》》

体育过程的哲学思考

人是随着年龄增长和社会发展不断趋于成熟的。早在 2000 多年前,我国的先哲们就完整地提出了"过程哲学",并运用到了体育领域,现代体育教育的理念也特别强调体育教育是一个"过程历练"。传统与现代契合的"过程哲学",为我们转变学校体育的教育理念、评价方式和追求目标,提供了理论依据。综合儒家"身心合一"的"过程哲学"、道家"道法自然"的"过程哲学"和佛家"修禅入定"的"过程哲学",表现出了现代体育运动的三个特点:体育是"运动不息"的过程哲学,是完善人性的"过程历练",是追求更高智慧的"过程文化"。这与现代体育教育理念完全契合,即现代体育就是一种长年累月的教育过程,并注重不断地研究、发展和完善这一过程。目前我们的学校体育教学,多采用以"结果性评价"为主的传统教育方式,依据"过程哲学"理念,我们的体育教学就应该转变为以"过程性评价"为主和以"结果性评价"为辅。[1]

---

[1] 石筱溪,吴光远."过程哲学":我国传统文化与现代体育教育理念的契合[J].北京体育大学学报,2016,39(04):85-89.

知识拓展)))

SPARK 课程

　　1989 年 6 月,一个研究小组从"美国国家健康研究所"获得了一笔研究经费,开始改革、实施和评价小学的体育教学。该研究小组从当时美国已经比较普遍的学生肥胖问题入手,提出通过运动、玩耍和休闲娱乐活动的方式进行体育教学改革,以促进学生终身健康。由此便诞生了 "The Sports, Play and Active Recreation for Kids Programs" (简称 SPARK),其中文名字是运动、游戏和休闲娱乐活动课程。从名字中我们不难看出,SPARK 不仅是一门体育课程,而且还是将游戏、休闲娱乐与体育运动结合在一起的综合课程。也正因为这个特点,该课程才会让众多孩子在短短几十分钟的体育课上爱上运动。SPARK 课程主要由三大板块构成:第一板块是学校体育活动,第二板块是把教师变成更有效的体育活动的引导者,第三板块是设计校外体育与健康活动计划。

　　SPARK 课程通过为小学生和体育教师提供课程、专业培训、跟踪支持和仪器设备等服务,帮助学生形成健康的生活习惯、良好的运动技能以及提高个人社会交往能力。1993 年 SPARK 课程被授予彼得·维尔森和阿诺德·施瓦辛格的"官员荣誉奖",并成为美国联邦教育部建议推广的示范项目。到目前为止,全美已有 22 个州的 3500 多所学校参与了该项目,并得到教育界和社会各界的普遍认可。短短几十年时间,SPARK 课程这颗新星的兴起,无疑给美国的中小学体育课程改革带来了新的生命力。

　　面对青少年体质持续下降的现实状况,SPARK 课程给我们的学校体育教学带来怎样的启发和思考呢?

知识回顾)))

　　体育过程是指通过身体运动促进人的身心和谐发展的实践过程。它由体育参与者、体育指导员和体育媒介三种基本要素构成,具有实践性、直观性和层次性三个基本特征。体育过程的类型主要包括体育教育过程、竞技运动过程和健身休闲过程,各自都有着独特的内涵、特点和内容。体育过程的控制要遵循一定的原则和要求,不断优化体育过程控制的路径。

思考题项)))

1.构成体育过程的基本要素有哪些？它们之间有什么关系？

2.结合体育过程控制的原则和要求，谈谈如何强化自身的专业知识、专业能力和专业素质？

3.如何理解体育教育过程、竞技运动过程和健身休闲过程的关系？

4.体育过程控制的原则是什么？为什么要进行体育过程控制？

推荐阅读)))

[1] 尚力沛.体育教学过程中虚假学生主体性的批判性反思[J].山东体育学院学报,2020.

[2] 丛密林,邓星华.对体育若干基本概念生成逻辑及相互关系的新思考[J].北京体育大学学报,2020.

参考文献)))

[1] 杨文轩,陈琦.体育概论[M].3 版.北京:高等教育出版社,2021.

[2] 熊晓正.体育概论[M].北京:北京体育大学出版社,2008.

[3] 叶加宝,苏连勇.体育概论[M].北京:北京体育大学出版社,2005.

[4] 唐宏贵.体育概论[M].北京:人民体育出版社,2007.

[5] 王凯珍,赵立.社区体育[M].北京:高等教育出版社,2004.

[6] 卢元镇.体育社会学[M].3 版.北京:高等教育出版社,2010.

[7] 尚力沛.体育教学过程中虚假学生主体性的批判性反思[J].山东体育学院学报,2020,36(4):106-111.

[8] 邵伟德,曹舒晴,李启迪.体育教学"自主学习"研究评述[J].体育教学,2015,35(4):16-19.

[9] 于永晖,高嵘.体育素养的概念与内容构成辨析[J].山东体育学院学报,2019,35(4):111-118.

[10] 丛密林,邓星华.对体育若干基本概念生成逻辑及相互关系的新思考[J].北京体育大学学报,2020,43(6):101-109.

[11] 卢元镇,任海,郝勤,等."体育概念及其价值功能的再认识"笔谈[J].成都体育学院学报,2019,45(5):1-26.

资源链接)))

[1] https://higher.smartedu.cn（国家高等教育智慧教育平台华南师范大学《体育概论》在线课程）

[2] https://www.icourse163.org（中国大学 MOOC 平台华南师范大学《体育概论》在线课程）

[3] https://www.icourse163.org（中国大学 MOOC 平台郑州大学《体育概论》在线课程）

第五章

体育手段

思政要点

马克思主义哲学指出实践是认识的源泉，贯彻二十大新发展理念，实践是认识发展的动力，实践是检验真理的唯一标准。挖掘和大力弘扬中国特色体育活动，不断提升中国体育国际话语权。

教学导论

手段是为了达成体育目的而采用的具体方法，包括实现目标任务而使用的工具及其操作方法。体育手段是实现体育目的的系统行为和操作技术，它同样也是在科学规律指导下、在长期的实践中形成的体系。本章系统阐释了体育手段的概念和特征，让学生理解身体运动要素的基本构成及身体运动各要素的生物力学特征；引导学生在掌握体育运动技术科学知识的基础上来促进体育运动技术水平的提高；介绍了几种常见体育运动项目的特点、功用和发展历史。

学习目标

1.能够掌握体育手段的概念和特征。
2.能够对身体运动的要素作出清楚的阐释，并能对身体运动的效果作出正确评价。
3.能够准确地理解体育运动技术的定义、构成和影响因素。
4.能够把握几种常见体育运动项目的特点和功用。

117

学习地图

```
                        ┌──────────────┐       ┌──────────────────────┐
                        │ 体育手段概述 │  ⟹   │ 体育手段的概念        │
                        └──────────────┘       │ 体育手段的特征        │
                                               │ 体育手段的分类        │
                                               └──────────────────────┘

                                               ┌──────────────────────┐
                                               │ 身体运动的概念        │
                        ┌──────────────┐       │ 身体运动的分类        │
                        │ 身体运动     │  ⟹   │ 身体运动的要素        │
                        └──────────────┘       │ 身体运动的生物力学特征│
                                               │ 身体运动质量与效果评定│
  ┌──────────┐                                 └──────────────────────┘
  │ 体育手段 │ ⟨
  └──────────┘                                 ┌──────────────────────┐
                                               │ 体育运动技术的概念    │
                        ┌──────────────┐       │ 体育运动技术的基本结构│
                        │ 运动技术     │  ⟹   │ 影响体育运动技术的因素│
                        └──────────────┘       │ 体育运动技术的学习过程│
                                               └──────────────────────┘

                                               ┌──────────────────────┐
                                               │ 体育游戏              │
                        ┌──────────────┐       │ 竞技运动项目          │
                        │ 常见体育运动项目│ ⟹  │ 体操                  │
                        └──────────────┘       │ 户外运动              │
                                               │ 武术                  │
                                               └──────────────────────┘
```

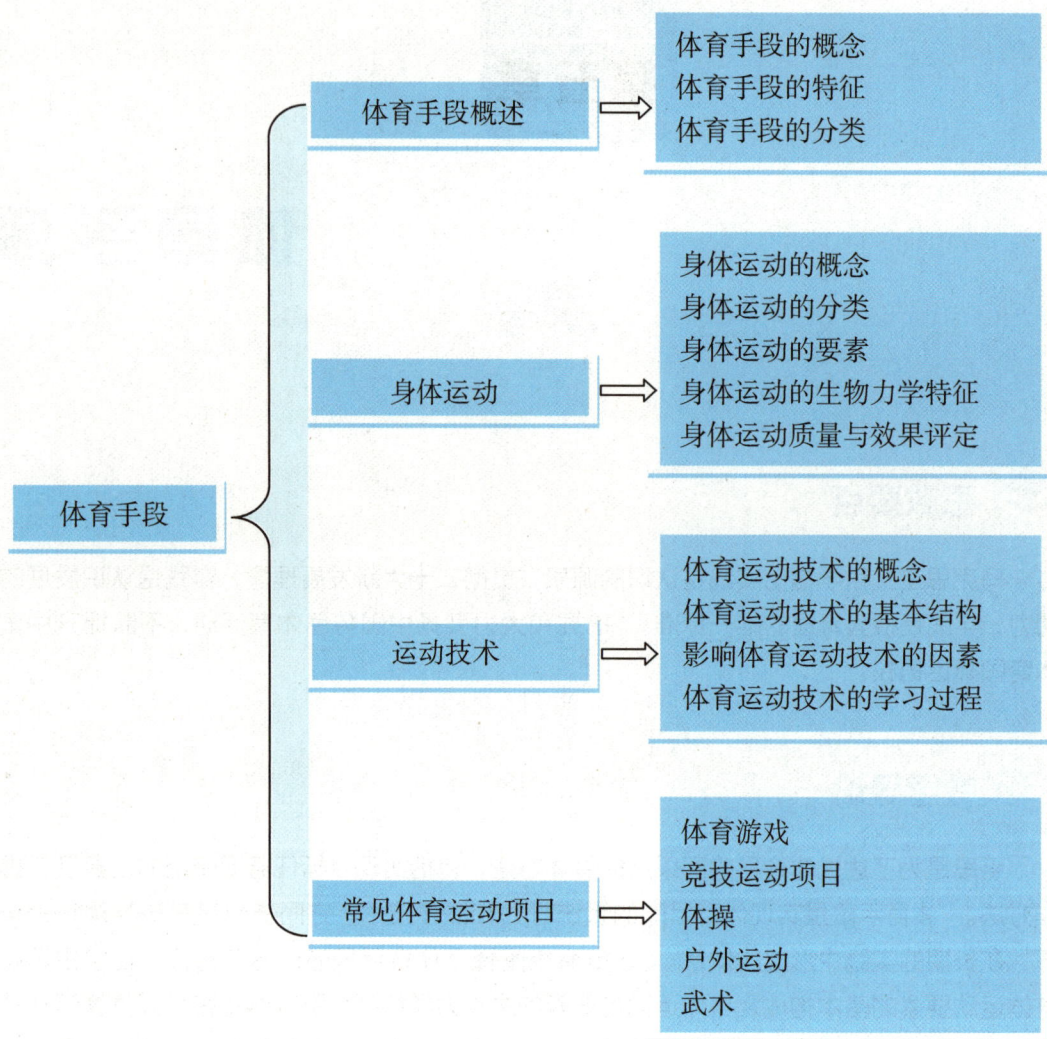

第一节 ■ ■ ■
体育手段概述

　　体育与其他身体运动的根本区别在于它是有目的地通过身体的系统练习来实现人的身心健康。这些有目的的体育手段有其内在的特征、功能和构成要素,对它们的准确把握是提高人的身体运动水平和体育运动技术的关键,也是我们更好地使用体育改造自身的必要前提。

一、体育手段的概念和特征

》》》（一）体育手段的概念

《现代汉语词典》关于"手段"的定义是"为达到某种目的而采取的具体方法"。因而,广义上来说,体育手段是指以增进人的身心健康为目的而采取的各种体育运动项目和锻炼身体的方法。狭义的体育手段则是指有目的性的某一种具体的运动动作、身体活动或是身体练习。

》》》（二）体育手段的特征

1.历史性和时代性

体育手段是在社会发展过程中,不断创造和丰富起来的,是人类为满足自身需要而创造的具有文化价值的精神财富。在不同时代,体育手段总是反映当时人们的需求和社会的一般发展水平,它与人类的生产和生活有着密切联系。随着生产力的逐步发展和社会条件的逐步变化,体育手段也必然与时俱进。同时,不同社会的体育手段均具有该社会所特有的时代特征。自从人类进入科学技术高度发展的现代社会,由于生产力的高度发展,人们的物质生活与精神生活发生了深刻的变化,各种具有时代特色的体育手段也应运而生。

2.民族性和国际性

世界上的不同民族,在政治、经济、文化、习俗等方面都有各自的特点,体现出鲜明的民族特色。西方民族崇尚自然,鼓励竞争,宣扬个人价值,彰显民主精神,其体育手段以冒险、竞技和攻击为主要特征却又体现规范、规则和公平竞技,为奥林匹克文化的诞生积淀了肥沃的土壤。中华民族世代生活在以农耕为主的农业社会,受到相对封闭的生存环境和传统的儒家文化的深刻影响,其体育手段显示出养生、休闲和娱乐等基本特征。各民族间的文化差异体现在体育手段上也千差万别。然而,民族是一个历史范畴。随着现代社会经济全球化发展,在世界范围内,国家和民族之间的交流会日益频繁。体育手段也由"民族"走向"世界",成为全人类共同的文化财富。

3.生物性和社会性

人体作为一个规律性极强的生命系统,任何体育手段都具有使人产生生物适应性变化的功能,从而达到促进人体生长发育,增强体质和健康水平,提高身体运动能力等生物学目的。体育手段的生物性是其不断发展和完善的基础,是其实现体育目标的主要依据。同时,体育手段与社会的政治、经济、文化和科技的发展水平密切相关,不同时代的体育手段总是反映该时代人们的需求水平,是社会文明程度的标志之一。随着社会经济的发展和人们生活水平的提高,体育正在成为人们日常生活的一部分,各种形态与功能的体育手段将会越来越丰富,以满足人们对体育日益增长的社会需求。

4.地域性和开放性

体育手段的产生、普及和发展,总是与其所处的地理环境、自然条件、区域经济和民族传统等特点密切相关。比如,寒冷气候的国家和地区,冰雪项目开展得较为普遍,而气候炎热、水域较多的国家和地区,水上运动就较普及。同时,由于人的社会需求是一个不断增长的过程,体育手段也必须要适应人的社会需求,不断地创新和发展。

二、 体育手段的分类

人类历史中创造出的体育手段按不同的项目计算有数百种之多,按照不同的分类规则可以将之进行不同的分类。如美国将体育手段划分为自然运动和非自然运动两大类。在我国则多根据体育手段的目的将体育手段分为健身类体育手段、健美类体育手段、竞技类体育手段、休闲娱乐类体育手段和极限冒险类体育手段五类。

(一)健身类体育手段

健身类体育手段的目的是强身健体、体育保健或者预防疾病。这类体育手段的身体动作较为轻缓、简单,不追求运动强度,如健身走、健身跑、简单徒手或器械体操以及太极拳、养生气功等类型。健身类体育手段练习简便,入门容易,对保持体能、延缓衰老、预防和治疗疾病有极大帮助,在现代社会条件下已越来越受到人们的重视。

(二)健美类体育手段

健美类体育手段主要通过体育锻炼达到强健肌体、健美体型,从而展示人体美感。它具有动作协调、灵活、美观的特点,多以力量训练和形体梳理为方式,如艺术体操、健美操、体育舞蹈、花样滑冰等。随着社会生活水平的提高,人们对自我形体外观的重视程度超越以往,近年来健美类体育手段发展非常迅速,已经成为当前体育产业最为瞩目的领域之一。

(三)竞技类体育手段

竞技运动项目是一些具有竞赛性的、按照严格的规则要求进行的运动项目,它是竞技体育的基本内容。现今世界上所开展的竞技运动项目是社会历史发展的产物。早在公元前700多年的古希腊,就出现了赛跑、投掷、角力等,竞技运动项目发展至今已有数百项之多。这些人类所创造的具有文化价值的精神财富,是实现体育目标的重要手段。

竞技运动项目有田径、体操、球类运动、水上运动、冰雪运动、重竞技运动等。依据项群理论，可将众多的竞技运动项目分为不同的运动项群，包括体能类速度力量性项群、体能类耐力性项群、技能类表现唯美性项群、技能类表现准确性项群、技能类隔网对抗性项群、技能同场对抗性项群和技能类格斗对抗性项群等。由于具备了完备的规则，便于组织化的开展，竞技类体育手段在当今社会应用得十分普遍。

》》》（四）休闲娱乐类体育手段

休闲娱乐类体育手段具有趣味性、游戏性、轻松娱乐性的特征，符合普通大众的体育参与需求，对于放松心情、调节精神、丰富闲暇生活具有重要意义。面对现实生活的高强度和快节奏，这类体育手段已经成为人们回归自然、体验运动快感和调节心理压力的重要途径。在社会经济稳步前行的今天，休闲娱乐类体育手段有了极大的发展空间。

》》》（五）极限冒险类体育手段

极限冒险类体育手段的目的在于展示人类某些特殊的运动技术或技能，通过具有一定冒险性质的身体运动来挑战自然界或人造外部环境，满足战胜自我、挑战自然的精神需求和身心体验，培养人在极端环境下的生存本领。如热气球、滑翔伞等空中运动，漂流、帆船航海等水上运动，户外探险、徒步穿越等陆上运动。此类体育手段具有一定的风险性，又被称作"勇敢者的运动"，在近年来发展极快。

第二节
身体运动

一切体育活动都以人的身体运动为基本前提。身体运动有其分类方式，有着特定的构成要素，表现出一定的运动生物力学特征，从特定的角度可以对身体运动进行质量和效果的评价。

一、身体运动的概念

身体运动是运动者为达到体育目的，按照人体运动的客观规律和体育法则、要求而进行的有意识的、主动的各种运动动作的总称。身体运动是体育手段最基本的内容，是针对人体运动系统而言的一种有意识、有组织的运动，是实现体育目的并体现体育本质功能的最基本的手段。

二、 身体运动的分类

分类是人类认识世界最基本也是最为常用的方法之一,以不同的标准可以对身体运动作以下分类:

按照人体基本活动形式分类,可以将身体运动分为走、跑、跳、投、悬垂、支撑、攀登、爬越、平衡等。

按照人体解剖结构分类,可以把身体运动分成上肢运动、下肢运动、头颈运动、腹背运动、全身运动等。

按照生物力学运动形式分类,可以把身体运动分为平动、转动、鞭打等。

按照人体生理学的代谢形式分类,可以把身体运动分为有氧运动和无氧运动。

三、 身体运动的要素

身体运动通过分解可确定为身体姿势、身体运动轨迹、身体运动时间、身体运动速率、身体运动速度、身体运动力量和身体运动节奏七个要素。身体运动水平的展现正是来自于七种要素的组合形态。

》》》(一) 身体姿势

身体姿势是指身体和身体的各个部分在整个动作过程中所处的状态和位置。它属于动作的空间特征,一个完整的动作一般有开始姿势、动作过程中的姿势和结束姿势。

1.开始姿势

开始姿势是指动作开始时,身体和身体的各个部分所处的准备状态。如短跑的起跑姿势、射击的举枪动作、体操的开场造型都属于开始姿势。开始姿势具有不同的作用和意义,如有的开始姿势是规则本身所要求的,有的开始姿势可以使注意力高度集中,有的可以使身体处于最有利的位置,有的则有利于加长工作距离,有的有利于取得最快的速度,有的则能加强动作的美感。因此,为了使动作的开始姿势更加有利于提高动作的质量,开始姿势必须要符合运动生物力学、运动解剖学、技术、规则以及美学的要求。

2.动作过程中的姿势

动作过程中的姿势是指在完成动作的过程中,身体所处的相对静止状态。如游泳运动员在游泳过程中身体的水平姿势、跳高运动员过杆的姿势、篮球运动员投篮动作等,这些姿势一定要注意减少外界的阻力,要在有利的方向上为身体的加速度创造条件。而那些不仅仅以高度、远度、时间表示动作效果的身体练习,如跳水、蹦床、艺术体操等,则更是要通过对动作的协调性、难度、准确性、稳定性、优美性等外部表现(即姿势)的评定来评价动作的质量,对于这样的动作,其动作过程中的姿势自然就更具有重要意义了。

3.结束姿势

结束姿势是指在动作结束时,身体及身体各个部分所处的状态和位置。结束姿势对于防止犯规和受伤具有重要意义,如体操运动员的落地动作。某些动作的结束姿势具有美学价值,如艺术体操和花样游泳结束时的造型。

▶▶▶(二)身体运动轨迹

身体运动轨迹是指身体或身体某一部分在做动作时移动的路线。它属于动作的空间特征。运动轨迹可以指整个身体重心的轨迹,也可以是身体某一点的轨迹。动作的轨迹包括形式、方向和幅度。

1.身体运动轨迹的形式

身体运动轨迹的形式可分为直线运动和曲线运动。直线运动是指身体或身体某一部分沿一定的方向移动,但由于人体是一个由许多关节构成的复杂整体,它的动作轨迹实际上很少有绝对的直线运动,往往伴随着一些旋转运动和弧形动作,如武术的冲拳。曲线运动的方向是不断变化的。曲线运动有转动,即人体各部分沿某一中心点或转轴旋转,像单杠的大回环动作、花样滑冰的原地旋转动作都是整个人体的旋转。也还有身体某一部分——臂或腿围绕一定的中心或轴的转动,如绕环、踢腿等动作。曲线运动的另一种形式是抛物线,凡身体有腾空的动作,其轨迹都是抛物线,如跳远、跳高、跨栏等。不同的动作,抛物线的方向、长度和形状各不相同,如跳远、跳高和三级跳的抛物线形式就很不相同,分析这些抛物线的特点是进行技术分析的一个重要方面。

2.身体运动轨迹的方向

人体的运动是在一个三维立体空间里进行的,按照矢状面、额状面和水平面三个面把动作的方向分成上下、前后、左右六个基本方向。

3.身体运动轨迹的幅度

运动的幅度是指活动范围的大小,一般用角度和长度(弧)来表示,如步幅的大小。动作的幅度取决于关节的灵活性和韧带、肌肉的弹性。动作的幅度并非越大越好,而要根据各种不同动作的要求来掌握。如鞍马全旋的幅度越大越好,而排球的快球和乒乓球的快速推挡,动作幅度则都要求小而快,短跑的步幅要适当,步幅过大会影响频率,步幅过小会影响速度。

▶▶▶(三)身体运动时间

身体运动时间是指完成动作所需要的时间,或者说是动作所持续的时间。动作的时间往往是完成动作的质量和运动成绩的标志。动作的时间又是调节运动负荷的一个因素,通过延长或缩短动作的时间可以加大或减少运动负荷。对某些动作来讲,持续时间的长短,直接关系到该动作完成与否,如举重时杠铃举起后所持续的时间、吊环十字悬垂动作持续的时间、健美操中手臂支撑的时间等。

>>>（四）身体运动速率

身体运动速率又称为动作频率,指周期性动作在单位时间内重复的次数,它属于时间特征。在一定时间里,动作重复的次数越多,速率越大。动作速率是决定移动速度的重要因素,在步幅相对不变的条件下,速率越大,速度越快。因而速率又是调节运动负荷的一个因素。在时间相对不变的条件下,速率越大,练习的强度也就越大。在运动训练中,人们往往通过调整动作的频率来调节运动负荷。

>>>（五）身体运动速度

身体动作速度是指在单位时间里,人体在空间的位移。它是由身体或身体某一部分移动的距离和在该距离内所花费的时间来确定的,通常用米/秒为单位。它属于空间—时间特征。

运动速度有整个身体移动的速度和身体某一部分移动的速度。整个身体移动的速度,不仅有赖于身体个别部分动作的速度,而且有赖于其他一系列因素,如肢体的长度、肌肉的力量、神经反应的灵活性以及外界的阻力和助力。球类运动员在比赛中的反应速度很大程度上取决于运动员神经反应的灵活性。

运动速度对运动成绩有特别重要的作用。不同的动作有不同的速度要求,多数动作要求快速,如跑的速度、投掷出手的速度、足球射门的速度等。但也有一些动作要求中速甚至慢速,如花样滑冰中的慢节奏动作,体育舞蹈中的慢三、慢四,都不要求动作快速。所以,研究动作必须明确动作的速度要求,用最适宜的速度去完成各种不同的动作,才能提高动作的质量和效果。

>>>（六）身体运动力量

身体运动力量是指身体通过肌肉运动完成动作克服阻力的能力。力量是人体运动的基础,它属于动力学特征。动作的力量受人体自身内部力量的影响,也受各种来自外部力量的影响。任何一个动作的力量都是内力和外力相互作用而产生的,而人体的内力起决定性的作用。

1.内力

内力是指人体各部分之间相互作用下产生于身体内部的力,主要包括:由运动器官的肌肉收缩所产生的拉力;由关节囊、韧带和肌肉的弹力所产生的阻力;在加速度动作过程中所产生的身体各环节相互作用的反应力。其中肌肉的拉力在人体运动的所有内力中是最主要的力,肌肉做功就是通过它收缩所产生的拉力来完成的。

2.外力

外力是指在动作过程中,外界作用于人体的力,主要包括:人体或器材所受的重力(地心引力),这种力量的方向总是朝向地心的;器械对人体的支撑反作用力;来自客观环境的阻力,如空气和水的阻力、对手的对抗力、人体移动和静止时惯性的作用力。

》》》(七)身体运动节奏

身体运动节奏是动作的快慢,用力的大小,肌肉收缩、舒张与时间间隔的长短合理交替的一种综合特征。它既具有时间特征、空间特征,也具有动力学特征,是一种综合性特征。

动作的节奏在整体上联系着动作的各个环节,节奏的合理标志着动作的力量、时间间隔比较得当,能保证动作协调、省力、效果好,符合技术的要求。因为任何动作都不可能一直使肌肉紧张,必须要有紧张(收缩)与舒张(放松)的交替,即工作与休息的合理交替。正确的节奏就应使最大的肌肉用力集中在最需要用力的环节上,如游泳的收、翻、蹬、夹,要把最大力量用在夹和蹬上,这样动作加重阶段的强度较大,动作的效果就较好。相反,动作节奏的破坏会招致整个动作变形,以致失去它应有的效果。

四、　身体运动的生物力学特征

身体运动的各个要素是相互影响、相互交织的,它普遍存在于各种动作之中。对身体动作的要素进行具体分析,可以得出这样的结论:人的所有动作都是在一定的时间和空间里进行的。动作要素中的身体姿势和运动轨迹,较明显地表现出动作的形式,反映了练习的空间特征。动作的时间和速率表现了动作的时间过程,反映了动作的时间特征。动作的速度表明动作是在一定的空间与时间里进行的,反映了练习的时间、空间特征。这些可统称动作的运动学特征。

从运动生物力学的角度来看,各个动作要素都反映了不同的动作特征。力量是人体运动的基础,人体的一切运动都是人体内力和外力相互作用的结果,力量要素称为动力学特征。节奏是动作的时间、空间和力量互相配合的集中表现,反映了动作的综合性特征。所以,动作的七个要素可分为运动学(时间、空间、时间与空间)特征、动力学特征和综合性特征三个方面。

五、 身体运动质量与效果评定

身体运动的质量和效果从不同的角度有不同的评定方式。总体而言,结合身体运动要素、运动生物力学特征、人类审美情趣等因素,我们对身体运动作评定时可以遵循以下五个原则。

》》》(一)动作的准确性

对动作准确性的评定可以从三个方面进行把握:

(1)从技术上看动作是否符合既定的技术规格要求,如动作规定的幅度、时间等。

(2)从动作所要达到的目的上看,如投篮的命中率、射门的进球数、射击的命中率等。

(3)从动作的形式上看是否准确地完成了规定的动作要求,如体操、跳水等的规定动作都必须严格准确地按规定去做。

》》》(二)动作的经济性

所谓动作的经济性就是要把动作做得好而省力,在做动作的过程中,尽量减少时间和能量的消耗,这就必须要动作熟练、准确、协调,没有多余动作,而且力量的分配要恰到好处。动作的经济性是动作准确性和协调性的综合体现。

》》》(三)动作的有效性

动作的有效性是指动作的完成要符合完成动作的目的,而不是华而不实。如摔跤,动作虽然正确,但可能无法将对手摔倒或得分。完成的动作是否有利于增进健康、增强体质,是否有利于提高运动技术水平都是动作有效性评价的重要指标。

》》》(四)动作的缓冲性

动作的缓冲性是指对冲击力的缓冲、控制能力。在很多的动作完成过程中,要减缓来自对手和器材(如摔跤、接球等)的打击力量,以保证动作的完成并避免受伤;减弱人体向前的推动力和落地时的冲力,以防止犯规和受伤;动作的缓冲性还可以加强动作的美感,如健美操中的弹簧步,可使运动更加轻盈优美。

》》》(五)动作的美感

动作的美感是指动作的完成过程要符合美学的要求,在体育实践中,动作的美感常常以动作造型、弹性、力度、协调、节律等形式表现出来。运动的美感通常是以动作的准确性为基础,但准确的动作并不能代表动作的美感。

第三节
运动技术

运动技术是一门特殊的技术,有其稳定的基本结构,并受到内部和外部环境的多重影响。在长期的实践活动中,我们可以清楚地掌握运动技术学习过程存在的客观规律。

一、体育运动技术的概念

体育运动并非简单的身体动作姿态,它有自己的规范和模式,并带有极强的目的性。人们在进行体育运动时能明显感受到体育动作的个体差异,这实际上是体育运动中蕴含某种技术成分。我们把为达到某种具体的体育目的,而完成身体运动的合理有效的方法称为体育运动技术。

二、体育运动技术的基本结构

》》(一) 技术基础

技术基础是根据动力学、运动学和节奏的要求,按照一定的顺序排列起来的各种技术环节的总称,是技术动作的系统结构。技术基础在技术动作中相对稳定和规范。

》》(二) 技术环节

技术环节是指构成技术基础各个具体独立功能的部分,它是构成整体动作系统的要素。技术基础往往由若干个技术环节按照特定的结构构成。例如,跳远的技术基础由助跑、踏跳、腾空、落地四个环节构成。

》》(三) 技术细节

技术细节是指构成运动各技术环节的具体内容和形式,是动作的次要特征。技术细节会因运动员的身体形态、身体素质和技术水平表现出差异性。正是由于技术细节的灵活存在,才造成了相同技术基础的体育运动在运动员的具体表现过程中形态各异。

三、影响体育运动技术的因素

（一）人体结构与功能

运动技术必须以运动动作为表现形式，而运动动作的表现则以人体解剖结构与生理功能作为基础。例如，动作的幅度主要取决于人体关节结构，动作的速度取决于肌肉结构中的肌纤维构成比例和肌纤维的收缩功能等。

（二）器材设备与场地

从某种意义上讲，运动技术的发展离不开器材设备与场地的进步，甚至某些技术离开了这些因素就无法存在。例如撑杆跳中的"弹射"过竿技术，离不开撑竿的作用；乒乓球中的"倒拍"发球和削球技术，离不开两面不同性质的球拍胶皮。当代高科技不断渗入体育运动实践的过程，促进了器材设备与场地等物质条件的飞速发展，从而为运动技术向更高水平发展提供了可能。

（三）运动项目的发展

运动项目的发展与演变是一个非常复杂的问题，一个项目之所以区别于其他项目，究其根本之处在于每个项目都有自己一整套的竞赛规则。然而随着人们对体育需求的变化、科学技术的发展、场地器材的改进，这些规范和程序也在不断地变化，这些变化直接影响了运动技术的发展方向和发展速度。比如，乒乓球直径的加大会使乒乓球技术更富于变化。

四、体育运动技术的学习过程

（一）泛化相

泛化相是运动技能学习的初始阶段。一些新异的刺激通过传入系统作用于人脑时，引起有关中枢神经元的强烈兴奋。但此时大脑皮质抑制尚未建立起来，兴奋和抑制过程都依照大脑皮质本身的运动规律扩散，只是条件反射而没能形成稳定的联系。因而，在身体技术练习初始阶段会出现动作不协调、僵硬、迟缓、能量消耗较多等身体现象。

（二）分化相

分化相是在不断练习的过程中，随着正确动作概念的建立和本体感觉的不断准确，大脑皮质的兴奋和抑制在时间、空间上日趋完善和精确,能比较顺利地完成完整的技术动作,初步形成运动技能。但由于容易受干扰,会出现动作完成效果的波动性。

》》》(三)巩固相

巩固相是通过反复练习后,大脑皮质的兴奋和抑制较分化相时更为集中和精确,形成运动动力定型。此时技术动作比较准确、协调,当外界环境改变和其他干扰出现时,动作不易受到破坏。但如果此时停止练习,已经掌握的动作仍会出现消退现象,特别是复杂的技术动作消退得会更快。

》》》(四)自动化相

自动化相是随着动作的巩固和发展,动作会更加熟练自如,可在无意识控制下完成动作技能。此时,依然应当坚持练习,不断检查动作的质量,保证动作的精益求精。

身体运动技术形成过程的四个时相是一个连续完整的过程,各阶段间并没有明显的界限,也没有固定的时间长度,但正确把握其规律有助于运动技术的完善。

第四节
常见体育运动项目

各种身体运动和体育活动方式通过系统整合加以组织化、制度化就产生了体育运动项目,体育运动项目是体育实践和文化活动的存在样态。体育运动项目是指以身体运动为基础,为完成特定的体育运动目的,具有相对固定的内容结构和技术规格,遵守特定的规则要求的一系列相关的活动。体育运动项目是体育运动发展的器物载体和落脚点,也是"体育"这一概念的具体化和形象化显现。体育运动项目具有历史性和发展性、国际性和民族性、地域性和条件性等特点。

体育运动项目是人类创造的重要文明财富,是全世界人民共有的文化遗产,其种类花样繁多,不胜枚举。在此列举体育游戏、竞技运动项目、体操、户外运动和武术作为常见运动项目并进行简要介绍。

一、体育游戏

》》》（一）体育游戏概述

体育游戏是以身体练习为基本手段，以增强人们身心健康、发展智力及社会适应性、培养良好的道德品质等为目的而进行的活动。

体育游戏是在游戏发展进程中派生出来的一个分支，它融体力发展、智力发展、身心娱乐为一体，既是游戏的组成部分，又与体育运动有着密切的关系。因此，练习者按特定的内容、情节、形式和规则进行活动，可促进体力、智力和能力的良好发展。它是对游戏者进行思想教育和愉悦身心、增进健康、促进身体发育的一种教育手段。

人类社会早期就出现了与身体相关的游戏，这从现今的考古资料中可以找到实例。现代竞技体育运动与人类早期的游戏行为有着很密切的关系，绝大部分竞技体育项目都源于民间游戏，经过长期的综合总结、完善发展，逐渐形成了现代竞技运动。随着人们对体育游戏功能的认识不断深入，体育游戏被应用于体育教学、运动训练和群众健身娱乐活动，成了体育运动中的一个重要组成部分。

》》》（二）体育游戏的特点

1.趣味性

体育游戏内容丰富，形式活泼，多样有趣，能极大地满足游戏者好动、好奇和追求新异刺激的心理特点，深受游戏者喜爱。在游戏中，游戏者不受任何压抑，完全沉浸在欢乐中，在情趣盎然中得到锻炼，个性发展可以得到充分体现。人们在游戏中竞争，在竞争中体验着愉悦，游戏的趣味成分非常符合游戏者的生理和心理要求。

2.普及性

体育游戏内容丰富，形式多样，综合多种活动技能，便于普及。任何一种体育运动项目都可以有它自己的游戏内容。如田径中的跑、跳、投，球类运动中篮球、足球、排球，体操的技巧等动作都可以成为游戏内容，它不受年龄、性别、文化程度、工作职业等因素的影响，男女老少皆宜，便于开展，并且游戏规则易于掌握，方法灵活多变，具有广泛的普及性。

3.目的性

体育游戏是一种有意识的行为，有着明确的目的，即增强体质。通过体育游戏可以改善身体状况，增强身体素质，提高身体活动能力和适应外界环境的能力。另外，体育游戏还可以针对不同的对象，进行集体主义、爱国主义、团结友爱精神等教育。所以说，体育游戏有着极为丰富的教育内涵,参加者可以通过游戏在思想、行为、心理素质等诸方面受益。体育游戏能针对体育课的不同结构合理安排运动负荷,在体育课教学中起到一定的作用。

4.竞争性

体育游戏不同于竞技体育,但它同样具有竞争性。不过体育游戏的竞争内容更为宽泛,可以比体力、技巧、智力、运气、协作能力、应变能力等具有极大的变通性,既可以培养参与者的竞争意识,又能培育他们的规则意识。

5.教育性

有人说:"体育游戏是寓教于动的最佳方式。"这也就说明,大部分体育游戏都含有教育因素,它要求参与者既要克服自然环境的障碍,又要求参与者克服身心障碍。同时,对培养参与者的集体观念、顽强意志、团结协作等品格有积极的作用。

》》》(三)体育游戏的作用

1.体育游戏是较为理想的健身方式

体育游戏以身体练习为基本手段,具有丰富的身体活动内容,可以改善参与者的身体状况,提高其身体素质,增加人体的运动能力及对自然环境的适应能力,对各个年龄段的参与者来说都是理想的健身方式。

2.体育游戏能够满足个体的心理需求

游戏是人的天性使然,体育游戏轻松愉悦的气氛、紧张激烈的过程,不但能够让参与者感受到精力的释放和情绪的调节,还能在具有情节的游戏中完成意志磨砺、精神宣泄和心理满足。

3.体育游戏具有极强的娱乐功能

体育游戏简单易行、趣味无穷,能使参与者轻松、愉悦,在游戏中感受因体力、智力等因素的竞争所迸发出的趣味。游戏过程可以让人产生自信、自尊,并能满足人的社会交往与合作需求,发泄人的过剩精力,消除工作和生活带来的紧张与压抑,它是一种积极健康的娱乐手段。

4.体育游戏可以促进人的社会化

人的社会化是一个长期而复杂的过程。体育游戏是具有一定规则约束的社会活动,非常适合人的参与。在体育游戏过程中,参与者既感受到公正、安全的氛围,又在规则和约束中养成了自我规范和群体交往法则,对于提高他们的社会适应性和遵守社会规范的意识具有重要作用。

二、 竞技运动项目

》》》(一)竞技运动概述

竞技运动项目是指具有规范竞赛规则以及一定对抗性的体育运动项目。参与者通过这类运动项目获得相应的运动成绩,以竞技对抗来培养竞争精神,满足超越自我的精神追求。竞技运动项目以公平竞争为基本原则,可以划分为体力运动与智力运动两大类,以奥林匹克运动项目为主要代表。从公元前7世纪古代奥林匹克运动会中出现的赛跑、投掷、角力等项目,到如今夏季奥运会200多个单项和冬季奥运会近百个单项的项目,竞技运动已经在人类社会发展历史中体现其存在的政治价值、经济价值、教育价值和文化价值,已经成为当今世界不可或缺的巨大文明成果。

》》》(二)竞技运动项目的特点

1.竞赛性和趣味性

竞技运动项目具有悠久的历史,在世界范围内广受欢迎。特别是近百年来,它正在迅速渗入人类社会生活的各个领域,日益成为人们最感兴趣的社会活动之一。竞技运动项目的比赛引起了社会各方面的普遍关注,是现代传媒不可缺少的新闻内容。竞技运动项目对于参与者而言,能够让他们在竞争与对抗中获得成就感与满足感;对于观赏者来说,则让他们感受运动员表现出的健美体魄、精湛的技艺和顽强的拼搏精神,这是一种难得的精神享受和健康、高尚的精神陶冶。

2.广泛性和普及性

目前,竞技运动项目作为体育手段,得到了广泛的运用和发展。它不仅是构成竞技运动的主要内容,也是体育教育、身体锻炼、休闲娱乐的重要手段,在学校、企业、部队以及社会其他各领域,都受到了广大群众的喜爱。随着社会物质文明和精神文明的发展,以及人们生活水平的提高,人们对于精彩运动赛事的需求也越来越高。人们期望看到更丰富、更激烈和更高水平的竞赛,以消除工作所带来的脑力和体力的紧张与疲劳,调剂精神生活,并从中获得心理的享受。社会也需要竞技运动推动体育产业的进步,为社会经济发展作更多的贡献。

三、 体操

》》》(一)体操概述

体操一词源于古希腊语"Gymnastike",原意为裸体,得名于古希腊人赤身锻炼的方式。

现在,体操是指徒手、持轻器械或在器械上完成不同类型与难度的单个动作、组合动作或成套动作,充分挖掘人的潜能,表现人的控制能力,并具有一定艺术要求的体育项目。现代体操项目要求在规定的器械上,完成复杂、协调的动作,并根据动作的分值或动作的难度、编排与完成情况等给予评分。按练习形式,体操可分为徒手练习、持轻器械练习和在器械上练习三大种类。根据体操运动的任务,体操又可分为基本体操、竞技性体操和表演性体操三类。

》》》(二)体操的特点

1.多样性和全面性

体操运动的内容非常丰富,练习形式、动作和技术多种多样,这是其他任何运动项目不可比拟的。多样性具体表现在内容多样、项目多样、动作多样、技术多样和变化多样等方面。体操可以满足人们全面锻炼身体或有重点地锻炼身体的需要,经历长久历史依然在世界范围内受到重视。

2.规定性

规定性是指对完成任何体操动作的形式、方法和规格等都有明确的要求。这是根据人体的解剖、生理和各种练习的特点而作出的规定。具体表现在对完成动作的规定,诸如人体运动的角度、幅度、速度、高度、远度、节奏和姿态等都有严格的质量标准。同时还要采用正确的形式和方法,才能合理地完成动作,收到满意的练习效果或得到较高的评价。

3.艺术性

艺术性是指在完成体操动作时,应充分表现出人体的外在美和内在美,给人以艺术感受。艺术美是综合性的:体型和姿态美是基础,动作和技术美是核心,音乐和服饰美是条件,精神和情操美是灵魂。要把这四个方面统一起来,才能充分体现出体操的艺术性特点。

4.创造性

体操的动作和难度、完成动作的技术和质量、动作的组织和编排等,都在不断推陈出新,有所发明,有所前进。创造性是体操发展的一个重要标志,不论是基本体操和辅助性体操还是团体操和竞技性体操,都在原有基础上迅速发展,不断创新。可以说,创造性是体操的生命。

四、户外运动

》》》(一)户外运动概述

户外运动,英文称为"Outdoor Sport"或者"Outdoor Game",从字面意义上看,指室外进行的体育活动。关于户外运动的概念不少,较为常见的概念是人们以人力或利用自然力,在基于自然的环境中开展的体育活动的统称。户外运动的起源地之一是英国,工业革命之后的英国以它独特的自然环境和社会条件,开展了丰富多彩的户外运动,如保龄球、橄榄球、足球、游泳、高尔夫球、滑冰、滑雪等,以满足人们精神生活和运动锻炼的需要。随着英国殖民主义的扩张,英国的户外运动、娱乐和竞技运动也逐渐传播到美国和欧亚等许多国家。英国户外运动与瑞典体操和德国体操并称为近代体育的三大基石。18世纪末欧洲阿尔卑斯地区是近代户外运动的另一起源地,发源于此的登山运动和攀岩运动风靡至今。

》》》(二)户外运动的特点

1.多样性

户外运动的多样性使这项运动与其他一些单项运动有所不同,户外运动的多样性表现在两个方面:一是户外运动内容上的多样性,即户外运动不是单一的运动项目,而是由许多运动项目组成的。二是户外运动形式和目的上的多样性,同样的户外运动项目可以是休闲性的、健身性的、教育性的、竞技性的和探险性的,基于个体的自愿选择。

2.开放性

户外运动不同于传统竞技项目的内容与形式,不受场地、器材的制约,有着开放的环境和可供自由发挥的空间,可以满足参与者的个性追求。

3.探险性

户外运动中包含一些富有冒险性和探索性的极限或亚极限运动项目,可以激发人们的上进心和求知欲,在兴奋和刺激中激发运动者的潜能,磨炼他们的意志品质和勇于挑战的精神。

4.功能的延伸性

户外运动在与自然环境的相互作用中产生的超出运动本身的一些延伸功能。因此,户外运动可以作为教育与心理治疗的手段。户外教育既包含在户外运动内涵中,也作为其功能的延伸应用于个人成长与开发、管理培训等领域。如国际领导学大师阿戴尔的领导力培训就经常运用户外运动的方式来进行。

五、 武术

》》》(一)武术概述

武术又称中国武术或中国功夫,是以攻防技击动作作为主要内容,以功法、套路和搏斗为运动形式,注重内外兼修的中国传统体育项目。它经历了漫长的历史发展过程而形成,内容博大精深、社会价值广泛、文化色彩深厚,与我国传统文化的诸多方面密切相关,是中国传统文化的重要组成部分,是我国特有的体育文化形态。中国武术因历史文化原因,传承至今呈现出门派众多、形式各异、特色纷呈的特征。以运动形式划分,武术可分为功法、套路、搏斗三类。现阶段,武术已经发展成为我国民族传统体育类别中最具代表性的体育项目之一。竞技武术中的长拳、南拳等拳术和刀、棍、剑等器械套路传播广泛,传统武术中的太极、少林、形意和八卦等拳械影响深远。

》》》（二）武术的特点

1.攻防动作的技击性

武术动作具有攻防技击的特点,这是由武术战阵杀敌、搏击私斗的本质属性决定的。虽然当前武术已经成为一种体育运动项目,其动作受到竞赛规则的约束和限制,但无论是套路还是搏斗,武术都以踢、打、摔、拿等技击动作为主要内容,攻防之中蕴含技击特点。

2.内容广泛的适应性

武术内容和练习形式丰富多样,不同类别的武术项目在练功方式、动作结构、技术要求、运动风格和运动负荷上的要求不尽相同,可以适应不同年龄、性格、体质特征的习练者的需求,具有广泛的适应性,是一种极易推广的体育运动项目。

3.动作内外合一、形神兼备

武术既讲究动作的形体规范,又要求精气神传意、内外合一的整体运动观。所谓内,指人的精神、意识和气息的运行;所谓外,指人的手眼身法步的形体活动,内外要协调一致。武术"起于易,成于医,伏于兵,扬于艺",受到中国古代哲学、医学、兵法和美学的多重影响,形成独具民族风格的运动形式和练功方法。

学者争鸣 》》》

认知心理学在运动技能学习过程中的作用

认知心理学的研究表明,运动技能的习得是一个复杂的过程,是学习者对外界信息进行编码、储存、提取和按照一定的程序进行信息加工利用的一系列认知活动。运动技能学习过程中任务的复杂程度影响着学习者对信息的认知加工过程,从而影响着运动技能的学习效率。运动技能学习过程中调控学习者的认知负荷可以使信息资源和问题资源在学习者的记忆空间合理分配,有助于促进记忆系统对不同复杂程度运动技能各元素的编码、储存及提取,进而提高运动技能的学习效益。

（1）在简单运动技能的学习过程中，优化学习者的关联性认知负荷有助于促进运动技能的学习、保持与迁移。

（2）在复杂运动技能的学习过程中，调控学习者的内部认知负荷有助于促进运动技能的学习，降低外部认知负荷有助于促进运动技能的保持。

（3）在复杂运动技能的学习过程中，优化学习者的关联性认知负荷有助于促进运动技能的迁移。在需要两侧肢体均衡发展的运动项目中，优化学习者的关联性认知负荷有助于促进两侧肢体的协同发展。①

知识拓展)))

截拳道

截拳道是武术明星李小龙生前创立的一类现代武术体系。截拳道与多数武术不同，它融合了世界各国拳术，是以咏春拳、拳击与击剑作为体系的全方位自由搏击术。截拳道是以中国道家思想为主创立的实战格斗体系构想，也是一种全新的思想体系，它将东西方哲学理念运用于武术，是一种关于搏击的哲学思想和方法论。"截拳道"的意思就是阻击对手来拳之法，或截击对手来拳之道，截拳道倡导"搏击的高度自由"。李小龙截拳道的本性是"抛弃传统形式，忠诚地表达自我"。"以无法为有法，以无限为有限"是截拳道的纲领和要义，其最大特点是注重于"实用"，抛弃了传统武术复杂的形式套路。在对手攻击的时候，格挡与反击同时进行，甚至于不加格挡而直接凭借快速有力的进攻压制对手，先发制人。近代流行的搏击比赛运动（如综合格斗MMA）更是尊崇李小龙为第一先驱者。

知识回顾)))

人们在长期的社会实践中逐步形成的各种身体活动，有着不同的用途。当人们有意识地运用这些身体活动，就逐渐形成了体育手段。本章探讨了体育手段的概念、特征和分类，对身体运动和体育运动技术作了详细的解析，并就体育游戏、竞技运动项目、体操、户外运动和武术等五种常见具体体育项目的定义、分类、特点作了论述。

---

① 梁波,金珂屹,姜勇,等.认知负荷调控对不同复杂程度运动技能学习的影响[J].北京体育大学学报,2016,39(02):125-133.

思考题项)))

1.体育手段的概念是什么？有哪些特点？

2.身体运动要素包括哪些内容？

3.身体运动质量与效果的评价指标有哪些？

4.体育运动技术的基本结构和影响因素有哪些？

5.对比体育游戏和竞技运动，它们的特点有何不同？

推荐阅读)))

[1]李宗浩,苏连勇,叶加宝,等.关于体育手段的讨论[J].山东体育学院学报,2005.

[2]赵承磊.新时代我国户外运动产业发展现状、问题与对策[J].北京体育大学学报,2020.

参考文献)))

[1]杨文轩,陈琦.体育概论[M].3版.北京:高等教育出版社,2021.

[2]姚维国.体育游戏[M].北京:人民体育出版社,2012.

[3]卢元镇.体育,一个永恒的话题[J].成都体育学院学报,2019,45(5):1-3.

[4]易剑东.体育概念的梳理与厘清[J].成都体育学院学报,2019,45(5):17-21.

[5]任海.当代体育发展与体育概念的界定[J].成都体育学院学报,2019,45(5):4-7.

[6]郝勤.体育概念的话语建构与演进[J].成都体育学院学报,2019,45(5):8-12.

[7]杨春元,赵来安,范佳音,等.身体运动、身体练习、身体活动——基于精神的身体动作的逻辑演绎[J].成都体育学院学报,2017,43(6):45-51.

[8]于文谦.谈竞技运动体育手段化[J].体育与科学,2002(2):40-42.

[9]唐美彦,王岗.身体视角下中国武术与西方体育的差异性比较[J].体育科学,2014(3):82-87.

资源链接)))

[1]http://www.wushu.com.cn(中国武术协会官方网站)

[2]https://higher.smartedu.cn(国家高等教育智慧教育平台华南师范大学《体育概论》在线课程)

第六章

体育科学

思政要点

贯彻二十大人才科技发展战略精神；"坚持教育优先发展、科技自立自强、人才引领驱动，加快建设教育强国、科技强国、人才强国，坚持为党育人、为国育才，全面提高人才自主培养质量，着力造就拔尖创新人才，聚天下英才而用之"；不断提高中国体育科研能力，加大中国体育科学研究领域的话语权。

教学导论

随着科学技术的发展和社会进步，体育已向人类社会各领域广泛渗透，成为人类社会文化生活不可缺少的重要组成部分。体育已涉及教育、经济、文化、生物等领域，与其他学科的交融也更为密切。体育学逐步由过去的单学科发展成为多学科的知识体系，显示出体育科学的繁荣和兴旺。体育科学是研究体育现象、揭示体育规律的知识体系，体育科学体系是指体育科学内部的结构和各学科之间相互联系和作用的关系。在正确理解体育科学概念的基础上，区分体育与体育科学的概念，理解体育科学形成和发展的历史进程，掌握体育科学的学科体系及其特征。让学生掌握体育科学研究的一般过程，对几种常用的体育科研方法的特点和使用要求有确切的认识。通过对体育科研现状及未来发展趋势的了解和学习，增强学生对体育科学研究工作的进一步认知。

学习目标

1.能够理解体育科学的概念，并能正确地将体育与体育科学区分开来。

2.能够清楚阐述体育科学形成和发展的历史进程。

3.能够了解当前我国体育科学学科体系的分类，认识体育科学体系的特征。

4.能够明确掌握体育科学研究的概念、内容和特点。

5.能够掌握几种常用体育科研方法的特点和作用。

6.能够理解当前体育科学研究的现状和发展趋势。

学习地图

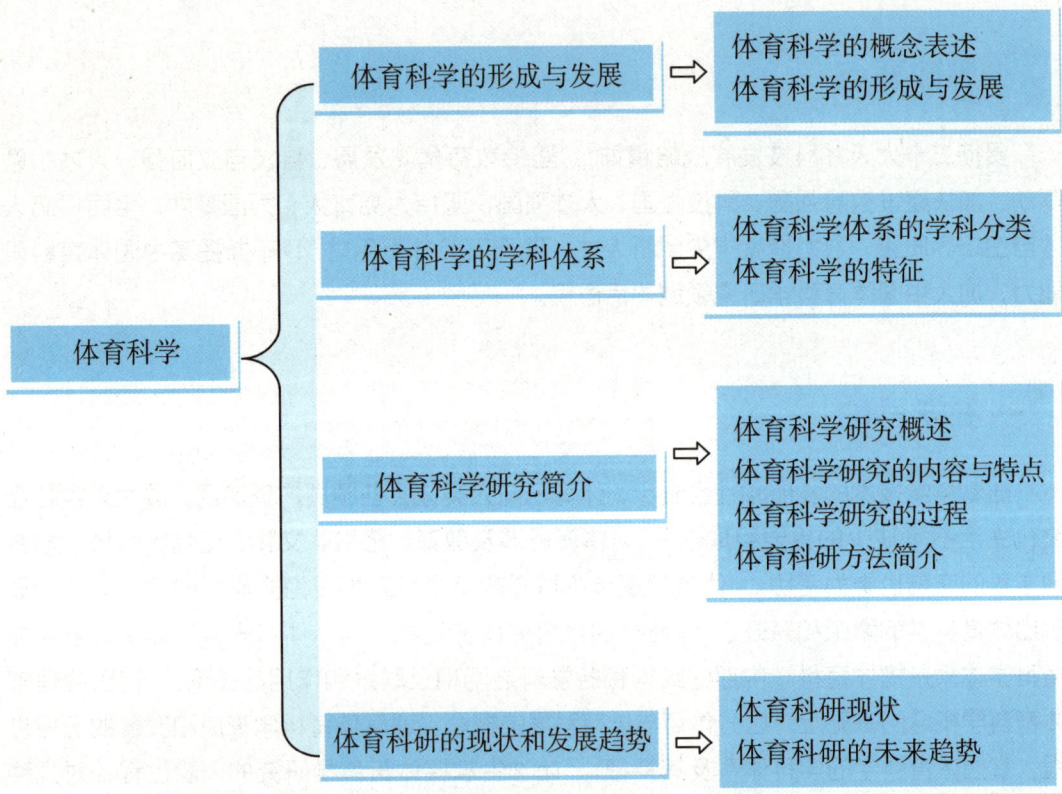

第一节
体育科学的形成与发展

从体育活动的出现到体育科学的概念被认可,人类社会经历了相当漫长的发展。体育科学的种子孕育于西方人文科学的胚胎上,早年与教育、军事、医学研究相伴生,后来在科学急速发展过程中被不断审视并加深认知,又在社会前进的过程中脱离母体独立开来,逐渐成长为具有自己独特个性特征的科学门类。

一、体育科学的概念表述

》》》(一) 科学的概念

谈论体育科学的概念定然要从其属概念科学谈起。中国古代也有"科学"一词,然而此科学多为"科举之学"的略称,与现代意义的科学相去甚远。现代汉语中的"科学"源自近代日本学界初次对英文中的"Science"及其他欧洲语言中相应词汇的翻译,欧洲语言中该词来源于拉丁文"Scientia",意为"知识""学问"。在学科划分较为混沌的古典时代,科学作为与知识紧密联系的理念包容于哲学之中,被认为是与"自然哲学"相类似的一个哲学分支,侧重于关于自然的学问。直到19世纪,以达尔文为代表的博物学家开始区分自然知识与知识创造间的区别,提出科学就是整理事实,从中发现普遍的规律,得出结论。即把大量的事实有序化,经过实践检验和严密的逻辑认证后找到规律。科学逐渐从哲学中分化并独立出来,其内涵也不再局限于自然科学,还包含有人文科学、社会科学等知识体系。

与近代众多转译而来的词汇借道日本传入一样,现代汉语的"科学"并非直接由中国人翻译而来,它来自日本学者从西方的引入和译介。明治元年,有"日本近代教育之父"之称的启蒙思想家福泽谕吉出版了日本最初的科学入门书《穷理图解》。另一日本学者西周将"Science"译为"科学"并得到广泛认可和传播。甲午战争后,日本取代西方诸强,一跃成为吸引中国留学生最多的国家。中国将已经先行一步的日本看作学习西方先进科学技术进而励志图强的典范。"科学"这一词汇与科学的精神跨海舶来。近代中国维新派思想家康有为出版的《日本书目志》中列举了《科学入门》《科学之原理》等书目,被认为是近代中国"科学"的最早源头。而与此同时,中国学术界曾用"格致"一词来对应翻译西方语系中的"Science",但最终"科学"获得了更多的支持和认可。接受了科学理念的人们开始理性地去思考自然界、人类社会和思维领域,人们也对科学做过许多种不同的诠释,以致我们很难判定哪一种才是科学最确切的定义。但是,我们能够认定科学是严密地、系统化地反映客观事实本质和规律的知识体系。

>>>(二)体育与体育科学

虽然到目前为止,学术界关于体育的定义莫衷一是、众说纷纭,但无论如何,体育是一项以实践为主的社会文化活动。而社会实践活动本身并不能被称为一门科学。因为按照科学的定义,体育本身只能作为研究的客体,即体育所包含的内容是科学研究的对象,科学应当是对研究对象的本质与规律进行探究而形成的有序的知识体系。从严格意义上说,体育与教育活动同生共长,但体育从作为社会实践活动到具备相对应的知识体系,其中有着很长的发展历程。

参照科学的概念和国内外学者关于体育科学的观点,我们可以为体育科学下一个简要的定义:体育科学是以各种体育现象为研究对象,揭示体育现象本质和规律的知识体系。体育科学所探究的体育现象包括体育教育、竞技运动、休闲健身等一切具有明确目的性的体育活动过程;不仅要描述体育现象的外部形态,更要揭示体育现象内部的本质和规律;不仅要研究体育运动本身的过程、特点和手段,还要研究体育运动对人的生理、心理与社会适应的影响与效果。总之,体育科学就是要通过科学的方法,多层次、多维度地揭示体育这种社会实践活动的本质、规律以及体育与人类其他社会实践活动间的互动关系,构建出一门与体育现象相适应的理论和实践并重的学科知识体系。

二、 体育科学的形成与发展

>>>(一)体育科学的早期发展态势

体育在人类社会中有着久远的历史,然而,受人类认知的局限,在近代体育概念形成之前,人们并未对体育的独特性质作出全面深刻的认识,而只认识到体育现象的只鳞片爪,多将之与生产劳动、军事训练、教育活动、医疗保健等相关现象混为一谈。

古希腊的柏拉图提出"以体操锻炼身体,以音乐陶冶心灵";亚里士多德谈到"善分为三类,即外在的诸善、身体中的诸善和灵魂中的诸善,而至福之人拥有全部这些善。"可是这些论断都是先圣们在阐释自己的教育理念或美学观点,而非谈论体育本身。在中国,虽在战国时期便已有庄子所述的"吹呴呼吸,吐故纳新"的身体认知和荀子对保神、练气等的观念意识,以及《黄帝内经》《吕氏春秋》等典籍中关于人体运动与气血运行之间关系的推导和论述,但这些认知也停留于表面或局部,并没有形成体育科学的概念。

有"西方医学之父"之称的阿拉伯医学家伊本·西那(阿维森纳)在其所著的《医典》中较为系统地论述了身体锻炼的作用和方法,这可以视作西方体育发展史上的一次创举,为后世体育科学的确立起到了重要的启蒙作用。欧洲文艺复兴运动在撼动漫长中世纪神权控制力的同时,让科学的曙光照亮了西方的土地。教育学、历史学、医学、生物学等学科的复活,为人体的科学研究开辟了航向。1569 年意大利的美尔库里亚利斯从医学研究的角度编著了《体操术》一书,搜集了古希腊和罗马的体育运动史料,详细阐述了古代体育的目的、任务、内容、原则、分类、方法以及各项运动的效果,从一定程度上推进了体育科学发展的进程。然而,当时的科学发展水平还没有达到支撑科学体系细化的程度,体育未能呈现全面性和系统化的知识体系,尚不足以称之为体育科学。

》》》(二) 近代体育科学的形成

近代体育科学的最终形成得益于近代科学和近代体育的飞速发展。教育学、医学、解剖学、生理学、生物学等学术研究和学科发展在近代的突飞猛进,使研究者得以从各自的学科知识出发来深入探讨体育,使体育学科在其他学科体系中逐步充实。

在 17—18 世纪,教育学得到了前所未有的发展和完善,而且已经将眼光由“神”转向“人”的近代教育家们在他们的教育研究中都已向体育投来注视的目光,体育成为他们教育理论的重要组成部分。例如夸美纽斯要求教学内容是“百科全书式的”,在他看来“教育的目的,就是要从知识、道德、身体和艺术等方面去全面发展人,从而实现个体与社会的和谐。”洛克的教育名著《教育漫话》开篇词就是:“健康之精神寓于健康之身体,这是对于人世幸福的一种简短而充分的描绘。”他的教育理论与实践给了体育足够的重视。其他如卢梭、裴斯泰洛齐、赫尔巴特、第斯多惠等著名教育家无不对近代教育和体育的发展形成作出过积极的贡献。在此影响下,18 世纪末和 19 世纪初,西方学界开始出现有关学校体育的专门论著。如德国学者古茨穆茨(GutsMuths, J. C. F.)编写了《青年体操》,提出了人体运动的四种分类方法,即按运动目的、性质、解剖学特点和动作的类型分类,主张遵循自然原则,实施按动作类型分类的方法。瑞典体操的代表人物林(Ling, H.)在《体操的一般原理》一书中,开始应用解剖学、生理学知识来编制教育性体操,使体操呈现科学性。俄国学者列斯加夫特(Lesgaft, Piotr Frantsevich)的《学龄儿童体育入门》第一和第二部,被认为是俄国体育科学体系的基石。他建立的人体协调发展理论,证明了体育、智育、德育和美育之间存在着不可分割的联系,并据此建立了体育教养制度,对身体教育的手段和方法进行了细致的科学分析;阐述了体育教学的循序渐进和连续性原则;指出运动要因儿童年龄、性别、个性的不同而有所区别。他还组织青年学生体力振兴团体,开设过“身体运动指导者培训班”,并在 1896 年改成“游戏、身体运动女子指导者临时培训班”。他培养的教师遍布各城市,并在各地创办儿童游戏园地,在 1905 年开办私立体育专科学校。他在体育科学方面的创造性理论与实践成果对俄国和后来苏联体育科学的形成产生极大的影响。正是在这一时期,学校体育论著确立了体育在学校教育中的地位,构建了体育的组织、手段、教材体系的基本内容,逐步形成了较为完善的体育理论体系。

第一次世界大战前后,在顾拜旦倡导下,奥林匹克运动勃然兴起,体育比赛的热潮刺激了运动训练科学研究的发展。与此同时,由于大战的影响,世界各国学校体育的地位普遍得到重视,并促进了体育师范教育的迅速发展。在多重因素的合力推动下,体育科学研究的步伐加快。

各类与体育相关的研究机构陆续出现。1918年,约翰尼斯·林哈德博士在丹麦的哥本哈根建立了世界上第一个体育运动研究实验室。1927年,美国出现了世界上第一个专门从事运动物理学研究的实验室——哈佛疲劳实验室。体育学术组织也争相构建:北欧国家在1911年成立了国际性的体育学会;德国在1912年成立运动医学学会;法国在1921年成立运动医学协会;日本在1924年成立国立体育研究所。1928年,国际运动医学联合会成立,在第二届冬季奥运会期间举行了第一次国际运动医学讨论会;1933年,苏联先后成立莫斯科中央体育科学研究所和列宁格勒体育科学研究所。如此发展态势标志着体育科学已经开始自觉脱离依附于其他学科生存发展的状况,积极谋求独立发展的道路。

除了在逐渐成熟的体育教育和体育生物领域不断取得突破之外,人们也在不断尝试从新的角度去研究体育。法国学者里塞于1921年出版了《运动社会学》,美国学者罗德于1937年出版了《体育社会学》,他们被认为是体育社会学学科的开拓者。20世纪20年代后,许多国家开始进行运动心理学、运动生物化学的研究,40年代,运动解剖学从人体解剖学中独立出来。

20世纪人类科学的大步前行给体育科学发展带来了前所未有的契机。到第二次世界大战前,体育科学中的大部分学科已相继建立起来。相比之下,依据医学、生物学和教育学的基本原理去解释青少年儿童身体发育和体育锻炼之间的关系,依然是体育科学发展的基本方向。同时,虽然对体育某些领域的研究使人类对体育的认知在许多方面达到了前无古人的深度,但是仍有许多樊篱影响着体育科学体系的构建。比如,由于认识方法的局限,难以从总体上对体育的产生、作用、本质和规律等问题做出全面的解释,因而难以从整体上把握对体育的科学认知。同时,在横向范围内已形成的学科因语言上、方法上互不相通,研究者往往把自己束缚在专业学科的壁垒之中,缺乏统观全局的意识和能力。

》》》(三) 现代体育科学的发展

人类自第二次世界大战之后进入了科学技术发展的高峰期。在科学技术研究领域,无论是宏观上还是微观上都取得了超乎想象的成果。政治、经济的稳步发展,科学技术的不断创新,人比以往任何时候都更加关注自身的健康,体育的本质被更深刻地思考,体育的功能在不断拓展,现代体育加快了科学化的步伐。

1.现代科技加速体育科学的更新与完善

科学技术变革性的发展,为体育科学研究提供了先进的思想和方法;更高科技含量的仪器设备的投入让体育科研的手段更加精细。一方面,在已经具备前提基础的领域中增添了许多新研究成果。另一方面,新兴学科知识和科技手段的介入也加快了体育学科的自我更新和完善。例如,20世纪50年代以来,运动生理学借助电子显微镜、电子成像仪等先进仪器和肌肉组织活检、超微量测定等现代技术手段,开始对肌纤维超微结构的功能和生物分子的物理、化学变化过程进行探索性研究,从而把运动生理学推向细胞和亚细胞水平。肌肉纤维的工作机制和红白肌学说以及人体运动中的神经、呼吸、代谢等相关研究得到开启,运动生物化学逐步成长为一门独立的体育学科。20世纪70年代,德国建成了具有一定规模的运动生物力学测试仪器系统。美国又将电子计算机和高速摄影技术运用于运动训练技术当中,运动生物力学进入了崭新的发展阶段。今天,从CT断层扫描到核磁共振成像技术的运用,进一步扩展了对运动机理认识的深度,也表明新的体育科学发展越来越依赖于科技进步。

人文科学的研究成果也被借用到体育科学的研究当中,推动了体育人文研究领域的发展和完善。经济学、管理学、社会学、新闻学、历史学、法学等学科理论和学术研究方法被移植到体育科学研究之中,如趋势外推法、特尔菲法等研究方法用于学校体育、竞技比赛、社会体育等领域的研究。体育科学研究的范围更为宽泛,研究成果更加深入,体育科学研究的实效成果得到公认。

2.体育学科的发展呈现分化和综合并行之势

体育学科呈现的高度分化与综合并行的现象是现代科学发展的重要特点之一。

所谓学科分化,具体表现为把科学知识中的个别具备条件的学科分支分离出去,使之成为具有自己特殊研究对象,研究方法和理论体系的相对独立的学科。现代体育科学在发展中涌现出大量新学科。一方面是体育学科同其他学科之间的交叉渗透产生新的学科分支,如体育美学、体育史学、体育新闻学等。另一方面是已有的体育学科的分化并重新组合形成新学科。例如,以往统一而论的体育理论分化出了体育概论、体育哲学、学校体育学、运动训练学等;从体育社会学中分化出体育伦理学;而体育测量学则是在人体测量学、体育统计学、评价学的基础上形成的综合学科。

所谓学科综合,一般指在学科分化的基础上,由于认识到各个领域之间相互依存和相互转化的必然联系及其共有特征,由此又形成一些具有新内涵的大学科门类。目前,体育学科在日益分化的同时,综合趋势也占据重要地位。从某种意义上说,体育学科的分化,实际上成了综合趋势的另一种表现形式。如对运动训练的研究,我们与其说运动训练学是由笼统的体育理论分化出来的,倒不如说它是在新时期背景下一次多学科的综合。因为研究运动训练这一现象,涉及医学、遗传学、生理学、营养学、教育学、选材学、生物化学、生物力学等众多学科,运动训练学是综合这些学科而成的。运动解剖学也是在医学、解剖学、生理学等学科基础上综合而来的。

随着科学发展和知识体系的拓展,一些表面上看来相对独立发展的学科,不可避免地要吸收其他学科的研究成果和方法,在纵向和横向区间寻求新的突破。体育学科也不例外,体育学科的分化和综合是辩证统一的,无论是分化还是综合,都体现体育学科在现代社会背景下被认知的深度超过以往,体育科学正逐渐趋于成熟。

3.体育科学发展的整体化趋势

体育现象具有复杂性的特点,任何一个学科知识只能解决某一局部问题。体育问题的完整解决需要多学科的合作,打破各学科间的壁垒与隔断,相互了解、渗透。20世纪50年代,学科综合研究已相当普遍,对体育进行多学科的综合研究也已逐渐出现。正是这种合作,体育科学开始呈现整体化发展趋势。体育科学发展的整体化包括两方面含义:一是从体育科学所包含的知识内容上看,它构成一个相互联系的统一整体,能够从不同层次对体育现象进行不同角度的解释。二是从科学方法论来看,扬弃了以往把事物分割为各个部分而单独对其进行研究的方法,改为从整体出发去研究对象。

显然,体育科学发展的整体化趋势,是受现代科学发展整体化趋势影响,因体育科研发展和新方法论的广泛采用而形成的。尽管体育科学中较早形成而又较为成熟的是体育生物学学科群,但今天体育科学研究领域早已超出了生物学、医学和教育学的范围,而与绝大多数社会科学学科发生联系,且占相当大的比重。随着人们对于体育本质和规律认识的加深,现代体育科学的发展日益体现出系统整体性。

4.体育科研成果转化助力于体育实践

现代体育科学的发展绝不仅限于学科理论建设和分科研究,体育科研的实际成果如何运用于体育实践成为体育科学研究的重点。运动医学关注的是如何最大限度地提高人体的运动能力和适应性,防止因训练过度和训练不当而引起的运动性伤病;群众体育锻炼研究着力于如何提高体育运动对人体健康的有效干预;在日本出现了运动处方的研究,目的在于关注普通个体的身心健康水平。此外,体育社会学、运动心理学、体育管理学等学科日益成熟的同时,研究成果的现实转化也不断加快。研究者开始普遍地探讨运动员、学生、群众等个体或群体体育行为及其与社会环境的相互关系。

随着社会经济发展水平的加快,体育社会化和市场化的格局已然形成,许多新的科研成果如今物化为有形的体育产品或无形的体育服务,普通民众在物质条件得到满足后开始热衷于购买体育产品或服务来增强自身健康。体育科学研究正逐渐形成“研究—成果—开发—商品—研究”的良性发展道路,创造出超越以往任何时代的社会效益和经济效益,这也是体育科学研究转化为实际成果最好的证明。

》》》（四）我国体育科学的发展历程

1.我国近代体育科学的出现

如果没有西方体育的强势进入,中国的体育科学可能仍处于有脉络可寻却无体系可研究的初始状态。近代西方传教士在中国建立的教会学校带来了西方体育的种子,洋务运动革新传统教育的同时强化了体育课程的学科地位,大量派遣外出的留洋学生从海外带回了一些体育活动,这些举措为近代体育在中国的传播奠定了基础。而新文化运动的兴起,让以欧美体育科学理论为主的体育科学知识得到一定程度的译介和传播。

康有为、梁启超、孙中山、蔡元培、毛泽东等大批精英人物都阐述了自己对于体育重要性的认识;新式学堂中体操、游戏、生理等学科相继出现;多地还开办了专门的体育学校。一批国外体育教学著作被翻译为国内体育教材,如1890年庆丕、翟汝舟翻译的《幼学操身》,1902年丁锦编译的《体操》,1906年李春醴翻译的《新撰小学校体操法》和《瑞典式体操初步》被清政府学部定为小学教材。体育科学伴随教育学的发展在中国落地生根。在之后的几十年国内还出现了各层次、多类型的体育组织,发行了难以计数的体育类期刊杂志,以及"新旧体育""土洋体育"的争论和轰轰烈烈的国术推广。这些举动都不同程度地对我国近代体育科学的发展产生过重大的影响,并为之后中华人民共和国的体育科学发展进程铺垫了基石。

2.中华人民共和国体育科学的发展

中华人民共和国成立初期,先后创办了多所体育类院校和一批具有影响力的体育科技期刊,为中华人民共和国体育科学的发展打下良好基础。1953年,我国先后成立中央、华东、中南、西南体育学院。1957年全国已创办6所体育学院和11所体育学校,在38所高等师范院校中设立体育科系。1958年,北京体育科学研究所成立(国家体育总局体育科学研究所前身),这是中华人民共和国第一个专门的体育科学研究机构。同年,具有影响意义的体育科学研究十年座谈会在北京成功召开。1960年,全国总工会和原国家体委在北京召开了第一次全国体育科学工作会议。体育理论、体育史、运动训练、运动生理、运动医学等学科在这一时期都取得了相当可观的建树,我国体育科学在探索中迈开了脚步。

1979年,第二届全国体育科学技术工作会议召开,大会就构建体育科研机构、成立体育科研组织、着手开展体育科学研究等问题作了商讨。1980年,中国体育科学学会成立,从最初的5个分科学会,如今已经发展成为有14个分科学会的完整学会体系。1986年中国教育学会体育研究会和中国高等教育学会体育研究会成立。此后,全国各地省市相继成立体育科学研究所,多数高校的体育系科也积极投入体育科学研究,体育科研队伍不断壮大。1996年,全国哲学社会科学规划领导小组决定将体育社会科学列为国家统一规划管理的一级学科,这标志着体育社会科学的发展业已进入崭新阶段。

进入21世纪尤其是党的十八大以来,体育科研在国家重视科技发展的氛围中不断壮大。全国体育科学大会、全国学校体育科学大会及各二级体育学会等相关会议的召开和成果呈现,更是推动了体育科研的发展。体育科学成果转化并服务于体育实践的工作也取得了长足的进步,体育科技秉承"振兴体育必须依靠科学技术,体育科技必须面向体育运动的发展"的方针,为《奥运争光计划》和《全民健身计划》提供技术支持。体育科技在国际和国内赛场上帮助中国健儿取得优异成绩,如2008年北京奥运会中国体育代表团勇获51枚金牌,首次位居金牌榜第一位等;在学校体育领域保障学生群体的体质健康;在群众体育领域助力休闲健身运动的发展。

长期以来,科学健身指导需要体育科学研究的不断助力,这样才能更好地向人民群众提供有科学依据的健身知识,加强运动促进健康的理念转化为科学健身行动。2022年中共中央办公厅、国务院办公厅印发的《关于构建更高水平的全民健身公共服务体系的意见》提出,推动更多竞技体育成果全民共享、夯实广泛参与全民健身运动的群众基础、提高全民健身标准化科学化水平等内容,进一步反映了人民群众对于科学健身指导的迫切需求。

总之,新的阶段中国体育科学正全力弥补与世界体育科学发展间的差距,走具有中国特色的科学技术发展之路,脚踏实地向更高的目标稳步前进。

第二节
体育科学的学科体系

体育科学之所以能称之为科学是因为它拥有独特的、有序的知识体系。我们把体育科学内部的结构和各学科之间相互联系和作用的关系称之为体育科学的学科体系。然而,体育作为一个内容庞杂的知识体系,它拥有众多的学科,并在分化与综合过程中不断更新。因此有必要对体育科学体系进行学科分类,以便于体育科研工作的有序开展。

一、体育科学体系的学科分类

在体育科学体系的学科分类工作上,应当以科学的理论为指导,以学科分类为基础并结合体育科学自身的内在逻辑来把握。对科学的传统划分方法是“二分法”,即将科学划分为哲学社会科学和数学自然科学两类。然而,这种分类方式显然违背了体育学科综合性的现实状况。随着体育科学理论研究的深入,不少学者对体育科学体系提出了各自的学科分类方法。

≫≫(一) 按学科的性质划分

体育学者胡晓风先生曾在20世纪80年代著文,将体育科学体系按学科的性质划分成体育社会学学科、体育基础学科和运动学学科,每个学科下面又有各自的具体分支(见图6.1)。

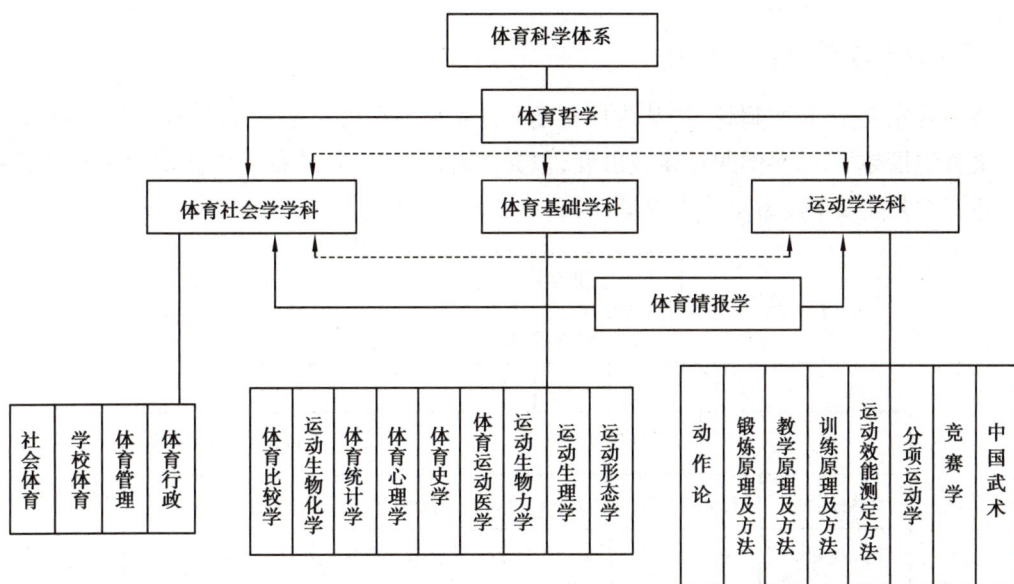

图 6.1 体育学科体系的构成（一）

（二）按理论与实践的关系划分

白春育教授曾提出按理论与实践的关系将体育学科划分为体育基础科学、体育应用科学及未来体育学三大层次，各个层次由相应的学科群构建而成（见图 6.2）。

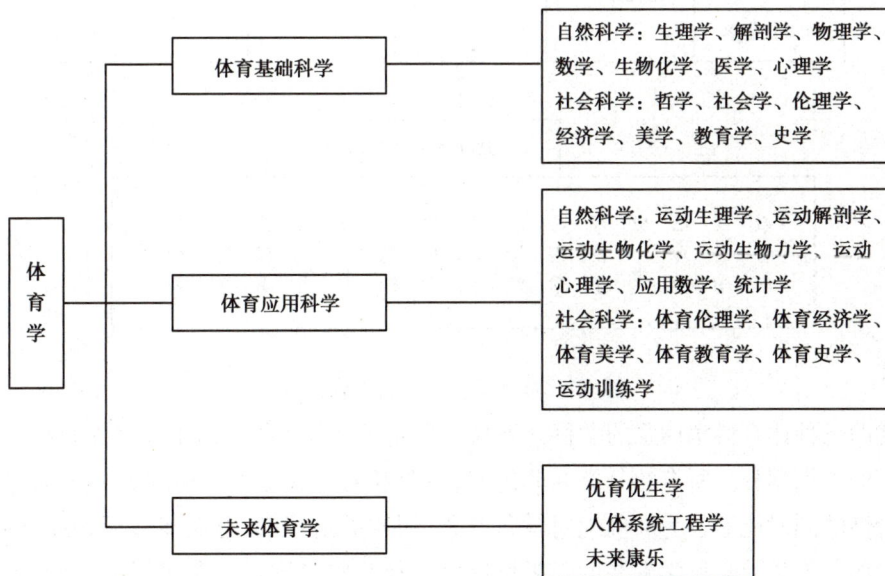

图 6.2 体育学科体系的构成（二）

》》(三)从科学的整体观划分

曹湘君先生在《体育概论》中认为体育学科体系应当在马克思主义的辩证主义和历史唯物主义哲学指导下,从科学的整体观出发,包含体育应用学科、体育专项技术学科和体育基础学科三大分类及下属若干分支学科,构成一个开放的系统。(见图6.3)

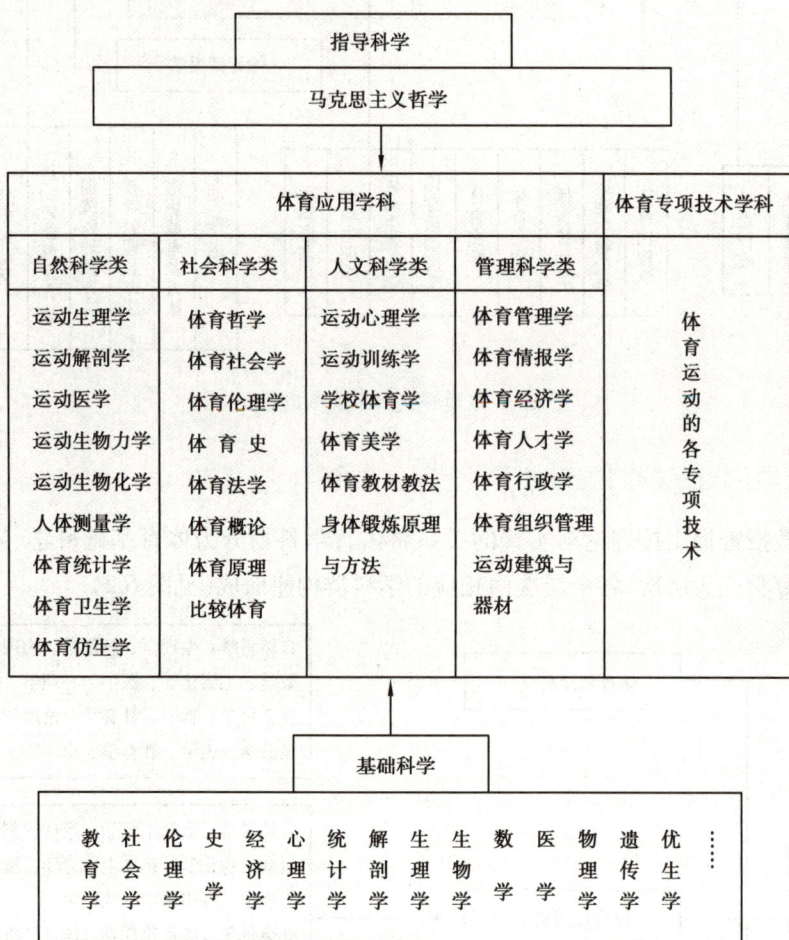

指导科学	
马克思主义哲学	

体育应用学科				体育专项技术学科
自然科学类	社会科学类	人文科学类	管理科学类	
运动生理学	体育哲学	运动心理学	体育管理学	体育运动的各专项技术
运动解剖学	体育社会学	运动训练学	体育情报学	
运动医学	体育伦理学	学校体育学	体育经济学	
运动生物力学	体育史	体育美学	体育人才学	
运动生物化学	体育法学	体育教材教法	体育行政学	
人体测量学	体育概论	身体锻炼原理	体育组织管理	
体育统计学	体育原理	与方法	运动建筑与	
体育卫生学	比较体育		器材	
体育仿生学				

基础科学	
教育学 社会学 伦理学 史学 经济学 心理学 统计学 解剖学 生理学 生物学 数学 医学 物理学 遗传学 优生学 ……	

图6.3 体育学科体系的构成(三)

上述的三种体育科学体系的学科分类只是不同研究者从各自的角度对体育科学知识体系作相应的类别划分。所有的分类并非绝对,只是相对意义上便于研究者在全面把握体育科学综合性的同时能够较为准确地对学科类别、层次有所了解,继而能够更好地开展教学、科研等工作。人类社会科学发展的无限可能性让体育科学同样具备了无限可能,体育科学的知识体系虽不可说瞬息万变,但随着学科间交叉和融合频率的加剧,体育科学的前景也将无限广阔。

二、体育科学的特征

近年来体育学科的发展,特别是新学科的涌现并与体育融合,加之体育原有学科成熟后的分化,让体育科学体系变得纷繁复杂。但是,面对纷杂的外部环境,我们有必要从整体着眼,再从内部特征差异来清晰认识体育科学的个性特征。

》》》(一)体育科学整体的交叉性

于光远先生曾对人类科学进行分类(见图6.4),图中A 加 B 是自然科学研究领域,B 加 C 是社会科学研究领域,D 是哲学领域,E 是数学领域,B 是自然科学和社会科学的共同研究领域。体育科学以体育现象作为研究对象,这就决定了体育科学研究的复杂性质。因为,体育不只是人通过自身运动来获得机体健康的生物运动过程,它也是人类有别于其他生物从事相同身体练习举动的、具有人类特有

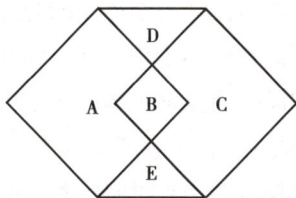

图 6.4　人类科学的分类

文化内涵的文化活动。可见,体育科学研究的对象具有自然和社会的二重性。

体育科学研究领域的所有学科基本都是体育科学与其他科学交叉产生而来。首先,这是体育科学的应用性质所决定的。体育科学体系中的学科有属于应用科学和技术科学层次的成分,如研究人体运动过程和运动技术问题必然需要人体解剖学、生理学、医学、力学、化学知识的帮助。而研究体育运动的社会过程、运行机制,就必须要有哲学、社会学、经济学、管理学知识的参与和应用。其次,体育科学成长于人类科学的交叉发展时期。现代科学的高度分化和综合在近几十年内尤其活跃,而体育作为一门新兴的年轻科学其理论的构建过程和实践的探究历程都少不了移植、借鉴、模仿和引入,因而体育与其他学科知识交叉广泛而频繁。

》》》(二)体育科学明确的实用性

体育科学是以自然科学、社会科学中许多学科为基础的综合科学,是自然科学知识、社会科学知识与体育运动相结合的产物。体育科学既要研究人体的身体运动过程,又要研究运动中的人与社会间的互动关系。体育科学的方方面面均来自人类的体育实践,以人类科学研究的成果为理论基础和实践基点;体育科学研究的成果又将服务于人的身体、心理健康与社会适应,在为个体的人奠定社会生存重要生物基础的同时,促进人类政治、经济和社会文化生活的总体良性运行。体育科学的每一次律动都充斥着实用的因子。

▶▶▶（三）体育科学知识的结构性

体育科学体系因融合了人文社会科学和自然科学两大门类的众多科学而呈现出二元结构特征。体育科学体系中科学性与阶级性并存,继承性与时代性共在,国际性与民族性同生。这些科学内容按照内在的秩序有机地构建起来,相互联系又相互作用,为最大程度地发挥体育的各项功能而服务。

▶▶▶（四）体育科学体系的开放性

所谓体育科学体系的开放性,一方面是指体育科学的每一具体学科系统都同周围环境及其他系统处于相互联系和相互作用的关系中,都可以从其他学科中获取丰富的营养。另一方面指的是整个体育科学的学科门类也是一个开放的系统,随着社会对体育的需求进一步多样化,必然会产生一些新的体育学科门类。只要人们对体育的认识没有完结,只要人类科学探索的历程没有穷尽,那么体育新学科的出现将不可避免。

第三节
体育科学研究简介

据《说文解字》:科,会意字,"从禾从斗,斗者量也";故"科学"一词乃取"测量之学问"之义。任何一门科学都有其严谨的研究方法体系用以论证其理论与实践的合理性,保证其科研的规范性。体育科学也不例外,体育科学研究有着自己的研究对象和任务,并要依据科学的研究方法,按照规范的操作程序来实施。

一、 体育科学研究概述

▶▶▶（一）科学研究

研究的英文拼写为"Research",意思是反复地探索和寻求。科学研究是人类能动地认识客观世界,探索客观真理的创造性劳动过程。它不仅要重复前人已经取得的成果,更要站在前人肩膀上,通过研究者的钻研与思辨,探究那些前人没能进入的领域或没能完全验证过的问题。正如英国哲学家弗兰西斯·培根（Froncis Bacon）所言:"科学的真正合法的目标,就是给人类生活提供新的发展和力量。"诚然,科学研究的根本任务就在于坚定不移地探索客观事物的本质,揭示其运行发展的内在规律,最终将规律运用到现实实践中来。

》》》（二）体育科学研究

体育科学是一门综合性学科,在其不断发展的过程中吸收了自然科学、人文科学和社会科学领域的大量知识和方法。体育科学的研究面相当宽泛,研究的问题也越来越深入。体育科学研究是指人们运用科学的研究理论和方法,探索体育现象的内在本质和规律,并将之应用于体育实践的创造性劳动过程。

》》》（三）体育科学研究的意义和任务

（1）体育科学研究是促进体育运动面向现代化和科学化发展的内在驱动力,是社会主义体育强国梦的根本需要。

（2）体育科学研究的结果为我国体育发展方针、政策的制定提供了决策参考和科学依据,是加强体育事业科学管理的前提。

（3）体育科学研究是提高体育科学理论水平的必要途径。

（4）体育科学研究有助于提高体育工作者的专业认知能力、科学素养和业务水平。

体育科学研究的任务在于探索未知体育领域的本质,揭示体育运动发展的客观规律,并利用这些规律为体育实践活动服务。具体说来体育科学研究的任务可归纳如下八项:

（1）掌握和运用新的科学理论指导体育实践活动,促进体育事业的发展。

（2）从宏观上研究体育运动产生和发展的过程与规律,探讨体育运动与社会协调发展的关系和规律。

（3）研究各种体育手段对人体健康的促进作用及机制,为增强全民族体质提供服务。

（4）研究提高竞技运动员竞技能力和竞技水平的途径与方法,提高运动训练、运动竞赛的科学化水平,为"夺标育人"提供服务。

（5）研究体育教育对儿童青少年实施素质教育的作用和意义,探索实施基础体育教育和专业体育教育的有效手段与方法。

（6）研究体育与社会经济发展间的关系、体育产业化运行的规律、体育市场营销原则等,增进体育资源的投入与产出。

（7）研究体育社会公共服务体系的价值和作用,为制定体育管理制度和方法服务。

（8）研究体育运动中不同行为主体的权利和义务,完善体育法规体系,保障不同人群的合法权益,促进体育法治化发展。

二、 体育科学研究的内容与特点

》》》（一）体育科学研究的内容

体育科学研究的内容非常宽泛,这是由体育科学体系的自身特征所决定的。目前,研究者往往会根据不同的角度对体育科研内容进行相关的分类,较常见的分类有以下四种。

1.基础理论学科

体育基础理论学科包括目前已经形成或正在形成的一些体育学科,例如:体育学、运动学、体育哲学、体育社会学、学校体育学、体育教育学、运动训练学、体育史学、体育法学、体育管理学、运动生理学、运动心理学、运动生物力学、运动生物化学、体育保健学、运动选材学、运动营养学、运动竞赛学、体育科研方法等。

2.运动技术学科

运动技术学科指体育运动项目的专项技术和专项理论,如奥运会竞赛项目的理论与技术实践就是体育科研的重要内容。

3.体育实践

体育科学是实践性非常强的知识体系,从体育方针与政策的制订、体育场馆和器材、运动竞赛设置与安排、国民体质测量与评价,到运动员兴奋剂检测、运动创伤治疗与康复、相关仪器和技术手段的运用无不突出实践特征,因而以体育实践作为研究内容不可或缺。

4.新兴学科和新兴科学技术

只要科技继续进步,人类对体育的认知继续深入,与体育有关的新兴学科就会不断出现。体育气象学、体育仿生学、体育遗传学、运动人体信息学,以及人工智能、系统工程、信息技术更新作用于体育后产生的种种新兴技术与学科门类都是体育科学需要关注的热点。

当然,体育科学研究的具体内容与体育科学体系的学科分类内容相类似,其具体划分没有所谓的定论,它只是在体育科研过程中便于我们选题和研究的常用手段。

》》》（二）体育科学研究的特点

1.研究内容的综合性

体育科学的综合性特征在前文已经有了论述,其研究对象涉及自然科学、社会科学和人文科学。随着现代科学技术的迅猛发展,各门类科学向体育科学的渗透和转移,使体育科学内部的新学科不断兴起。这些新学科广泛涉及科学研究的各个领域。此外,体育科学研究的对象,不但有人体本身,也有物体,如体育仪器设施等,还有人与物、个体的人与人类社会间的关系。这种综合性的特点对体育科研人员的知识结构、能力结构以及现代体育科学的组织管理工作提出了更高要求。同时，也只有进行多学科的综合研究，才更有利于揭示和探索体育实践中存在的问题。

2.研究方向的创新性

一切科学研究的目的都在于发现新事物，创造新知识，在继承前人成果的基础上进行创新或探索前人未能涉及的研究领域。每一次体育理论或是体育运动技术手段的创新都会给人类的体育活动带来许多新的惊喜。体育教学理论的创新会为学校体育研究领域带来更多突破，让体育教育在素质教育中找准自己的位置；训练理论、训练方法的创新，使竞技运动从不够完善到逐渐完善并向科学化的方向发展；大众休闲健身领域研究的创新则会为整个社会群体机体健康状况和生活幸福指数的提高贡献力量。体育科研要在理论的知识和方法上不断扩大、深化和发展，也要在技术手段运用和体育实践上提出新见解、得出新结论、发现新规律，推动体育科学向更好的方向发展。

3.研究成果的应用性

体育科学研究的最终目的在于发展体育运动，增强人民体质，促进运动技术水平的提高。其选题均直接来源于体育实践，特点是研究周期短，应用性强，无中间环节。研究对象与研究结果往往与体育教学手段和方法、运动训练手段和方法等的进度有关，并能在较短时间内直接或间接地促进运动技术水平或体育教学质量的提高。体育科学研究的应用性还表现在研究过程中往往要运用有关基础理论提供的科学依据和基本资料，来解决体育教学、运动训练和与运动技术水平有关的基本问题。以运动训练为例，在运动训练中能否将科学理论应用于运动实践、并促进运动员技术水平提高，取决于是否弄清或解决了以下问题：第一，所在项目运动员的生理、生化特征；第二，所在项目运动员在不同训练量、训练手段中的生理、生化特征；第三，运动员个人的生理、生化特征；第四，人体生长发育的基本规律；第五，能组合多种训练方法以达到训练的目的；第六，训练中善于扬长避短，克服不足；第七，确定监测、检查指标；第八，所在项目的技术形态要求，并能用生物力学要求加以解释；第九，预防运动性职业病的发生；第十，在大运动量负荷下的营养、保护和恢复措施；第十一，所在项目的国内外发展趋势。

4.研究对象的动态性

体育科学研究主要针对具体人——即"运动中的人"。因此，体育科学研究具有明显的对象化的特征。同时，"运动中的人"这个研究对象具有社会及自然（生物）双重性，对这一对象的研究也不同于医学对人的研究。后者对人的研究主要是在人体系统内外环境受到破坏的前提下进行的，而前者对人的研究是在运动中的状态和变化，这也就决定了体育科研的对象具有动态的特点。"运动中的人"具有极为鲜明的个体差异性，这表现在性别、年龄、遗传素质、健康状况、成长环境、生活经历、训练年限及水平、技战术风格、心理及智力特点、个性特征等方面。由于个体差异性的原因,体育科学研究往往难以进行重复试验。例如,同一项目里两个都达到世界先进水平的优秀运动员,由于个体差异性,甲的训练方法就未必适合乙。因此,必须根据不同的对象区别对待,因人而异地安排科学训练。

5.研究过程的复杂性

体育科学研究过程的复杂性表现在体育科研的对象是人,而且是运动过程中的人,这是非常难以把握的。研究对象的复杂性造成体育科研过程精确性与模糊性、确定性与随机性相结合。其中精确性主要指对研究对象必须进行精确的描述,要求观察、实验以及各种数据都必须精确,要求对研究对象进行定性分析,更重要的是要求定量化。然而,某些体育对象具有模糊性,难以用精确的方式表现出来。例如,对武术和体操等主观评分类项目的运动员某些技术动作的分析、评定就难以精确定量,只能对其加以模糊分析与评定。而体育现象中存在大量随机过程和必然过程,特别是某些运动员,在不同的比赛环境下会取得不同的成绩,其中一个重要因素就是确定性与随机性的作用。对这些因素的研究过程,也就必然具备了确定性与随机性相结合的特点。

三、 体育科学研究的过程

虽然体育科学研究的类型形式多样,研究时间长短不一,研究对象不尽相同,但是体育科研终归是一个有目的、有计划的科学探究过程,必须要遵循科学研究的规律并按照相关规定有序地、严谨地进行。了解并掌握体育科研的基本程序可以加强研究者对于科研工作的计划性和科学性,避免走不必要的弯路,最小程度地消耗精力和物力,从而更为顺利地接近研究目标,完成科研工作。

当前对于科学研究的过程阐释提法各异,程序划分也不一而足,但究其核心程序不外乎以下内容:科研准备、研究设计、调查与实验、形成研究成果。

》》(一) 科研准备

选择和确定研究课题是科研工作的首要环节。首先,要确定自己的研究方向。第一步要有目的地进一步了解这一研究方向上的学术进展情况。研究者需要通过各种手段查看与此选题方向相关的文献资料,关注在同一研究领域中出现过哪些类似的研究内容、前人的研究有哪些可取之处、前人的研究有没有缺憾或不足。这样既能避免重复选题、浪费学术精力,又可以发挥自己特长确保选题价值。其次,选择研究选题。研究者应当根据自己的专业知识能力范围、研究兴趣爱好,结合当前研究工作的热点,权衡把握后通过查阅相关文献资料或了解体育实践中的有关状况,提出具有一定研究意义、现实价值和可行性的研究选题。科研选题的过程也是培养研究者科研能力的重要方式之一,一个成功的选题往往使研究成功了一半。因而,好的选题在体育科学研究的目标、价值、可能性和工作量上要与研究者的理论素养、科研经验、自身能力和科技信息量等实际情况相匹配。虽然选题是科研过程中较为困难的一环，但科研选题也有其一定的步骤和方法，关键取决于研究者日常有意识的训练和钻研。

》》》（二）研究设计

1.提出研究假设

研究假说又称科学假设，是人们对将要进行研究的问题提出的预期结果和假定性设想及解释，是形成和建立科学理论的预制品。科学的假说不是胡乱的猜测或臆断，要以科学的事实为依据，并且经受实践检验真伪。科学假说一般经过以下三步：①发现新事实、新关系；②对新事实、新关系产生的原因及发展规律进行初步假定；③运用科学方法对所作的初步假定进一步实行逻辑推理或思辨论证。体育科学研究前的研究假设越明确清晰，研究取得突破的可能性越大。

2.确立研究方法

完成研究假设后要做的准备工作即选定验证假设的途径、手段或方式，我们将之称为确立研究方法。体育科学的研究方法种类繁多，在本章节中将有专门介绍。总体上我们常常将方法分为定性研究和定量研究。研究方法的选定要考虑到选题的特点、性质和研究对象、研究内容、研究条件的特征，恰当的研究方法可以确保材料的真实可靠和研究任务的顺利完成。

3.制定研究计划

研究计划是对选题结果作书面的正规表达，目的在于明确规定研究范围和目标，具体规划研究的整体进度，使研究者的研究实施过程有计划、有系统、有步骤，以保障研究任务顺利完成。研究计划是科研管理工作对课题实施全程管控的书面依据，一旦确立计划并受到多方论证认定，在实施过程中不得随意改动。

体育科研计划一般包括以下内容：①课题名称；②选择依据（国内外研究现状、选题的价值与意义）；③研究目标与主要内容；④研究对象与方法；⑤研究进程的安排；⑥研究所需的经费预算；⑦研究的预期结果和主要成果形式。

》》》（三）调查与实验

1.搜集材料

每一项成功的研究都是在大量相关研究资料支撑的基础上完成的。当做好了选题和研究设计工作之后，科学研究将步入调查与实验阶段。材料搜集的内容包括文献资料和经验事实两大类。前者是间接经验的表现，是对前人实践经验与规律性系统理论的再研习。后者直接来自社会实践过程，体育科研的实践性极强，研究需要大量新鲜、直接的研究材料。

无论是文献资料还是经验事实都需要研究者与研究对象作具体接触,要深入社会实践或亲自参与实践操作,以保证所获材料的真实性、有效性和可靠性。

2.材料的加工与整理

如果说材料搜集是一个粗加工过程,那么材料的加工与整理则是科研产品进入精细化操作的必备过程。大量庞杂的文献资料如调查问卷、访谈笔录、研究手稿以及其他如图像、音频等材料需要作甄别、筛选;经验实践中的实验结果需要转化成可以统计的数据并经过相关的方法做加工和处理。这一阶段是研究假设的后期阶段,是去伪存真、去粗取精的关键一步。材料加工和整理的水平往往决定最后科研成果的创造性、可靠性和影响力。

》》(四)形成研究成果

当研究者按照上述步骤完成各阶段的工作之后,形成研究成果将是水到渠成的。体育科研的主要研究成果表现形式有科研论文、科研报告、调查报告、学术专著等。研究者依据研究材料的加工和整理,最终获得了相关的观点和结论。如果原有假设经验证可以成立,则原来假说中的"假定"成分可以去除,再将研究过程用文字、图表或数据等形式加以描述、解释和判定,就形成了真正、可靠的科学理论与结论。研究成果将会向社会推介,接受相关人员或部门的审查和评价,并最终应用于体育实践之中。

但如果研究者经过前期的工作,发现所得结论、观点与原来的研究假设不相符或完全相反时,这表明课题研究成果并未达到预期。严谨的做法是重新审视原来假设的科学性与合理性,并对原有的研究过程作仔细的审查和反思,找出其中的失误或漏洞,以尽力弥补。一般而言,未取得成功的研究不必形成研究成果,但如果能形成有关的书面总结将会对自己或他人提供有益的教训与参考。

四、 体育科研方法简介

》》(一)体育科学研究方法的概念

"方法"指的是人们在某一活动领域内从实践或理论上把握现实,为达到某种目的而采用的途径、手段、工具和方式的总和。科学研究方法在狭义上指人们在某一科研活动中所采用的具体方式。广义的科学研究方法则是指人们为了正确认识和揭示自然、社会和思维发展的客观规律而采取的途径、手段、工具和方式的总称。

体育科学自有一套完整、有序的知识体系,其中的本质和规律需要人们去寻找和探索。我们把人们从理论和实践上,为科学地认识和揭示体育运动现象理论和实践的规律而采用的途径、手段、工具和方式的总称命名为体育科学方法。科学研究的方法论是以辩证唯物主义认识论为指导,以科学研究方法为基本内容的系统理论。

》》(二)体育科学研究方法论

1.科学研究方法论概述

方法论是一种以解决问题为目标的体系或系统,通常涉及对问题阶段、任务、工具、方法技巧的论述。方法论会对一系列具体的方法进行分析研究、系统总结并最终提出较为一般性的原则。

对科学研究方法的研究也是科学研究的重要内容。各种具体的科研方法必须要有正确的方法论为指导才能保证科学研究工作的顺利进行。

2.体育科学研究方法的哲学基础

从方法论的角度,马克思的辩证唯物主义和历史唯物主义具有哲学方法论和具体研究方法论两层含义。在哲学层次上,强调知识源于实践,强调经验事实先于理论,主张以人的活动作为哲学思考的重心,强调以动态发展的观点分析自然界、社会和思维。在研究方法层面上,强调研究过程的实践性与经验性相结合,用系统和完整的观点考察社会现象。从马克思主义哲学方法论出发,体育科学研究要坚持实事求是,运用辩证法和系统论的观点研究体育现象,要坚持科学研究成果服务于人民大众。

3.体育科学研究方法的逻辑学基础

逻辑学是关于思维的规律、形式和方法的科学。科学研究中的逻辑方法是指认识客观现实,处理思维材料的一些特定的门路、程序和规则,包括科学解释、科学预测、探求因果联系,以及建立科学假设的方法等。体育科学研究的理论应用过程和理论构成过程都必然要有逻辑学的参与,以保障体育科学研究过程逻辑的一致性和严密性,从而得出可信的、有效的、实用的研究成果。

4.具体的体育科学研究方法

科学研究的具体方法种类很多,我们往往将之分为两类:一是资料收集方法,包括文献法、问卷法、访谈法、观察法、量表法与测验法、实验法等;二是资料分析方法,包括统计分析法、数理分析与模拟法、比较法、构造类型法、理论分析法等。本节将有对五种常用的具体研究方法作简要介绍。

》》(三)体育科学研究方法简介

1.文献法

文献法又称文献资料法,它不仅是一种资料收集方法,更是包括资料收集和分析在内的一种综合研究方法。凡将人类知识以文字、图形、符号、声频、视频等技术手段记录在一定物质形态上,进行交流传播的一切出版物或物质形态的载体都被称为文献。体育文献则是指文献内容涉及体育科学知识范畴的部分。

文献法是任何一项体育科研都逃脱不开的研究方式。其作用主要体现在以下四个方面:①有益于全面了解以往的研究成果。充分查阅文献可以认清前人的研究成果,保证科学研究的连续性与继承性,避免研究的盲目性和不必要的重复。②有利于为体育科研提供科学的理论与实践的依据。在了解已有研究的方法和观点的基础上,甄别前人成果的优缺点,便于后来者发现新的研究视角、研究手段。③有助于掌控研究对象的社会历史背景。通过收集研究对象的社会、历史、经济、文化等各方面的文献能够获取大量有价值的信息,对自我研究过程的设计具有重要意义。④有利于开拓思维。文献资料查找和收集的过程是科研工作能力培育的重要环节,它有助于培养研究者对资料信息的敏感性,利于触发研究者的研究灵感。

文献法的优点在于以下三个方面:①经济性。可以在消耗较少人力、物力的同时获得较大的信息量;②简捷性。随着计算机和网络技术的普及,文献资料的检索和收集都非常便捷,运用好文献法可以极大提高研究的效率。③适用性。文献法既能完成同类事件的纵向研究,又可作相关的横向比较研究,受研究条件的限制较少。

文献法的缺点在于以下三个方面:①文献法在文献选择上常常会出现不客观、不全面、不系统的弊端,影响研究的可信度。②研究者的态度可能造成文献检索时的不完善、不科学,导致研究结果不能体现应用的价值。③文献资料因各自研究目的、手段、标准的不统一,易造成研究难以采用统计学方法进行处理,限制了其研究内容的选择。

文献阅读和搜集的要求有以下三点:①精读与略读相结合。与研究课题相关的重要专著、论文及其中的重要内容、观点、原理与结论,需进行精细、精心的阅读,并同时做好各类读书笔记,这是研究课题获取主要参考材料的途径。而与研究课题联系不多的文献资料,则只需粗略阅读、浏览即可,或了解一般情况,或启发思路,或从中搜集个别例证与数据材料。如果一篇论文篇幅很长,也可将精读与略读结合。②阅读与理解、记忆相结合。在阅读原始文献时,既要力求弄清原文的要点、实质、特点与成果价值,又要带着自己研究的问题去积极思考、对比联想、启发思路,激发智慧火花,就可能在阅读过程中产生一些清晰的观点、构想,为研究课题提供有创意的假说,或修正事先提出的某种假说、研究方案与方法手段。同时,阅读文献阶段的深刻理解与记忆,还有助于以后对文献资料的加工和撰写论文的分析运用。③掌握阅读科技文献的一般程序。对学术专著、教材或学术论文资料,可首先从内容简介、序言或论文摘要开始阅读,初步了解其内容概要与结构轮廓,然后决定是否再读或精读与略读。如需再读原文,可先精读论文结论、重点章节与研究方法这些部分,然后根据情况再读全文或部分内容。

2.调查法

调查法是指为了达到研究设想的目的,制定某一计划全面或比较全面地收集研究对象的某一方面情况的各种材料,并作出分析、综合,得到某一结论的研究方法。调查法的目的可以是全面把握当前的状况,也可以是为了揭示存在的问题,弄清前因后果,为进一步的研究或决策提供观点和论据。

调查法在体育科研中具有相当多的优点:①可以基本上不受时间和空间的条件限制而间接地研究某一问题。在体育科研实践中,往往不可能直接观察到全部现象,也不可能全都用实验法进行研究。如群众参与体育活动的动机、学校体育对于学生个性成长的影响等。但采用调查法,可以通过间接地掌握实际情况(或材料)去研究和解决这些问题。②经济省时。可以通过多种手段收集材料。采用调查法,收集资料的手段多、速度快,涉及人数和问题的范围广。它可以通过访问、座谈、问卷、测验等多种手段向熟悉研究对象的第三者或当事人了解情况,也可以通过测验、收集书面材料等途径了解情况、掌握现状。③简便易行。调查法是在自然状态中进行的,它主要通过考察现状收集资料进行研究,而不是像实验法那样通过控制实验因素的方法进行研究,所以调查法比较简便易行。④可以对客观的现象(或现实)进行描述和解释。某些现象是无所不有、复杂多变的,要研究它,就得进行调查研究,变复杂为有序、变模糊为清晰,在头脑里形成一个整体概况,以便进行正确的评价与判断。

调查法也存在一些缺点:①调查法只能揭示事物之间的某种关联,却不能可靠地揭示事物间的因果关系;②被调查对象由于种种原因可能对问题作出虚假或错误的回答。

常用的调查法有三种:①访问调查法,它是指研究者与被访问者之间面对面的接触,通过有目的的谈话寻求研究资料的方法。访问调查法的一般方式有面谈、座谈、电话访谈;主要步骤为取样、制定访谈提纲、进行访问、记录和整理。②问卷调查法,它是一种书面形式的谈话调查,以卷面形式提出若干固定问题来询问被调查对象,然后对所得材料进行分析并得出结论的方法。问卷的内容设计可分自由式问题和封闭式问题;问卷调查法常用的四种形式是选择法、是否法、计分法、等级排列法。基本步骤为:根据调查主题确定问卷类型;围绕研究目的设计问卷;问卷的信效度检验;发放和回收问卷;统计问卷结果,分析调查数据;撰写调查报告。③专家意见法,又称特尔菲法,是调查者(或调查机构)采用背对背的通信方式征询专家小组成员的预测意见,经过几轮征询,请专家分别对事物进行评估、判断分析,以期最后获得一致意见的调查方法。专家意见法的主要程序为:制定含义十分明确的调查提纲,确定专家人选和名单;将调查提纲分发给选定的专家,请他们用书面形式回答;专家要求背靠背、互不通气地独立回答某些问题;回收专家答案,由调查者进行定量分析,统计结果,再次制定调查表;将统计归纳的调查表再反馈给专家们供其思考,专家可以改变自己的意见,再将意见以书面形式反馈给调查者。一般经过 3~4 轮的反馈,此时意见往往比较集中,最后通过数学处理后得出结果。

3.实验法

实验法是根据研究目的和任务,利用科学仪器、设备,人为地控制或模拟研究对象,排除干扰,突出主要因素,以便在最有利的条件下对其进行观察,研究其规律的一种方法。科学实验有三个要素:受试对象、处理因素、实验效应。

实验法作为体育科学研究的常用方法,具备以下三个特点:①实验能简化和纯化研究对象与现象。实验可以控制研究对象及其周围环境,从复杂的条件及影响因素中找出主要的、关键的因素,排除与研究目的无关的偶然因素和次要因素的干扰,经过简化或纯化帮助我们找出最主要的规律,揭示事物的本质。②实验能强化和深化研究对象与环境。实验中,人们可以借助各种仪器设备,制造出自然状态下难以出现或不能出现的环境和特殊条件,以达到研究的目的。③实验可以再现和缩小研究过程。在学校体育领域中,有许多现象发生的过程十分短暂,瞬间即逝,不易观察。运用实验法不仅可以严格控制实验条件,再现研究过程,而且实验规模和范围要比客观实际小得多。在体育教学实验中大都是以小规模的实验群体(或少因素)进行的,通过反复实验,最后对施加因素做出客观判断,从而排除偶然的结果。

实验法在现代科技发展背景下种类逐渐增多,实验手段也日益丰富,常用的实验类型有以下四种:①定性实验法,它是确定研究对象是否具有这种或那种因素或特征,以及它们之间是否具有关系等,对研究对象的性质作出回答的方法;②定量实验法,对研究对象的特征按某种标准作量的比较的实验,以测定研究对象的数值,用以揭示某些因素间的数量关系的实验方法;③对照实验法,是通过比较来研究、揭示实验对象的某种特性的研究方法。具体做法是将对象分为两个或两个以上的相似群体,通过一定实验步骤,在对照中判定实验组是否具有某种性质或受某种因素影响;④模拟实验法,它是指在科学实验中,有时受客观条件的限制,无法对某些对象进行直接实验,而人为设定环境以寻求间接实验的方法。

实验法的一般逻辑原理是:先测量在没有受到 A 影响之前 B 的情况,即前测;然后施加实验刺激 A 并保持其他条件完全相同,再对受 A 影响后的 B 进行测量,即后测;最后比较两次测量结果的差异性来判定 A 和 B 间是否存在因果关系。

实验法有以下三个基本程序:①实验准备阶段,包括确定研究课题、根据课题确立基本假设并制定实验设计、根据研究变量引入具体的实验刺激、完善对因变量的测量方法以提高信效度、进行实验刺激和因变量的预实验。②实施阶段,包括选择合适的实验对象、随机原则下组合实验对象并对其进行实验必要的指导、对因变量进行前测、进行实验刺激、进行实验后测、向实验对象说明实验的真实目的和原因并询问他们的实际感受。③资料处理阶段,包括收集实验资料进行分析、通过统计方法对研究假设进行检验、提出理论解释和推论。

4.观察法

观察法是指在自然条件下,通过人的感官或辅助工具,根据一定的目的和计划,对研究对象进行主动、系统、细致的考察,以收集资料并运用相关方法加以整理、综合,分析出事物运动客观规律的研究方法。科学的观察具有目的性和计划性、系统性和可重复性。使用观察法可以扩大人们的感性认识,启发人们的思维,引导出新的发现。

观察法具有以下三个特点:①观察是在事物自然发生重复出现的情况下进行的。在观察过程中,研究者对观察对象不施加干扰,在控制条件下进行观察。②观察是一种具有能动性的感性的认识活动。观察是通过人的感官以及仪器去直接认识观察对象的活动,它能记录、报告、思考观察的事实。但观察不是被动和反射式的活动,在观察的过程中,必须要伴随着能动的理性思维活动,得到的研究结果才能为后来的研究提供有效的经验事实材料。③观察不是一种盲目的搜索或简单反应的运动,具有明确的目的性和计划性。因此,需要根据研究课题,预先确定观察的对象、任务、角度、范围、步骤以及要求等,才能完成科学观察的任务。

体育科学研究中观察法的运用较为频繁,观察的方式也多种多样。常用的观察法有以下四种:①直接观察法,是指研究者通过自己的感官对研究对象或事物直接进行感知和描述的方法;②间接观察法,它是研究者借助辅助仪器或别人的直接观察取得材料,对研究对象进行间接观察分析的方法;③定性观察法,即通过观察来确定研究对象性质、特征及其与其他现象有何联系的方法;④定量观察法,它是指在定性观察的基础上进一步深入,以确定研究对象数量、强度、经历、时间、空间等变化的观察方法。

观察法一般有以下五个步骤:①制定观察计划阶段,包括明确观察的目的和任务、选定观察对象和观察时间、确立观察内容和方法、选择客观合理且具有可能性的观察指标、确定观察方法及具体要求。②做好观察前的准备阶段,包括取得相关单位的支持和配合、了解观察对象的一般情况、制订观察记录表格、做好观察前的动员、备好观察使用的材料和仪器。③进行观察阶段,包括严格按拟订计划开展工作并做到必要时随机应变,灵活确定观察位置角度且善于及时捕捉观察时机,观察者在注意力集中于预定指标的同时要留意对某些例外、偶然和特殊现象与事件的把握,充分利用和发挥观察仪器的作用以弥补肉眼观察的不足,面对复杂的研究任务应采用研究人员分组观察的方式。④观察记录,要求不依赖记忆、尽可能节省书写时间、记录要清楚且易读易用、不同的观察任务和内容要分类记录、借助仪器记录。⑤整理观察材料,每次观察统计后都应及时整理资料,以免出现遗漏、积累难题;观察结束后应分类填写总表,及时统计,以便撰写论文时采用。

5.测量法

所谓测量就是对所确定的研究内容或调查指标进行有效的观测与度量,在广义上是指按照一定的法则给事物增派数字的过程,在狭义上是指借助一定的工具或手段并依照一定的法则,直接或间接地给事物的某种属性赋予数值的过程。在体育科研中,从方法学的角度来看无论是收集资料、进行研究设计,还是进行实验和评价,都需要以测量作为基础。

测量法的作用表现在以下三个方面:①利于获取大量原始资料。采用测量法所搜集到的数据资料具有较高的准确性,为进一步研究课题提供了第一手原始资料。②为定量分析奠定研究基础。由定性描述到定量分析是学科发展成熟的重要标志,体育运动现象的数量变化离不开测量法的参与。③是检验科学假说和理论的基本形式。科学测量所得的数据是科学实践的形式之一,以此验证科学假说和理论具有极大的说服力。

测量法按不同的角度有不同的分类方法,一般以测量内容为准可将之划分为物理量测量和非物理量测量。体育测量中对象的身高、体重、力量、速度等,以及具有时间、距离、重量等特征的测量都属于物理量测量;对于技战术水平、心理特征、疲劳程度、认识状况的测量属于非物理量测量。按测量的形式可以将测量法分为直接测量和间接测量。前者主要针对如长度、时间、重量等物理量测量形式,后者主要针对诸如运动员心理特征、疲劳程度等非物理量测量形式。按测量水平还可划分为类别测量、等级测量、等距测量和比率测量等类型。

测量法的使用有严格的要求:①针对性。测量的针对性是根据研究问题中各因素的某一特征,有目的、有计划地直接或间接的度量。②测量与评价的一致性。测量与评价是两个相互依存的概念。测量的目的在于搜集所需的信息资料。测量是评价的前提,评价能否达到预期目的,直接取决于搜集的信息资料的可靠性和有效性。③可靠性。测量的可靠性又称信度,它是指在同等条件下对同一受试对象进行重复测量时,其结果的一致程度。任何测量在实测中都会受到一些偶然因素的影响,使测量结果存在一定的偶然误差(随机误差)。测量应尽量减小误差以提高测量的可靠性。④有效性。测量的有效性又称效度,它是指测量所反映的被测特性的准确程度。通过测量能否准确地反映被测特性而实现其目的,取决于测量工具和条件误差(系统误差)所占比重的大小。⑤客观性。测量的客观性是指不同测试人员对同一批受试者实施同一测量手段,测量和评价结果的一致程度。测量要做到程序规范、指标统一、条件控制严格,以保障测量结果的客观。⑥标准化。测量的标准化是测量结果客观性、可靠性、有效性的根本。它包括测量方法及测量指标的规范化,测量仪器的性能及使用方法的稳定性,测量过程的程序化,测量者预先统一的内容、方法标准及要求等整个测量系统的标准化。

第四节
体育科研的现状和发展趋势

在各国体育事业发展过程中,人们都已感受到体育科学研究的重要性,可以说体育事业的进步必须依靠科学技术的进步,体育科学研究则是科学技术作用于体育事业发展的必要手段。在全世界范围内,体育科学研究都在追寻着一定的热点,为各自的体育发展目标而努力。今后,体育科学研究仍然是体育事业发展的重要基石,并会按照一定的趋势继续向前推进。

一、 体育科学研究现状

》》》（一）体育科研规模扩大化

近年来，人类科学技术一直处于飞速发展阶段，人类知识更新的速度超过以往任何时代，人类对体育的认知追求从没放松过。世界整体经济水平的提高，使许多发达国家和发展中国家的人们获得了大量的余暇时间，体育成为人们追求健康生活的必备生活方式。奥林匹克运动强大的影响力，让体育在世界的每个角落都散发着惊人的能量。因而世界许多国家和地区都有大批专职或兼职的人员对体育科研投入大量关注。世界舞台上的体育强国和体育大国大多都建立了专门的国家级体育科研中心，投入专门的资金从事与体育相关的科学研究。

在我国，体育科研发展也非常迅速。1980 年中国体育科学学会召开的第一届全国体育科学学术报告会共征集论文 621 篇，实际选入论文 280 篇。1987 年 12 月召开了第二届全国体育科学学术报告会，征集论文 1 082 篇，实际选入论文 412 篇。10 年之后的 1997 年 11 月，在北京召开的第五届全国体育科学大会，征集论文 2 044 篇，实际选入论文 1 019 篇。而在 2015 年 11 月杭州举办的第十届体育科学大会，共征集论文 7 628 篇，实际选入论文 3 523 篇。2022 年 3 月在山东省日照市举行了主题是"科技赋能体育·创新驱动融合"的第十二届体育科学大会，大会同期还举办了以"科技创新助力体育强国建设"为主题的第二届全国体育科技创新大赛。本次大会设立约 80 场专题报告会，涵盖体育学科全领域，同时也高度关联了医学、健康、旅游、信息等领域，还设立了国际学术论坛，采取线上+线下结合的方式进行。本次大会共征集论文 16 776 篇，经过资格审查、重复率筛查和专家评审等程序，录用论文 7 727 篇，其中专题口头报告 3 238 篇，墙报交流 4 489 篇。本次大会录用的论文数量已经超过第十届体育科学大会的论文征集数量，体育科学研究规模的扩大可见一斑。我国国家哲学社会科学研究基金和自然科学研究基金也设立了体育学专项，仅国家社科基金立项体育学项目就从 1997 年的 20 项增加到近年来的近 200 项。2022 年国家社科基金年度项目和青年项目立项名单公示显示，体育学共立项 169 项，其中重点项目 10 项，一般项目 121 项，青年项目 18 项，西部项目 20 项。各省市和多个部门也有专门基金支持体育科学研究，各级各类的体育科研单位和高校等部门中集聚了一批专职或非专职的体育科研专家与学者，形成了投入大、范围广、人员多、成果丰富的科研局面。

》》》（二）体育科研内容综合化

如今，体育科研多学科统合研究的现状已经十分明显，体育学科交叉性和综合性的特点在当前科研中一览无遗。据学者统计，仅提高运动员运动成绩的研究就包括了体质、素质、机能、心理、技术、战术、智力及多种社会因素,这一现象的研究涉及人体形态学、遗传学、解剖学、组织学、生理学、生物化学、营养学、医学、心理学、教育学、管理学、信息学等众多学科,其影响因素竟达到150多种。关于运动损伤的研究往往会有体育社会学、运动生物力学、运动医学和运动生理学四个学科板块的参与。国外竞技体育研究热点之一的运动心理研究,光从研究的理论依据来看,就有竞赛状态焦虑理论、成就目标理论、心理应激理论和自我决定理论四个理论的综合介入。

当前,无论是学校体育、竞技体育还是休闲健身体育的研究,其内容都不可避免地出现综合化的趋势。边缘学科的不断产生、新运动技术的层出不穷、跨学科研究的数量增加,使体育科研内容越来越丰富。当然,这对于体育科研本身来说是一件好事。因为,只有从多学科的角度进行综合的考察和研究,才能找出其发展的规律,求得更加有效的整体解决问题的方法。

》》(三)体育科研方法多样化

现代体育现象的复杂化和体育学科发展的综合化加大了体育科研的难度。在体育研究领域,社会科学和自然科学相互渗透的现象相当频繁和复杂。然而,正如20世纪控制论、系统论、信息论和继之出现的模糊论、耗散论、协调论、突变论等系统方法理论曾引起科学研究界方法的再发展相类似,当今计算机网络、多媒体技术、基因重组和表达等新技术手段的投入和大量精密、先进仪器的使用,也让体育科学研究的方法呈现出多样化趋向。定量研究和定性研究的互补运用在当前的体育科研成果中已屡见不鲜。另外,随着体育科研国际交流的增多,各国之间在体育科研方法上也不断相互学习和借鉴。

现阶段,我国体育科研界对国外研究方法的本土移植也逐渐成为风尚。例如,在近年来一些具有代表性的体育人类学研究成果中,针对一些具有特定地域性、民族性的体育文化现象,研究者既运用了体质人类学中的测量法、实验法等定量研究方法,又采取了文化人类学常用的田野调查法、访谈法等质性研究方法。单一的科研方法显然已经难以适应体育科学研究的现实,只有不断地创新研究方法并熟练地根据研究对象的变化来运用科研方法才能取得理想的研究成果。

》》(四)体育科研成果实用化

体育科学具有的实践性特征让体育科研与社会实践间始终保持着很近的距离。在以现代奥运为代表的竞技体育推动下,半个世纪以来,许多国家和地区在竞技体育领域投入大量人力、财力和物力,把重点集中于运动项目规律研究、优秀运动员个体特征研究、青少年运动员选拔与培养、运动员伤病防治等若干制约竞技体育发展而又亟待解决的重要科技问题,使人类的竞技水平一直朝着更高、更快、更强的目标迈进。在学校体育领域,体育课程与体育教学居于中心地位,体育学科体系及分类、体育教师专业化发展受到高度关注,体质健康是持续受到重视的热点话题。现代体育科研对大众体育的关心程度得到提高,运动处方、健身理念、促进大众群体健康的技术和手段被提出并实际运用。在当前,体育科研成果转化和应用的速度大大加快,体育科研的成果与人的健康和社会生活间的关系更为密切。

我国体育科研在注重基础研究的同时也越来越重视科研成果的实用性。21世纪以来我国在竞技体育上取得的辉煌战绩显然有体育科研成果的贡献;近年我国学校体育研究的广度与深度不断拓展,科研重心倾向于对青少年体质健康水平的提高;公共体育服务、社会健身指导和体育产业发展等方面的研究与社会发展现实紧密相关。

二、 体育科学研究的未来趋势

》》》(一)尖端科技引领体育科研新动态

现代科技的发展速度超乎想象,尖端科技手段将引领体育科学研究的未来发展方向。计算机网络和信息技术的飞速更新使体育科研中的观察、测量和资料处理的便捷程度与往日不可比拟;大数据时代的来临给体育科研发展带来了新的契机和挑战。生物技术的进步,特别是基因科技的诞生为今后体育科研的革命奠定了一条具有可能性的道路。材料科学的研究成果涉及运动员的服装、鞋帽、比赛器械、场地和场馆,成为体育科研的另一热点。可以说,谁掌握了尖端科技并将之应用在体育领域,谁就在体育科学研究中占得了必然的先机。

》》》(二)体育科研更加注重"以人为本"

现代科学只关心技术的应用而不注重事物人文意义的弊端已经遭到了反对。人文体育观念强调在体育活动中的人,需要尊重科学,但不能陷于科学主义;需要理性,但不能为理性主义所支配;强调体育的"科学性",但当体育走向"唯科学"时,应强调体育学更接近人文学科。体育科研也不例外。在竞技体育方面,体育科研除了着眼于竞技成绩的提高,更要关注运动员的身心健康。体育科研要关注不同群体的体育需求和体育权益保障,比如大众健康领域的公共服务体系的构建,竞技运动员的权益保障和反兴奋研究的深入,对提高学生群体体质健康的持续关注,体育产业经济与社会发展的关系等与"人"息息相关的研究将备受瞩目。体育科研"以人为本",更为人类社会发展作贡献,正是体育科学实用价值的最好体现。

》》》(三)体育信息传递和学术交流更为广泛

信息技术引领的信息时代到来后,知识爆炸让人类知识传递和更新的速度变得惊人,从事知识创造、加工和传播工作的人口数量激增。每年全世界出版的体育报纸杂志和体育科研文献数以万计、汗牛充栋。体育文献资料电子数据库的构建,让许多研究者足不出户便可尽览最新的体育科研成果。计算机网络技术的普及让体育信息的互动、传播和交流更为便利。与此同时,交通工具和通信手段的发达让地区甚至国际间的体育学术交流更加频繁。许多国家和地区都会有不同层次和类型的体育学术交流活动,全世界每四年会举办一次国际奥林匹克体育科学大会。各种见解和主张能够在相应的平台得到发表,通过交流增进了研究者在体育科学上的沟通和了解,对体育科学的整体发展起到了巨大的推动作用。随着时代的发展和科技的进步,体育信息传递和体育学术交流将会更为广泛,并将促进体育科学研究的总体前进。

学者争鸣 》》》

我国学者对于体育科学研究复杂性和综合性的探讨

马卫平教授在《复杂性思维视野中的体育研究——对我国体育研究中的思维方式之反思》一文中,用复杂性的思维审视了我国当代体育研究中的经典命题,发现许多经典命题存在一定的局限性和困境。体育复杂系统的多层面性,决定了单一运用某一种方法的体育研究是非常有局限性的。从总体上看,我国体育理论研究大部分依然停留在还原论层面,着重于因素列举和因素分析,忽视体育外部多因素的交互作用、相互锁定、动态转换、共同生成,没有把体育作为一个复杂的活动整体去认识和研究。这种研究体现出来的思维方式的明显缺陷就在于把复杂的体育系统的多维时空特征简约化为单维判断,忽略了复杂系统的若干重要特征和特征变量,完全排除了随机因素、次要因素和非本质因素对体育系统的影响,从而导致了体育理论与复杂的体育现象的分离。复杂性思维视野下的体育研究强调在研究方法上做到定性判断与定量计算相结合,微观分析与宏观分析相结合,科学推理与哲学思辨相结合。总而言之,由于体育系统的内在复杂性,研究体育复杂系统的方法也必然走向综合化。[1]

王婷婷等在《论体育科学研究中的整体性思维》中指出,随着体育学科与其他学科的交叉研究日益频繁,体育科学研究的问题已呈现出网状、多层次、复杂的结构特征。针对当下体育学科在教育、经济、文化等领域作用日益凸显的趋势,无论从内部环境还是从外部环境来看,各要素间的跨界整合都是当下的主流趋势,这唤起了研究中整体性思维方法的迸发。整体性思维对提高体育科学研究质量,推进研究选题的创新有着重要的推动作用。[2]

---

[1] 马卫平.复杂性思维视野中的体育研究——对我国体育研究中的思维方式之反思[J].体育科学,2007(01):76-84.
[2] 王婷婷,吴松诺,颜海波.论体育科学研究中的整体性思维[J].武汉体育学院学报,2019,53(09):35-40.

体育学科的划分及研究范畴

国内的学科划分一般如下：体育人文社会学，运动人体科学，体育教育训练学，民族传统体育。其中体育教育训练学和民族传统体育是比较典型的"体育生专业"，这类专业主要招收的是高考通过体育统考或者单招入学的学生。其中体育教育训练学主要研究体育教学过程以及运动训练过程中出现的问题。比如哪种训练方法能够让运动员提高更快。这些方法的产生背后都是有着相关的科学依据的，而这就是体育科学的意义。民族传统体育则更多地专注于与传统武术相关的各种问题，这都是比较字面通俗的解释。运动人体科学以及体育人文社会学则是文化课考生通过普通高考入学，进而选择的体育相关学科。前者主要研究的是运动过程中，人体变化规律的学科。比如说哪种运动减脂效果最好？运动员大赛前要如何安排训练量等。体育人文社会学则比较宽泛，从体育新闻和体育相关政策，到体育组织的发展以及体育文化方面的诸多问题都属于此领域。

国外对体育科学的划分比较丰富。比如说 sports psychology，sports sociology，sports coaching，physical education 等。以上几种如果对应国内的学科，在大类上都可以划分到体育人文社会学中，但如果进一步归纳，后两者又可能比较接近体育教育训练学。除此以外，比如说 strength and conditioning，sports nutrition，sports physiology 以及 sports management 等，这些在国内都可以寻找到与之类似的学科划分。

体育科学有着极强交叉学科属性，因而在研究方法上涵盖了 quantitative research 和 qualitative research 两种研究范式。当然 mixed-methods research 也不在少数。一般越是和运动训练紧密相关的，就越倾向于 quantitative research 这种研究范式，也就是所谓的自然科学。而定性研究这种被社会科学所主要采用的研究范式在国内的体育学科中却并不占据主导地位，或者说缺少相对严格的研究规范。当然这并不仅限于体育科学一个学科。

本章从阐释体育科学的概念入手，介绍了体育科学从古代萌芽到近代形成的历史进程和当前的发展概况，分析了体育科学的学科体系构成及其表现出的总体特征。随后，讨论了体育科学研究的对象、主要内容和特点，概述了体育科学研究的四个基本过程，并就体育科研的主要方法论和几种常用的具体科研方法作了探讨。最后，分析了当前体育科学研究表现出的规模扩大化、内容综合化、方法多样化、成果实用化的现状和其未来发展趋势。

思考题项)))

1.简述我国体育科学形成和发展的历程。

2.体育科学研究的基本过程有哪些?

3.谈谈在体育科研中如何使用文献法?

推荐阅读)))

李元伟.科技与体育——关于新世纪体育科学技术发展问题[J].中国体育科技,2002.

参考文献)))

[1] 董宝林,朱乐青,蔡玉军.国外竞技体育研究时空特征、演进及热点探骊[J].成都体育学院学报,2013(11):34-38,42.

[2] 马卫平,夏漫辉.我国体育人文社会学研究中的几个热点问题述略——基于国家社会科学基金体育学立项课题的分析[J].体育科学,2015(2):3-13.

[3] 张力为,彭凡.体育科学如何应对可重复性危机?[J].体育学研究,2021,35(6):1-11.

[4] 张力为,孙国晓.体育科学实证研究的逻辑流与证据链[J].体育科学,2017,37(4).3-10,28.

[5] 李博,任晨儿,刘阳.辨证与厘清:体育科学研究中"德尔菲法"应用存在的问题及程序规范[J].体育科学,2021,41(1):89-97.

[6] 柯友枝,孙建刚,张业安,等.问卷是否可信:基于体育核心期刊论文(2010-2018年)的系统分析[J].体育科学,2020,40(2):90-97.

[7] 张力为,张凯.体育科学研究方法向何处去?十个趋向与三个问题[J].体育与科学,2013,34(6):6-16.

[8] 张连成,张力为.系列研究在体育科学研究中的价值及设计思路[J].体育科学,2019,39(5):88-95.

资源链接)))

[1] https://www.ciss.cn(国家体育总局体育科学研究所)

[2] http://www.nopss.gov.cn(全国哲学社会科学工作办公室)

[3] https://www.nsfc.gov.cn(国家自然科学基金委员会)

[4] https://higher.smartedu.cn(国家高等教育智慧教育平台华南师范大学《体育概论》在线课程)

第七章

体育文化

思政要点

贯彻二十大新发展理念，领悟人类命运共同体真谛；"坚定中国特色社会主义道路自信、理论自信、制度自信、文化自信"；"提高国家文化软实力，要努力展示中华文化独特魅力"；坚守中华体育文化立场，提炼展示中华文明的精神标识和文化精髓，加快构建中国体育话语权与叙事体系。

教学导论

体育文化是广义文化的一个组成部分，它综合各种利用身体锻炼来提高人的生物学和精神潜力的范畴、规律、制度和物质设施。体育文化是指人类所创造的体育物质财富、体育制度财富及体育精神财富的总和。换言之，只要是人类所创造的体育现象即体育文化。通过本章的学习，了解文化与体育文化的概念及构成，体育文化的特性，中国体育文化的传统特质与当代发展，以及体育文化产业的内涵、构成与发展思路。

学习目标

1.了解文化与体育文化的概念、构成以及体育文化的特性。

2.了解中国体育文化的传统特质与当代发展方向。

3.了解体育文化产业的内涵、构成与发展思路。

学习地图

```
                        ┌─────────────────┐      ┌──────────────────────┐
                        │ 体育文化的一般概述 │ ⇨  │ 文化的概念与构成        │
                        └─────────────────┘      │ 体育文化的特性          │
                                                 └──────────────────────┘

┌────────┐              ┌─────────────────┐      ┌──────────────────────┐
│ 体育文化 │───────────│ 中国体育文化的传统 │ ⇨  │ 中国体育文化的传统特质   │
└────────┘              │ 特质与当代发展    │      │ 中国体育文化的当代发展   │
                        └─────────────────┘      └──────────────────────┘

                        ┌─────────────────┐      ┌──────────────────────┐
                        │ 体育文化产业概述  │ ⇨  │ 文化产业与体育文化产业   │
                        └─────────────────┘      │ 体育文化产业的构成      │
                                                 │ 体育文化产业的发展      │
                                                 └──────────────────────┘
```

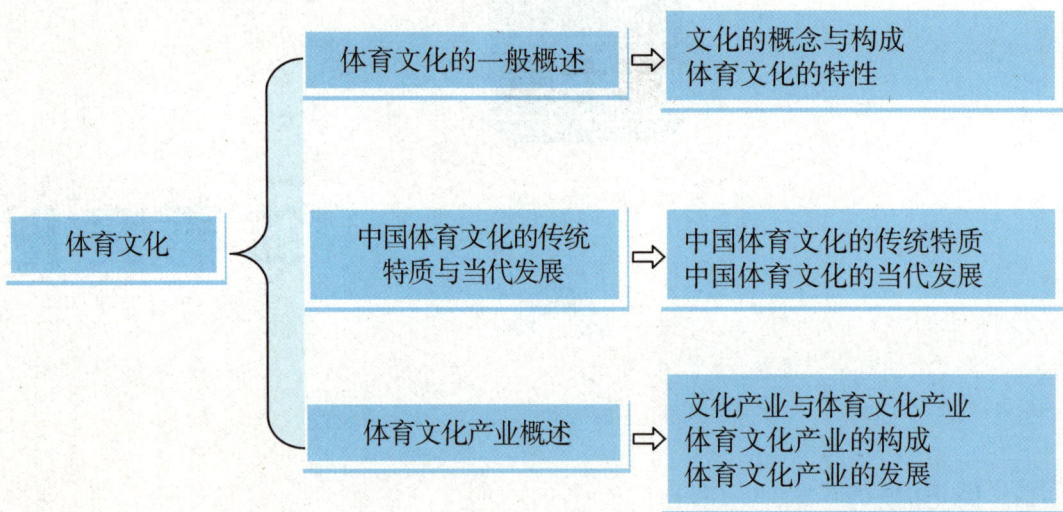

第一节
体育文化的一般概述

体育文化是文化的下位概念,在介绍体育文化之前必须先了解文化的概念及构成。

一、文化的概念与构成

文化对于我们而言是一个耳熟能详的概念,在日常生活中出现的频率非常高。例如我们从小就被教育要努力学习科学文化知识,长大后做一个有文化的人;当我们看到一个大学生时,就觉得他(她)有文化;而当我们听到有人说脏话时则会觉得这人没文化……。而当有人问我们什么是文化时,可能很多人都会有一种"只可意会不可言传"的感觉。可以说,文化对我们而言既熟悉又陌生。

不同的学者基于各自的学科视角和研究背景提出了许多种关于文化的定义。在学术界,关于文化有几百种定义。如考古学认为文化是考古记载中那些可辨识的物质内容;人类学强调文化是一种特定的生活方式和个人认同感;社会学认为文化实际上是一个共同拥有某个地域和语言的群体生活的"蓝图"等。尽管如此,在这几百种定义中还是存在一些共识。

归纳起来,文化的定义大致有两大类,即广义的文化和狭义的文化。广义的文化指人类创造的一切物质产品和精神产品的总和;狭义的文化专指语言、文学、艺术及包含一切意识形态在内的精神产品。

根据文化所包含的内容,文化可以分为三层结构:①外层(即物质层):是指经过人类作用的第二自然物,反映的是人类认识和改造自然的能力和水平,如房子、公路、汽车等。②中间层(即心物结合层):是指人类的精神产品,也称"制度文化"。如法律、制度、规则等。③里层(即心理层):包括人的价值观、心理状态、思维方式、审美情趣、道德情操等,也称"深层文化"。

二、　体育文化的概念与构成

概念的产生,是人们认识过程中的质变。从这种意义上讲,体育文化现象的产生在先,而体育文化概念的出现在后。体育文化的现象和历史源远流长,可以追溯到人类原始社会时期,而"体育文化"的概念是在近代出现的。类似于上位概念"文化"的定义,学术界关于体育文化的界定也有不少观点,比较有代表性的主要有以下四种。

国际体育名称术语委员会出版的《体育运动词汇》对体育文化的定义是:体育文化是广义文化的一个组成部分,它综合各种利用身体锻炼来提高人的生物学和精神潜力的范畴、规律、制度和物质设施。

有学者认为,体育文化是在增进健康、提高人们生活质量的过程中创造和形成的一切物质和精神的财富,包括与之相适应的社会组织及规范体育活动的各种思想、制度、伦理道德、审美观念,还包括为达成目标的各种改革举措以及相应的成果。

也有学者认为,体育文化是关于人类体育运动的物质、制度、精神文化的总和,大体包括体育认知、体育情感、体育价值、体育理想、体育道德和体育的物质条件等。

还有学者认为,体育文化是人们在社会实践活动中所形成的体育活动方式、所创造的体育物质产品和体育精神产品上体现出来的人的创造能力和智慧的总和,其核心是体育意识、体育思维方式和体育价值观念体系。

综合分析学者们的主要观点,结合文化的定义,我们认为,体育文化是指人类所创造的体育物质财富、体育制度财富及体育精神财富的总和。换言之,只要是人类所创造的体育现象即体育文化。

和文化一样,体育文化也可以分为三个层次,即外层、中间层和里层。①外层(即物质层):是人类创造的各种物质形态的体育财富,如体育场馆、体育器材等。②中间层(即心物结合层):是指人类所创造的各种体育制度财富,如体育组织、体育法律、体育制度、体育规则等。③里层(即心理层):是指人类所创造的各种体育精神财富,包括体育价值观、体育心理状态、体育道德等。

三、 体育文化的特性

在参照文化特性的共性基础上,结合体育的个性特征,体育文化的特性主要包括以下六个方面。

≫≫(一)人化性

凡是人化了的东西就是文化,文化是人为的,是人创造的、人工实现的,是人的实践建构起来的,是满足需求的方式。体育文化同样不是自然界与生俱来的,无论是体育物质文化、体育制度文化还是体育精神文化都是人所创造的,深深地刻上了人类的烙印。

≫≫(二)社会性

文化具有超个体性、群体性特征,也反映在社会结构之中,且不同的社会有不同的文化。体育文化是通过群体创造、继承与发展的,而非个人行为。体育文化受到社会结构变迁的影响,尤其是社会阶层结构在体育文化中体现得尤为明显,不同的社会阶层在体育参与方面体现出较为显著的阶层差异。

≫≫(三)象征性

体育文化具有典型的象征性。如奥林匹克文化的象征性非常鲜明,奥林匹克五环标志是世界和平、民族团结的象征;"更高、更快、更强、更团结"已成为人们努力奋斗、永不自满、不断战胜自我的精神写照;奥林匹克圣火象征着发祥于古希腊的文明之光照耀着人类前进的道路。

≫≫(四)时间性

文化的时间性是指文化发展中的持续性、绵延性或阶段性、间断性。体育文化并非一成不变,而是随着时代的变迁而不断发展变化的。体育文化在不同的历史时期具有不同的表现形式和明显的时代特征。如体育项目的数量不断增加、体育项目的规则时有改变、体育参与的形式不断升级、体育发展的方式不断演变等。

≫≫(五)民族性

文化的民族性是指一定民族在历史上所形成的区别于其他民族的文化特殊性,体现在生活方式、习俗、语言、思维方式及制度等方面。体育文化亦具备非常明显的民族性特征。如中华民族和其他不同民族的体育文化各不相同,中华民族内部不同少数民族之间的体育文化也存在着各自的特色。

>>>（六）包容性

体育文化的包容性非常强,如典型的奥林匹克文化虽然诞生于古希腊,但如今已影响到全世界;NBA文化虽然诞生于美国,但如今已风靡全球;太极文化虽然产生于中国,如今也逐渐在不少西方国家流行起来。

第二节
中国体育文化的传统特质与当代发展

体育文化具有民族性特征,不同国家、不同民族之间的体育文化具有各自的特色,深深刻下了民族文化的烙印。中华文化源远流长,博大精深,体育文化也别有特色。

一、　中国体育文化的传统特质

由于孕育于几千年来以农业为主要生产方式的社会之中,中国文化体现出中庸守常、以和为贵、天人合一的精神特质。中国体育文化作为中国文化的一部分,呈现出不同于西方体育文化的特质。

>>>（一）以静为主

西方的休闲方式侧重"动",而中国人的悠闲观则主"静",强调自我的反思、反省。道家主张"静以养生",提倡养生要听任自然,孔子也认为静者寿。在中国几千年的传统文化作用下,形成了体育文化思想的主静倾向。不同于西方体育中的篮球、橄榄球、冰球等剧烈运动项目,中国的典型体育项目如太极便显现出动静结合、以静为主的特征。

>>>（二）身心合一

受"宇宙、自然界、人都是由'气'构成的一体"之哲学观和"乐长生、重节制、讲中庸"的人生观的制约,中国传统体育坚持"天人合一"的生命观,强调和谐的运动观。在这两种观念的影响下,形成了我国体育文化身心合一特征。典型的如太极拳、易筋经、八段锦、五禽戏等传统体育项目不仅注重身体的锻炼,而且注重心理的修炼,强调身心的和谐统一。

>>>（三）弱竞技性

中华民族长期以农耕为主,形成了人与自然和谐发展的观念及含蓄内敛的民族性格。在这种观念和性格的影响下,体育文化方面表现出喜好登高、踏青、野游、垂钓、风筝、荡秋千等具有浓郁悠闲娱乐特征的身体活动,并且产生了极具民族特色的太极、八段锦、易筋经、五禽戏等传统体育养生项目。

》》》(四)弱个体性

中国传统文化强调社会的人格,强调伦理道德,不太重视人的独立性。在强调集体主义精神的传统文化里,个体性往往容易被忽视,这种文化特点也在一定程度上体现在体育领域。如我们的体育教育强化"集体"教育等。

》》》(五)仿生性

东方体育文化特别是中国体育文化具有较强的仿生性,其体育动作较为繁复,宜采用简练准确、生动鲜明、便于理解和流传的仿生性命名。五禽戏便是中国体育文化仿生性特征的典型体现。

二、 中国体育文化的当代发展

在全球化背景下,社会的各个系统无不受到其深刻影响,体育文化也不例外。当前,以奥林匹克、职业体育为代表的竞技体育文化和以健身健美、户外运动为代表的休闲体育文化影响了许多人的体育价值观念和体育生活方式。而这些都可以统称为西方体育文化。在西方体育文化的冲击下,我国传统体育文化面临着发展困境,如何促进中国体育文化的传承与发展是广大中国体育人不得不思考的问题。

》》》(一)促进中国体育文化的创新发展

何以驱动发展的问题不仅在理论上已成定论,在实践中也已成定论。中国政府选择的是实施创新驱动发展战略,这也是中央既定的发展战略。在体育全球化的背景下,能够驱动我国体育文化可持续发展的关键动力在于创新。只有不断创新发展思路、创新发展模式,才能促进新形势下中国体育文化的健康发展。首先,在体育文化的发展思路上要有所创新。当前,我国体育文化的传承与发展主要存在两种路径,一是依靠行政力量进行传承发展,二是依赖民间力量得以代代相传。应该说这两种方式在保护我国体育文化方面取得了一定的成效,但并未获得理想的效果。如何创新我国体育文化发展思路是当代体育专业的学生应该思考的问题。我们认为应该着重从学校和民间体育组织两个方面去传承与发展。一方面,应选择性地将一些优秀的民族传统体育文化整理编制成教材,让一些优秀的民族传统体育文化进入课堂,既可以达到育人的效果,又可以促进我国体育文化的有效传承。另一方面,应大力培育以发展民族传统体育文化为宗旨的民间体育社会组织,有效整合民间社会力量,通过民间正式组织的形式促进我国体育文化的传承发展。

》》》（二）加强中国体育文化的对外交流

加强对外交流既是促进我国体育文化健康发展的有效途径之一，也是体育全球化背景下的必然趋势。任何国家都不能封闭式地发展体育文化，必须主动加强对外交流，在交流中取长补短、互通有无。在西方体育文化强势冲击的形势下，如何加强中国体育文化的对外交流同样是当代体育专业学生应该思考的问题。我们认为以下两点非常关键。一方面，应该提升中国体育文化的软实力。近年来，"软实力"的概念已频繁出现在各种政治文件和社会管理文件中，特别是在党的十八大提出以"中国梦"为主题的全民思想文化建设之后，文化软实力的概念和内涵的传播更加深入，已渗透到政府与民间的共同表述中，为社会各界所熟知。文化软实力是指构成特定人类共同体生活方式的价值系统及其符号形式所释放的柔性吸引力，包括两重内涵，一是向内形塑自身，二是向外部他者形塑自我。建设体育文化软实力既是国家文化软实力建设的内容之一，也是加强对外体育交流的必然要求。有必要从提升我国体育文化综合实力及扩大体育文化国际影响力等层面加强我国体育文化软实力建设。另一方面，应积极推动建立"体育交流新秩序"，包括将"尊重他国主权"明确规定为国际体育文化交流中的基本原则，坚决反对不均衡的"单向交流"局面；加强各国体育文化交流中的合作与协商；发展中国家应在国际体育文化交流中进行适度的斗争等。

第三节
体育文化产业概述

体育文化建设不仅有利于促进社会的和谐发展，而且对经济发展也有直接的贡献，体育文化产业逐渐成为国民经济中的一个重要产业部门。

一、文化产业与体育文化产业

》》》（一）文化产业的内涵

文化产业这一概念起源于德国的阿多诺和霍克海默在 1974 年出版的《启蒙的辩证法》中的"文化工业"（Cultural Industry）。关于文化产业的定义有多种观点，虽然学者们对文化产业的定义并不完全相同，但他们关注的核心都是文化的经济属性，并从产业角度对文化进行界定，总体而言关于文化产业内涵的分歧并不大。文化产业不同于文化事业，文化事业是国家代表公民投入的文化工作，满足人民群众最基本的精神文化生活的需求是它的最低下限;文化产业是在国家政策指导和市场管理的前提下,动员社会的资源、人力,按照资本与市场运行规律,不断开发、开拓文化项目,从而充分满足人民群众日益高涨的精神文化生活需求。文化产业涉及多种门类,如报纸、期刊和书籍的出版部门、影像公司、音乐出版部门、商业性体育机构等,体育文化产业便是其中一个门类。

》》》(二)体育文化产业的内涵

在对体育文化产业的定义进行界定之前,有必要介绍与之紧密相关的一个概念——体育产业。从三次产业的划分理论出发,体育产业就是以体育劳务(或服务)生产和经营,来满足人们体育娱乐、健身需要的体育部门和机构,或者说体育产业就是提供体育劳务(或服务)这种非实物形式的特殊消费品的产业部门。

参照国家统计局对文化产业的定义,即"从事文化产品的生成、流通和提供各种文化服务的经营性活动的行业总称",我们认为体育文化产业是指从事体育文化产品的生产、流通和提供各种体育文化服务的经营性活动的行业总称。广义的体育文化产业既包括体育物质文化产业,也包括体育精神文化产业;狭义的体育文化产业仅指体育精神文化产业。结合体育产业的概念,狭义的体育文化产业即指体育产业。我们提倡大体育文化产业观,即体育文化产业应包括体育物质文化产业与体育精神文化产业,充分挖掘各种体育文化元素,积极整合各种体育文化资源,才能将我国体育文化产业做大做强。

二、 体育文化产业的构成

体育文化产业主要由以下七部分构成:

(1)竞技运动观赏服务业:指以运动员、教练员、裁判员、竞技科技人员和赛事管理者等为生产者,以运动场地、各类运动设备、测量仪器等为投入品,生产可供人们观赏的各类人体运动的动作组合产品的生产部门集合。

(2)体育健身娱乐业:指以强身健体或休闲娱乐功效的项目为内容,向人们提供指导性的完善体能服务或运动娱乐服务的经济活动总和。

(3)体育传媒业:指以体育新闻、体育影视、体育信息等为主要内容,以互联网、报刊、电视、电影、手机等为主要媒介,向人们提供体育信息或娱乐服务的经济活动总和。

(4)体育用品业:指从事体育器材、体育服装等研发、设计、制造、销售等经济活动的总和。

(5)体育场馆业:指从事体育场馆规划、设计、建设及运营等经济活动的总和。

(6)体育旅游业:指从事体育旅游产品开发、设计及运营等经济活动的总和。

(7)体育彩票业:指从事体育彩票设计、销售等经济活动的总和。

三、 体育文化产业的发展

由于我国体育市场化改革起步相对较晚，国民体育消费意识还不强，当前我国体育文化产业规模还不大、质量还不高，在 GDP 中所占的比重还较低。如何促进我国体育文化产业健康发展是理论与实务界的一个重要课题。体育文化产业的发展思路包含多个层面，我们认为以下两点至关重要。

》》（一）开发体育文化产业中的创意元素

创新研究的先驱、著名德国经济思想家熊彼得早在 1912 年就明确指出，现代经济发展的根本动力不是资本和劳动力，而是创新，而创新的关键就是知识和信息的生产、传播和使用。最早认识到文化创意产业对经济发展有重要推动作用的是英国。文化创意产业强调没有创意的生产是没有需求的生产，也是不会产生市场效益的生产，创意是文化产品生产的第一动力，是文化生产能够产生市场效益的关键因素。因此，不断开发体育文化产业中的创意元素是促进我国体育文化产业发展的根本动力。我国体育文化产业中的每一个生产者、销售者乃至消费者都是创新的主体，都可以在生产、销售及消费过程中发现、挖掘创意元素，为体育文化产业的发展提供创意思想。

》》（二）推动体育文化产业供给侧结构性改革

2015 年 11 月习近平总书记提出了要着力加强供给侧结构性改革，这是我国经济发展新常态下的重大举措，必将具有划时代意义。供给侧结构性改革就是从提高供给质量出发，用改革的办法推进结构调整，矫正要素配置扭曲，扩大有效供给，提高供给结构对需求变化的适应性和灵活性，提高全要素生产率，更好地满足广大人民群众的需要，促进经济社会持续健康地发展。其中产业供给侧结构性改革是重中之重，而其方向是加快服务业发展。国家《体育产业发展"十三五"规划》也提出，推进体育供给侧结构性改革。无疑，加强供给侧结构性改革是促进我国体育文化产业健康发展的必然选择。竞技运动观赏服务业供给侧结构性改革的重点是提高赛事质量、净化赛事环境；体育健身娱乐业供给侧结构性改革的重点是提高服务质量、优化健身环境；体育传媒业供给侧结构性改革的重点是优化传播内容、创新传播方式；体育用品业供给侧结构性改革的重点是提高科技含量、打造知名品牌；体育场馆业供给侧结构性改革的重点是优化场馆结构、提高利用效率；体育旅游业供给侧结构性改革的重点是开发优质产品、提高服务品质；体育彩票业供给侧结构性改革的重点是开发多元产品、提升文化品位。

提升中国体育文化软实力

在"体育已经成为全民的体育""以人民为中心的体育""体育是美好生活的必要组成部分"等已经成为共识的时代,中国体育文化工作的管理者必然要摆脱过去仅仅从体育部门出发的传统观念,主动积极地展开与社会生活各部门、各领域、各系统、各行业的频繁交往,使体育文化工作有机地融合整个社会的运作机制和动力系统,使体育文化为人的全面发展服务,为小康社会服务,为人民的幸福生活和美好生活服务。①

中国健身气功的传统文化特色

健身气功作为中国传统文化的重要组成部分,在其孕育、发展、衍变的漫长历史进程中,不断地与哲学、文学、美学等其他文化形态相互交流与渗透,从而使中国传统文化的基本精神和中华民族独特的思维方式、审美观念、心态模式、价值取向等,在健身气功中都得以体现。

健身气功是以人体生命整体观作为理论基础的,因而不仅在健身气功的功法动作编排,而且在习练时一招一式的技巧和功力上,都体现出形、气、神三位一体的整体观。如健身气功八段锦中的"五劳七伤往后瞧",如果只是回眸一望,而没有下肢的沉浮、上肢的转摆和整个身体的配合,也就失去了动作的神韵和灵魂。又如健身气功八段锦功法中强调左右对称、上下相合,动作布局中正大方、不偏不倚;健身气功六字诀外圆内方,含蓄内敛,外示安逸,内蕴雄浑;健身气功五禽戏内合五行,外合三才,仿生自然,和谐统一。从而使健身气功从动作、节奏和风格上都充分表现出了中国传统文化中"视自然万物为一体"的整体观念。

健身气功充分体现了传统文化的意境美。它要求在习练时,既要注意"写意"与"写实"结合,又要注重表现功法动作的"内在美",力求以意境取胜。这种功法动作

---

① 易剑东.从为国争光到文化软实力——对中国体育文化发展的思考[J].体育科学,2018(07):17-18.

的"内在美"是通过精神、气韵、劲力展示出来的,是一个自始至终贯穿着主观能动性的过程,通过富有启导性和象征性的身体语言和肢体动作,来显示时间的流逝和空间的拓展。健身气功习练时强调"形断意连、势断气连""连绵相属、气脉不断",通过模仿动物形态和生活情景,创造出一种形象化的艺术意境,可谓"韵外之致""言外之意"。它既是恢宏的,如将士弯弓射箭,直指千里之外,又是蕴藉的,如韦驮合十低眉,心似止水;既是飞动的,如仙鹤振翅而起,轻灵飞扬,又是沉实的,如摘星换斗,劲贯全身。最终目的是塑造直观的、具体的艺术形象以构成意境。健身气功所创造的这种意境之美,令人神往,耐人寻味。学会健身气功动作似乎没有太大的难度,但深入之后,那上下内外的高度协调,那劲力技巧的充分体现,那心神意的密切配合,以及它所赋予的深邃哲理,让人琢磨不尽,玩味不止,需要习练者仔细地去体悟修炼,方能心领神会。有人练健身气功五禽戏形神俱似,如入忘我之境,举手投足之间意味深长、意韵悠远,但也有人练得干巴僵硬、味同嚼蜡,为什么会出现这么大的差别呢?关键就在于对"韵外之致"和"言外之意"认识不足,体现不出"形、势、气、意"等内在的心志活动。

健身气功体现了对立统一的哲学思想。"一阴一阳,一上一下,合而成章"(《吕氏春秋·大乐》)。阴阳二气化生万物是中国传统的哲学观,运用阴阳来表现事物的对立统一,也是中国传统哲学思想中的对立统一观。在健身气功的整体运动中无不体现了这种艺术的对比与和谐。健身气功中的"动静相兼""进退有度""上下相合""左右对称"等,常常以鲜明的对比,寓和谐于整体之中,而"刚中含柔、柔中寓刚""动中含静、静中寓动""虚中有实、实中有虚",又是矛盾对立的合二为一。这种阴阳相生相克的辩证统一,"动转有对""生生不易",充满了东方哲理和艺术情趣。健身气功五禽戏中的静乃静动,非不动也,定势动作是形止而意不止,当动起来的时候,又是外动内静,形动心静,体现出动静相间、互为补充、互为依存的辩证统一观。而健身气功八段锦,如果仅仅是左右开弓、攒拳怒目、剑拔弩张、劲力凸现,就失去了动作的韵味。因此,一定要做到隐刚显柔、刚柔相济、劲在意中、刚在柔中,这样才能把刚和柔统一起来,充分体现健身气功中阴阳对立统一的传统哲学观。

健身气功反映了中华民族的思维方式和民族性格。它不仅在技术风格上体现了中华民族以和为贵的思想,而且在功法内涵上体现了中国传统文化的深刻哲学意蕴和伦理道德。健身气功强调内外和谐,倡导人们顺应自然,与自然和谐共处。健身气功注重"内外合一""以心行气""以气运身",要求"心与意合,意与气合,气与力合",不仅为人们提供了有益的健身锻炼方法,而且有利于调节心志,增进心理健康。习练健身气功要靠亲身实践去体验和感悟,悟其内在的意蕴之深、技巧之妙、意境之美,追求最理想的境界。健身气功技术中的内涵,常常需要"反求诸己"的体悟,从反复实践中方能得其要领。不论浅层结构的运动技术，还是深层结构的文化形态，都需要去学、去练、去揣摩，而不仅仅在于对运动表象的把握。要达到出神入化、"无形无法"的自然境界，才会愈加感到探之不易，其乐无穷。健身气功需要人们在反复的演练中得以体悟，正可以作为修身养性的手段。从世界人民对东方哲理探求的角度看，健身气功不妨是一个重要的"窗口"。对于普通的健身气功习练者来说，深入了解健身气功的中华传统文化特色，将有利于正确把握健身气功精髓，提高练功水平和健身效果。

（作者牛爱军，2022 年 5 月 26 日《中国体育报》）

知识回顾)))

本章从文化的下位概念出发，阐述了体育文化的概念、构成和特性，论述了我国体育文化的传统特质及当代的发展，分析了体育文化产业的内涵、构成和发展思路。

思考题项)))

1.请对"体育文化"与"体育"这两个概念之间的关系进行辨析。
2.请对中西方体育文化之间的差异进行比较。
3.你认为应该如何提升中国体育文化的软实力？
4.你认为制约我国体育文化产业发展的因素包括哪些？
5.你认为应该如何开发体育健身娱乐业的创意元素？

推荐阅读)))

[1] 王智慧.神圣意象的建构:武术文化记忆生成的多重空间意涵[J].北京体育大学学报,2021.
[2] 李守培,郭玉成.中国传统武术身心伦理的文化形成[J].体育科学,2017.
[3] 韩衍金.中华民族传统体育文化"走出去"的核心要素与策略[J].体育文化导刊,2020.

参考文献)))

[1] 周宪.文化表征与文化研究(修订本)[M].上海:上海人民出版社,2015.

［2］吕树庭,刘德佩.体育社会学［M］.北京:人民体育出版社,2007.

［3］胡小明,虞重干.体育休闲娱乐理论与实践［M］.北京:高等教育出版社,2004.

［4］王一川.中国文化软实力发展战略综论［M］.北京:商务印书馆,2015.

［5］王智慧.神圣意象的建构:武术文化记忆生成的多重空间意涵［J］.北京体育大学学报,2021,44(4):153-163.

［6］李守培,郭玉成.中国传统武术身心伦理的文化形成［J］.体育科学,2017,37(4):39-47.

［7］谢庆伟.论中国传统文化对中国古代体育文化的影响［J］.山西财经大学学报,2011,33(S2):254-255.

［8］苏健蛟,冯朝海,李印东.新时代我国民族传统体育文化发展方位审视［J］.北京体育大学学报,2022,45(4):134-144.

［9］金民卿.当代中国文化自信的具体总体性［J］.中原文化研究,2021,9(1):5-12.

［10］相金星,王进国,郭振华.“境遇”抑或“反思”:民族传统体育文化现代传承与发展［J］.沈阳体育学院学报,2021,40(5):130-137.

资源链接 》》》

［1］http://www.chqa.org.cn(中国健身气功协会)

［2］https://www.sport.gov.cn(国家体育总局)

［3］http://www.wushu.com.cn(中国武术协会)

［4］http://www.ci.cn(孔子学院)

第八章

体育体制

思政要点

　　贯彻二十大新发展理念，"在独立自主中彰显道路自信；在与时俱进中彰显理论自信；在守正创新中彰显制度自信；在赓续传承中彰显文化自信"。当今面对百年未有之大变局，要在马克思主义和习近平新时代中国特色社会主义思想的指导下，密切结合我国国情，科学地进行体育体制改革。

教学导论

　　体制指的是国家或企事业单位的组织制度，而由其延伸出的体育体制则指国家组织管理体育的各种机构、各项制度和准则的总和。在我国体育改革和发展的过程中，体育体制改革的作用举足轻重。通过本章内容的学习，掌握当前体育组织制度存在的政府型、社会型和政府社会结合型三种形态及其特点、功能；了解国外如美、德、法、日等几个体育强国所实施的体育组织制度；了解我国目前采取的层次制和分职制相结合的组织管理体制的基本构成、特点、不足及今后的改革方向。

学习目标

　　1.掌握体育组织制度的概念，了解体育组织制度的功能。

　　2.了解政府型、社会型和政府社会结合型三种体育组织制度的形态及其特点。

　　3.了解国外体育组织制度的特征，思考其对我国体育组织制度建设有何借鉴意义。

4.掌握我国"举国体制"的基本特征与意义。

5.了解我国体育组织管理体制的基本构成。

6.了解体育组织管理体制层次制和分职制相结合的特征。

学习地图

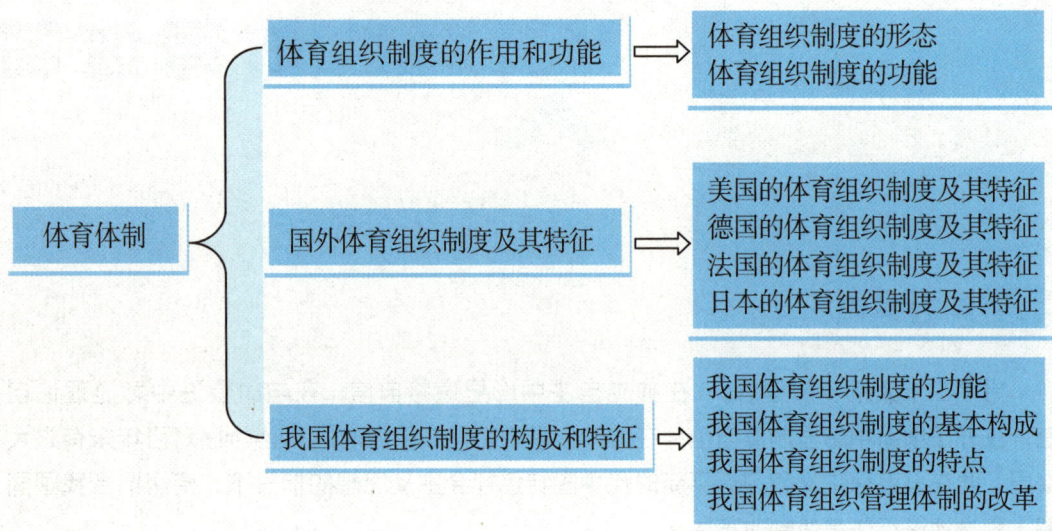

第一节
体育组织制度的作用和功能

制度是社会的博弈规则,它是人为设计的、用来规范人们互动关系的规制。体育组织制度指的是一个国家体育组织在机构设置、组织形态、权力划分和权力运行等方面所形成的制度总称。它是实现体育事业目标的组织保证,受国家政治经济体制的制约。在现代社会中,体育领域的权力和利益通常归政府或社会所有。体育权力和利益的归属者掌控博弈规则,并最终决定着体育组织制度的性质和形态。

一、 体育组织制度的形态

世界各国体育组织制度的性质、内容与结构各有不同,按照体育组织管理权力和利益的归属,体育组织制度可分为政府型、社会型和政府社会结合型三种形态。

政府型体育组织制度的特点是由政府设立专门的组织机构管理体育。体育组织、运行、管理的权力高度集中于政府手中,政府采用行政干预的方式,从宏观到微观对体育事业进行全面的管理。政府型体育组织制度突显一个国家制度的特色,这种管理制度和管理方式主要存在于一些中央集权制的国家,如前东欧各国及古巴、朝鲜等,中国在 20 世纪 50—80 年代也采用过典型的政府型体育组织制度。政府型体育组织制度有利于集中有限的资源实现预期的目标。

社会型体育组织制度的特点是由各种社会体育组织管理该国的体育,政府一般不设立专门的体育管理机构,政府很少介入和干预体育事务。即使介入和干预,也常常是采用立法或经济补贴等方式间接地进行制度或经费支持。在多数采用社会型体育组织制度的国家中,管理权力分散于各种社会体育组织之中,因而也可把这种管理形式称为分权型组织管理体制。美国的体育组织制度是比较典型的分权型组织管理体制。这种体制有利于调动社会体育资源,发挥社会各方面的积极性。

政府社会结合型体育组织制度是一种由政府和社会体育组织共同管理体育的新型体制。政府设有专门的体育组织管理机构,或指派几个有关的部门负责组织管理体育。政府对体育实行宏观管理,即制定方针政策,发挥协调、监督的职能。社会体育组织在政府的宏观指导下,负责体育的具体业务管理,如制定项目发展规划、各种规章制度,开展大众体育等。世界大多数国家采用这种组织管理制度,如英国、德国、法国、韩国和加拿大等国家。政府社会结合型组织管理制度有利于发挥政府对体育事业的主导作用,鼓励社会支持和参与体育事业的发展。

当前,很多国家都在进行体育组织制度的改革与创新,一些过去采用政府管理型体制的国家,如前东欧国家、中国等,开始容纳社会组织与国家共同管理体育。而一些过去采用社会管理型体制的国家如加拿大、韩国等,其政府逐渐介入体育事务,并设立了体育管理机构,从而使其组织管理制度转变为政府社会结合型方式。这种兼有"政府"和"社会"两种特征的体育组织制度是国家政治经济体制变化的结果以及发展本国体育事业的需要,是现阶段世界各国进行体育组织制度创新的首要选择。

二、体育组织制度的功能

≫≫(一)保证满足社会生活的需要

根据人所具有的自然属性和社会属性,我们认为人有生物性的基本需要和精神文化的需要。而人的需要又是不断发展、永远不会满足的。但在某一特定的历史时期,人们怎样通过体育较大限度地满足其生理、心理、文化的需要呢？从体育领域来看，就需要考虑主体体育行为的系统化、规范化，使主体的需要在允许的情况下得到最大限度的满足。也就是说，在社会的体育领域，要满足人们生理、心理和精神文化的需要就必须有制度作保证。当然，建立了体育制度，并不意味着需要必然得到实现，需要的实现必须是人的行为践行了制度，制度的功能才能体现出来。

》》》（二）提供社会化的行为模式

促进体育社会化，已经成为体育事业的发展方向。所谓社会化的体育行为模式，也就是社会角色的理想模型。作为体育组织制度，它对自己的角色是有要求的，这种要求就是进入体育领域的人应该成为模型化的人物准则，这样的模型化就是理想角色。体育制度能否提供人们社会化的体育行为模式，能否在培养理想的角色中作出贡献，那就要看体育制度是否适应体育领域和社会发展的需要，能否妥善处理好体育发展过程中的各种关系和参与者的权益问题。

》》》（三）促进社会整合

体育组织制度是人们在体育领域社会关系的规范、行为的准则。体育领域作为社会的一部分，它具有相对的独立性，但它又和社会的其他领域紧密联系，这就决定了体育组织制度一方面在体育领域起整合作用，另一方面它又同其他制度结合起来对社会其他领域起整合作用。随着社会现代化的发展，社会分工越来越细，专业性越来越强，在这种情况下，政府就必然会制定适合本国或本地区利益的体育制度，并试图通过贯彻、执行其制定的体育制度，使社会处于规范的运作中。

》》》（四）传递体育文化

制度是一种文化，制度同样传播文化。社会的每一个领域，都有自己的专业语言。有了这样的语言，人类才能在特定的语言环境里思维、实践。作为社会文化现象之一的体育，通过制度的保存、施行而传递体育的文化，靠体育制度的种种规定进行实践活动。每一个时期的体育实践活动都是在与当时社会相适应的制度前提下进行的。

总之，建立健全良性发展的体育组织制度，有利于发挥体育的各种现代职能，是促进各国体育在新的历史时期可持续发展的重要目标之一。

第二节
国外体育组织制度及其特征

世界各国体育事业的发展目标是不相同的,各国政府出于不同的政治、经济和文化发展的需要,采取不同的体育政策,建立相应的体育组织管理体制。当今世界各国的体育组织管理体制复杂多样,有些还处在改革发展过程之中,有些过去比较成型的体育体制也有不少变化和调整。

一、 美国的体育组织制度及其特征

美国是全球公认的体育强国。在一直保持奥林匹克运动霸主地位的同时,美国各项体育事业持续、稳定、健康发展。究其发展的内在规律,重视体育的政治功能、教育功能和社会价值,是美国体育事业持续发展的基础;重视体育与教育的全面融合,重视职业体育制度的完善和体育产业的发展,重视发挥社会管理型体制的优势,是美国体育事业得以持续发展、体育产业成为国民经济支柱的重要保证。

美国政府没有专门的体育主管部门,也没有单一和垂直的权威机构来负责全面的体育工作。多个专门的社会组织和私人企业在体育运动中扮演着主要角色。美国的体育社会组织分为业余体育组织和职业体育组织两大类。业余体育组织由全美业余体育联合会、美国奥委会、全美大学生体育联合会和全美中学生体育联合会四大群众团体组成,它们分别在各自组织的框架内自主管理和运作。其组织基础覆盖全国的各类单项体育协会、行业体协和俱乐部。职业体育组织由美国职业体育联盟和所属的职业运动队构成。职业联盟的最高权力机构是执委会,由各职业队的业主组成,负责重大问题的决策。职业联盟内设两个部门,一个负责训练和竞赛管理,另一个主要处理与商业有关的事务。职业代表队的所有制形式主要有独资、合资和股份制三种。美国政府对体育的经济资助,一般情况下不直接提供财政拨款,只是针对某种特殊情况提供一定数额的补贴。

二、 德国的体育组织制度及其特征

德国是典型的社会主导型体制,以"俱乐部体制"为基础,体育管理的任务主要由各类社会体育组织如体育类协会和俱乐部来承担。在这种体制下,德国体育事业的各个方面如竞技体育、群众体育和学校体育等得到了均衡发展,是名副其实的"体育强国"。德国体育体制的成功经验包括四个方面:①各级政府(体育)主管部门的职能分工明确,国家层面、联邦州层面和地区层面的(体育)主管部门分别关注(负责)竞技体育、学校体育和场馆建设方面的工作,使体育事业的各个方面得到平衡发展。②大力发展体育俱乐部,以体育俱乐部为基础,全面促进竞技体育、群众体育和学校体育的开展。③联赛体系高度完善,通过职业联赛提高竞技运动水平和体育产业发展,通过业余联赛促进群众体育的开展。④政府投入修建体育场馆设施,作为公共福利事业交给俱乐部或学校使用,同时向大众体育俱乐部开放学校场馆,合理利用体育资源。

德国管理体育的社会机构主要有德国体育联合会、德国奥委会、德国青年体育会和德国体育促进基金会。体育俱乐部是德国体育的基本组织形式,也是德国国民从事体育活动的载体。德国体育俱乐部数量多、规模小,全国共有 7.8 万个体育俱乐部。德国的体育俱乐部过去具有非营利的性质,但从 20 世纪 90 年代以来,一些以营利为目的的私人俱乐部大量出现,从根本上改变了"非营利性"。它有利于减少政府的体育开支,并通过税收增加政府的财政收入,扩大就业市场。政府通过对体育组织的财政拨款,用经济手段影响体育组织,贯彻政府的意图。20 世纪 90 年代以来,政府对体育的拨款一直稳定在 65 亿马克左右。特别是在竞技体育方面,德国政府通过财政拨款,使竞技体育出现"政府操纵"的趋势,如果体育组织不贯彻政府的意图,政府则有权取消该体育组织的财政拨款。社会主导,配合以市场经济运作,使得德国体育俱乐部良性发展。如在 2021—2022 赛季期间,德国有超过 36.4 万人在足协旗下各州足协注册为球员(包括男足和女足),创造近 6 年新高。至此,德国足协已有超过 220 万的注册球员。此外,德国还有 5.02 万名注册裁判,12.8 万支注册球队,2.43 万家注册俱乐部,总人数超过 717 万人。

三、法国的体育组织制度及其特征

法国体育体制的组织结构与西方国家都不同,它是以工作过程标准为协调机制的机械化组织结构。政府体育管理部门把工作的重点放在宏观调控上,社会体育组织(协会)在政府的扶持下,积极开展与社会私营企业的经济合作,寻求社会的支持和体育投入。这种政府与社会相结合的体育组织制度,有利于充分发挥社会办体育、大众参与体育的积极性,广泛满足人们的体育需求。

法国的国家行政机关有两个部门负责管理体育事务,一个是青年与体育部(简称"青体部"),另一个是国民教育、高等教育和研究部(简称"国民教育部")。青体部负责管理高水平竞技体育和体育运动的普及工作,协商国家对体育团体的资助,制定并监督实施有关职业体育和体育普及的规定。国民教育部负责身体和运动教育的教学,管理中小学和大学的体育组织。法国的大区和省级政府也设有与青体部相对应的体育机构,执行青体部的政策,对青体部制定的各项法规负责。法国的社会体育组织主要有国家奥林匹克与体育运动委员会,是社会体育界与政府合作,与综合性国际体育组织建立联系的唯一机构。此外,还包括各类学校或青少年体育协会、全国综合性运动协会和单项运动协会。

四、日本的体育组织制度及其特征

日本的学校体育由中央的文部省和地方的都、道、府、县等教育委员会直接管理,而竞技体育和大众体育主要由全日本体联和奥委会来管理,政府对这部分采取民办官助的间接管理方式。日本政府的财政拨款主要用于体育基础设施建设,如日本《体育运动振兴法》规定:"地方公共团体设置的供一般使用的体育场馆、游泳池和其他政令所规定的体育运动设施所需修建经费的三分之一,都、道、府、县为培养提高体育运动指导人员水平而举办讲习活动所需经费的二分之一均由政府补贴。"

第三节
我国体育组织制度的构成和特征

一、我国体育组织制度的功能

在我国,体育是关系到亿万人民社会行为的复杂系统,它需要动用大量的人力、物力和财力,履行多种专门的社会职能。如果没有一个科学的组织管理制度,就很难保证各项体育事业有序地进行,也很难充分调动社会各界人士的参与积极性,难以保证我国体育目标的实现。因此,根据社会对体育的要求,建立和健全良性发展的体育组织制度,是促进社会可持续发展的重要目标之一。

第一,保证体育事业有领导、有计划、有组织地实施。在我国,体育是社会主义建设事业的组成部分,发展我国的体育事业,不仅需要必备的物质条件、先进的体育科技,还需要组织上和制度上的保证。建立和完善适应社会主义市场经济需要的体育组织管理体制,是加快我国体育事业发展,保证体育事业沿着社会主义方向健康发展的保证。

第二,调动社会各方面的积极性,促进体育社会化。促进体育社会化,已经成为发展体育事业的方向。要使社会各行各业参与体育,政府、集体和个人办体育,就需要发挥国家对体育的组织管理作用,妥善处理好体育发展过程中的各种关系和参与者的权益问题,促进其健康有序地发展。

第三,加强体育法治建设,加快体育的现代化进程。我国社会主义市场经济条件下的体育组织管理体制,客观上要求加强体育法治建设,使整个体育活动领域,竞技体育、社会体育、体育产业、体育市场、体育社团等,都应当在法制的框架内运行。

可以说,建立健全良性发展的体育组织管理体制,有利于发挥体育的各种现代职能,是促进我国体育在新时期可持续发展的重要目标之一。

二、 我国体育组织制度的基本构成

我国体育组织制度的基本构成包括:体育的组织领导机构、运动训练制度、体育人才培养制度、群众体育管理制度等,以及保证组织领导体制实施管理的各种相关法规、制度和措施。

》》》(一)我国体育的组织领导机构

1.中华人民共和国国家体育总局

国家体育总局是国务院主管体育的行政部门,负责统一领导、协调、监督全国的体育工作,其主要职责如下。

(1)研究制定体育工作的政策法规和发展规划并监督实施。

(2)指导和推动体育体制改革,制定体育发展战略,编制体育事业的中长期发展规划;协调区域性体育发展。

(3)推行全民健身计划,指导并开展群众性体育活动,实施国家体育锻炼标准,开展国民体质监测。

(4)统筹规划竞技体育发展,研究和平衡全国性体育竞赛、竞技运动项目设置与重点布局;组织开展反兴奋剂工作。

(5)管理体育外事工作,开展国际间和与香港及澳门特别行政区、台湾地区的体育合作与交流;组织参加和举办重大国际体育竞赛。

(6)组织体育领域重大科技研究的攻关和成果推广。

(7)研究拟定体育产业政策,发展体育市场;制定体育经营活动从业条件和审批程序。

(8)负责全国性体育社团的资格审查。

(9)承办国务院交办的其他事项。

2.中国人民解放军体育指导委员会

我国军队系统的体育,由原解放军四总部组成的体育运动指导委员会行使管理职能,其主要职责是:制定军队系统体育的规划和计划,实施军事训练中的身体训练工作,管理军队院校的体育工作,举办全军运动会和各类运动竞赛,培养军队系统的优秀运动员,开展国际间的军队体育交往,计划和修建军队系统的体育设施,负责军队体育所需的经费和给养等。

3.国务院其他相关部委

体育是关系到全民健康的大事,它必须联合有关部委共同搞好体育工作。在国务院的组成部委中,一些部门设有体育工作的管理部门,并与国家体育总局在各自的职权范围内密切协作,相互支持和配合。教育部是教育系统主管体育工作的部门,它所设置的体育卫生与艺术教育司,是具体的管理职能机构。教育部通过地方各级教育委员会、厅、局(设体卫艺处、科)管理各级各类学校的体育工作。卫生部主管本系统体育工作,通过地方各级卫生部门和医疗卫生机构,开展体育医疗,配合做好对体育的医务监督、对学生的健康检查和体质调查工作。

4.中华全国体育总会

中华全国体育总会是全国性的群众体育组织,其主要任务是:依据《中华人民共和国体育法》,推进全民健身计划和奥运争光计划的实施;联系、团结运动员、教练员、体育工作者、体育爱好者及热心支持体育事业的团体和个人,联系台湾、香港、澳门同胞及海外侨胞中的体育界人士,努力发展体育事业,为全面建成小康社会、推进中国特色社会主义服务;同中国奥委会密切合作,为增进世界人民的友谊服务。中华全国体育总会的业务范围如下。

(1)宣传和普及群众体育运动,不断增强人民体质,提高全民族整体素质。

(2)举办或联合举办全国性、境内国际性比赛和体育活动,进一步提高竞技运动水平,攀登世界体育高峰。

(3)大力推进体育改革,对体育事业重大方针政策、发展战略提出建议,为政府决策服务。

(4)通过组织体育活动,向广大群众尤其是向运动员、青少年进行爱国主义、集体主义和社会主义教育,培养奋勇进取、顽强拼搏、团结友爱等优秀品德,树立遵纪守法观念。

(5)组织体育理论、运动技术、科研教学等专题调查研究,促进体育科学化。

(6)发展体育产业,培育体育市场,开发无形资产,促进体育产业化。

(7)加强与全国各体育组织的联系,沟通情况,交流经验,指导工作。

(8)开展国际体育交流,发展同国外体育组织和体育工作者的友好往来。

(9)对全国性单项体育协会自律性经济处罚收入实行内部收支两条线管理,对总会收入和支出实行"统一核算,统一管理"。

5.中国奥林匹克委员会

中国奥林匹克委员会简称"中国奥委会",是以推动奥林匹克运动和发展体育运动为宗旨的全国性体育组织。其任务和职能是:促进奥林匹克项目在中国广泛开展;组织中国奥委会代表团,参加国际奥委会主办的夏季、冬季奥运会,并提供必要的经费和运动器材;协助其他全国性体育组织举办体育竞赛和运动会。中国奥委会的业务范围如下。

(1)依据奥林匹克宪章,在全国范围内发展和维护奥林匹克运动,宣传奥林匹克主义的基本原则,保证《奥林匹克宪章》在本国内得到遵守。

（2）促进竞技体育和群众体育的发展,鼓励和支持妇女全面参加体育竞赛和体育活动。

（3）全权代表中国组团参加地区性的、洲际的和世界性的综合体育赛事,包括冬、夏季奥运会,冬、夏季亚运会和东亚运动会等以及其他与奥林匹克运动有关的活动。在有关全国单项体育协会的合作下,选拔运动员组成中国奥林匹克代表团参加上述运动会,并为该团提供必要的费用和体育装备。

（4）协助其他全国性体育组织举办全国综合性的比赛活动。

（5）反对体育运动中任何形式的歧视和暴力,禁止使用国际奥委会或国际单项体育联合会禁用的药物和方法。

（6）在中国选定适于举办奥委会、亚运会、东亚运动会等综合性国际赛事的城市。

中国奥委会的最高权力机构是全体委员会议,全国各单项运动协会的奥林匹克项目协会是中国奥委会的会员组织。

6.中国体育科学学会

中国体育科学学会是全国性的群众学术团体,是中国科学技术协会的组成部分。其主要职责是:积极开展体育学术交流,组织重点学术课题的探讨和科学考察活动;编辑出版体育学术书刊,普及体育科学技术知识,积极传播体育科研、教学、训练等方面的先进经验;对我国重要的体育科技政策和问题发挥咨询作用,积极提出合理化建议,向有关部门反映体育科技工作者的呼声;积极开展国际体育科技交流;举办各种培训班,讲习班,进修班,努力提高会员的学术水平;举办为体育科技工作者服务的活动。

中国体育科学学会的最高领导机构是全国体育科学学会会员代表大会,执行机构是理事会。根据需要,学会下设若干分会或研究会。各省、市、自治区建立相应的体育科学学会及其分会或研究会,并申请加入所在省、市、自治区的科学技术协会。

7.中华全国总工会体育部

中华全国总工会体育部是中华全国总工会的体育职能部门。其主要任务是:在全国总工会的领导下制定开展全国职工体育运动的方针、计划,推动地方工会及各产业工会,吸引和组织广大职工参加各种各样的体育活动以增强体质。

8.中国共产主义青年团中央委员会文化体育部

团中央文化体育部是团中央主管文化体育工作的部门,它同其他有关部门配合,开展青年的体育工作。

》》（二）运动训练制度

我国的运动训练体制始建于20世纪50年代,多年来,逐步形成了以青少年为主要对象的训练网络。从50年代起,我国就按照"思想一盘棋,组织一条龙,训练一贯制"的要求,在全国从若干项目着手,开始建立层层衔接的运动训练体制。

我国运动训练体系总体上可分为三个层次,也称三级训练网络。初级训练形式主要是打基础,扩大人才选拔的范围,形成运动员的三级队伍。中级形式侧重提高运动技术水平,培养并向上级运动队输送后备人才,形成运动员的二级队伍。高级形式是集中了全国各省、市的优秀运动员,代表各省、市和全国最高水平,形成了我国运动员的一级队伍(图8.1)。

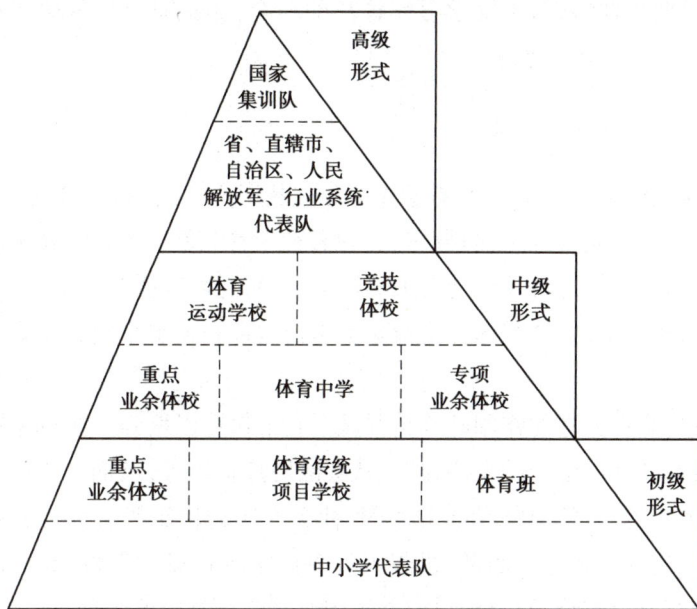

图 8.1　我国运动训练的各级组织形式示意图

几十年来,这种三级训练体制,被学者们称为"举国体制"。这种举国体制的基本特点是:实行高度集权的体育行政管理体制,政府体育机构集中了全部的管理职能;政府实行统一拨款的财政管理体制;实行专业化的训练和竞赛体制。正是在这种举国体制的推动下,我国培养了一大批优秀的竞技运动人才,使我国的运动技术水平得到飞速发展,为我国竞技运动水平冲出亚洲、走向世界起到了重要的促进作用。

▶▶▶(三)我国体育专业人才培养系统

在20世纪50年代初期,针对体育师资数量不足、质量不高的问题,党和政府采取了一系列措施,先后创办了6所体育学院、11所体育学校和中等体育专科学校,并在38所高等师范院校设立了体育系科,为我国体育人才培养工作奠定了坚实的基础。今天,我国的体育学院已有12所,体育大学2所,体育科研所近30个,普通高等学校体育(院)系100多个。多数体育学院和高等学校体育系都具有学士学位授予权,有些院校(系)还具有硕士或博士学位授予权。

我国体育专业人才的培养形式主要有以下几种。

(1)高等体育院校、高等学校体育院系和体育科研所,是培养体育专业人才的主要场所。

（2）体育运动学校、体育中学、师范学校的体育班,是培养初级体育干部和初中及小学体育师资的重要基地。

（3）各种短训班、培训班、函授班、进修班和教师进修学院（校）,是脱产、半脱产或不脱产形式培养体育干部和师资的形式。这种形式主要对在职体育教师、体育干部和教练员进行短期轮训。用短期培训形式,系统学习体育基础理论、专业知识与运动技术,以提高在职教师、教练员、管理干部的业务水平。

》》》（四）我国群众体育管理体制

群众体育是现代体育体系中的重要组成部分。从广义上讲,群众体育是指社会成员为了达到或保持自身的身、心、群（人的身体、心理和社会性）诸方面的健康状态,提高人口素质,自愿在余暇时间进行的与身体活动有关的社会活动,也可以说是社会成员在余暇时间进行的体育活动。从狭义上讲,群众体育是指除了学校体育和高水平竞技体育、军队体育之外的各种体育活动。

在现代社会中,群众体育的作用越来越明显。它不仅可以增强一个国家的国民体质,改善人口素质,直接促进社会生产的发展,减少社会的医疗费用等,从而产生巨大的经济效益;而且在人们生活方式的改善、道德品质的培养、社会秩序的稳定等方面起着积极的作用,产生一系列不容忽视的社会效益。因此,世界上许多国家将积极发展群众体育作为自己的一项基本国策,采取有效措施给予积极支持,并试图对之进行有效的管理。

群众体育的组织管理,是指遵循群众体育发展的规律,对开展群众体育各种有关的要素和资源,如人、财、物等进行合理的计划、组织、领导、控制,以求充分利用这些资源的潜力,实现群众体育的总体目标的过程。

群众体育在社会发展中的重要作用,使它成为一个国家体育事业的重要组成部分,对它的管理也相应地成为现代社会中体育管理的一个重要方面。但由于群众体育涉及的因素广泛而复杂,对它的管理又成为现代社会中体育管理的一个难点。从目前世界各国体育发展的状况来看,群众体育管理无论在理论上还是实践上,都落后于学校体育和竞技体育的管理。

我国群众体育组织包括行政组织和社会群众组织两大体系。行政组织指各级政府中的体育部门。群众组织包括各大社会团体（工会、妇联、共青团、学联、老协、残协等）中主管群众体育的部门或专门负责群众体育的社会组织与机构。

随着社会的发展,我国推出了全民健身计划,这是具有战略意义的宏观群众体育计划,其总体目标是经过几十年的艰苦奋斗,建成较为完备的具有中国特色的全民健身体系,提高国民参与体育的意识,扩大经常参加体育活动的人数,普遍增强国民体质,使国民体质及群众体育的主要指标在21世纪中叶达到或超过中等发达国家水平。这一计划的实施对中华民族的长远利益有着十分深远的意义。在改进生活方式、提高生活质量、满足群众日益增长的健身需要、增强国民体质、丰富社会文化生活、维护社会稳定等方面起着重要作用。

由于全民健身计划的各项措施正逐步出台,我国群众体育新的管理体系构建工作正在进行中,其最终的完成还需要一定的时间,但是它的基本框架已经初现端倪。概括地说,这个新的群众体育管理体系就是以社会各方面积极参与的、社会化的组织管理网络,取代体委一家办的、行政型的管理模式,充分依靠市场经济,变单纯的福利型为消费型,将事业型的运作方式转化为产业化的运作方式,最终形成一个充满活力的、有良性循环机制的群众体育体系。

为了贯彻落实全民健身中提出的各项指标,我国将要建立一个群众体育组织管理网络。在这个组织网络中,政府体育管理系统与行业体协要密切配合,发挥群众体育团体和基层体育组织的作用,广泛建立多种项目、各类形式、不同规模的社会体育指导中心(站)、群体协会、俱乐部和各种形式的基层体育组织,形成覆盖面广、包容量大、适应性强的新型组织管理体系;县(区)以上行政区将逐步建立社会体育指导中心,全国性的行业、系统逐渐建立起体育协会,城市街道和农村乡(镇)要组织建立体育指导站。

三、 我国体育组织制度的特点

多年来,我国体育组织管理工作积累了一定的经验,对体育领域各项工作的管理逐步形成了相对稳定的管理体系,呈现出一些明显的特点。

我国目前采取的是层次制和分职制相结合的组织管理体制。层次制是指从纵向上分为若干层次,层次不同,管辖的范围也不同。层次越高,管辖的范围也越大,反之则越小,但每一个层次管理的内容和性质是相同的。上层指挥下层,下层对上层负责,从上到下呈"金字塔形"。国务院所属的国家体育总局是我国体育运动管理最高层次的领导机构。它通过制定体育管理方针、政策及有关法规、条例,对全国体育运动的开展实行领导和管理。各省、自治区、直辖市体育局是体育管理第二层次的领导机构,在贯彻执行中央制定的体育管理的方针、政策、法规、条例的同时,结合本省、自治区、直辖市的实际情况,制定相应的体育管理法规、条例,对本省、自治区、直辖市的体育工作实行领导。各地(市)、县人民政府的体育部门是体育管理第三层次的领导机构,除认真积极地贯彻执行中央、地方所制定的体育管理方针、政策、法规和条例外,还应对本地(市)、县的体育工作实行具体领导。我国体育运动管理还表现出举国制的特点,其特征是纵向领导层次分明,垂直领导上下一致,每一层次的领导者对所辖的范围负全面责任,而下层次则接受上层次的领导和监督,这样便于统一指挥。但层次制的举国体制也有信息反馈缓慢、效率低等缺点。

所谓分职制,也称职能制,是从横向上设立平行的若干部门,各司其职,它们管辖的内容不同,但在同层次的不同部门所管辖的范围一样。我国的体育管理也是这样,中央有国家体育总局、中华全国体育总会、中国奥委会、中国体育科学学会、教育部体育卫生与艺术司等,分别负责对运动训练、运动竞赛、群众体育、体育科学技术、学校体育等的管理。分职制管理模式的优点在于分工细密、业务单纯，有利于提高管理人员的专业水平。实行层次制和分职制相结合的管理模式，最突出的弊端是容易造成职能部门之间各自为政、多头领导，容易导致管理混乱。

四、 我国体育组织管理体制的改革

1998 年国务院机构改革，在推进社会公共事务管理职能包括体育管理职能的转变方面，迈出了实质性的步伐。从政府机构改革后国家体育总局的职能上看，已转变或划出了一些具体的事务性职能，将主要工作重心放在宏观调控上。在政府体育管理职能的转变过程中，必然伴随着因管理职能转变而流转的部门和个人利益。现阶段，我国体育体制处在重要的变革时期，既要适应我国政治、经济等领域的改革与发展需要，又处于体育大国向体育强国迈进的转型时期，机遇与挑战并存。

》》》（一）转变政府管理体育事业的职能

政府职能作为国家职能的一个组成部分，是行政机关依据国家通过宪法和法律赋予的行政权力来实现的。改革开放以来的数次政府机构改革，都将转变政府职能作为重要内容，并在经济领域逐步得以实现。体育行政部门的职能转变要求各级体育行政管理部门本着"精简、统一、效能"的原则，从"办体育"向"管体育"转变，强化宏观指导、政策支持、过程监督的服务功能。当前，体育部门应该在规则制定、法律法规的完善，体育发展良好环境培养、宏观调控，公共体育产品提供这三个方面进一步发挥作用。2021 年 10 月，国家体育总局正式印发《"十四五"体育发展规划》（以下简称《规划》），《规划》提出要完善体育法律规范体系，积极配合全国人大完成《体育法》修改工作，开展全国性单项体育协会制度建设评估。全面加强法治政府建设，编制体育总局部门权力与责任清单。落实地方体育执法责任制，支持地方委托综合执法机构开展体育行政执法活动。推进体育法治宣传教育，完善领导干部学法制度，加强对运动员、教练员、裁判员以及体育社会组织、体育市场主体等的体育法治宣传教育。健全体育纠纷解决和法律服务机制，加快建立全国性体育仲裁机构，引导单项体育协会内部纠纷解决机制与体育仲裁的有效衔接，积极参与国际体育仲裁事务。

》》》（二）运动项目协会实体化与体育社团的独立

国家体育总局在《2001—2010 年体育改革与发展纲要》中指出，今后要"继续推动协会制改革，……在进一步完善我国运动项目管理体制和运行机制的基础上，逐步建立具有中国特色的协会制。……使协会逐步成为自主决策、自主管理、自我约束、自负盈亏的社团法人。……各地要根据本地区实际，分期分批进行协会实体化改革"。而单项运动协会管理

体制改革的最终目标,就是要实现单项运动协会的实体化,使单项运动协会真正担负起我国体育发展的重任。

在运动项目协会实体化的过程中,中国足球协会率先在 2015 年与国家体育总局"脱钩",为此,国家专门成立了国务院足球改革领导小组。2017 年 2 月,中国篮球协会第九次全国代表大会一致通过姚明当选为中国篮球协会主席;2018 年 12 月,刘国梁当选为第九届全国乒乓球协会主席;2019 年 1 月,在中国羽毛球协会第六届全国代表大会上,张军当选为中国羽毛球协会主席。这样,原来由国家体育总局司局级(以上)领导担任(兼任)的各个项目的协会主席,陆续改为由专业人士担任。这种人事制度上的变化,能促进运动项目协会实体化,进而更好地推动"管办分离"。

》》》(三)竞技体育中的职业体育将逐步市场化

在单项运动协会实体化的过程中,职业体育将通过市场运作趋于规范,国有企业将与职业俱乐部脱钩。在适当的时机,职业体育联盟将陆续组建,成为职业俱乐部的管理机构。尽管市场选择常常会出现短期行为和追求利益最大化,这可能会导致职业体育在发展过程中出现难以被市场接受的尴尬局面,目前我国一些职业俱乐部面临的困境就反映了这一现象。但是,不能因此就回避市场选择,这种状况只有通过不断完善职业体育的管理体制和运行机制,提升职业运动员的综合素质,提高赛事的组织管理水平,不断提高对市场的适应能力等途径,才能从根本上改变职业体育现状。同时,要加强政府对体育的宏观调控,对一些社会不愿办或办不了,又在一定时期内对国民经济和社会发展起重要作用的领域,还应适当强化政府的干预力度。

国家体育总局在《2011—2020 年奥运争光计划纲要》中明确提出发展目标和主要任务:"积极探索社会主义市场经济条件下职业体育的发展方式,稳步推进竞技体育职业化发展,初步形成政府主导、规划科学、依托市场、管理规范、产权清晰、运转高效的具有中国特色的职业体育管理体制和运行机制。"《规划》提出要创新竞技体育体制机制,稳步推进运动项目管理体制机制改革,构建多元化项目发展新模式。重点打造一批竞技体育特色项目名城,支持 10 个省(区、市)在体育强省建设中实现竞技体育突破性发展。建立科学有效训练体系,构建中国特色竞赛体系,创新国家队管理体制,支持高校组建高水平运动队。打造能征善战作风优良国家队,打造一批集"训练、科技、医疗、教育、服务"于一体的国际一流训练基地,实施竞技体育人才"十百千万"工程。提升集体球类项目发展水平,推动"三大球"振兴和职业体育发展。《规划》提出体育产业高质量发展取得显著进展,产品和服务供给适应个性化、差异化、品质化消费需求,基本形成消费引领、创新驱动、主体活跃、结构更优的发展格局。体育产业总规模达到 5 万亿元,增加值占国内生产总值比重达到 2%,居民体育消费总规模超过 2.8 万亿元,从业人员超过 800 万人。

》》》（四）大众体育将得到迅速发展

《国务院关于加快发展体育产业促进体育消费的若干意见》（简称"46号文件"），将全民健身上升为国家战略。"46号文件"提出："新建居住区和社区要按相关标准规范配套群众健身相关设施，按室内人均建筑面积不低于0.1平方米或室外人均用地不低于0.3平方米执行，并与住宅区主体工程同步设计、同步施工、同步投入使用。凡老城区与已建成居住区无群众健身设施的，或现有设施没有达到规划建设指标要求的，要通过改造等多种方式予以完善。"

2016年，国务院印发的《"健康中国"2030规划纲要》中指出："要推动健康服务供给侧结构性改革，……优化要素配置和服务供给，补齐发展短板，推动健康产业转型升级，满足人民群众不断增长的健康需求。"这足以可见体育在"健康中国"建设中的重要地位。体育对人们获得和保持健康具有不可或缺和不可替代的重要作用，是满足人民对美好生活向往的重要组成部分。2019年8月，国务院办公厅印发了《体育强国建设纲要》，提出了我国体育改革具体的阶段性目标"到2035年，……体育治理体系和治理能力实现现代化。全民健身更亲民、更便利、更普及，……到2050年，全面建成社会主义现代化体育强国。人民身体素养和健康水平、体育综合实力和国际影响力居于世界前列，体育成为中华民族伟大复兴的标志性事业。"

2008年北京奥运会以后，我国体育事业的发展站在由"体育大国"向"体育强国"迈进的新起点上，经济的发展、余暇的增加、生活方式的变化、国家体育政策的导向，都将促进新时代我国大众体育的迅速发展。

《规划》提出要构建更高水平的全民健身公共服务体系，开展全民运动健身模范市、县（市、区）创建，举办全运会群众赛事活动和全国社区运动会。组织实施全民健身场地设施补短板工程，持续推动公共体育场馆免费或低收费开放，完善绩效评价及资金补助政策。加强运动防护师、运动营养师等人才培养，建立体卫融合重点实验室，完善运动处方库。支持上海开展"运动健康师"试点工作，建设科学权威的健身方法库、宣传平台和线上培训平台。开发国家社区体育活动管理服务系统，推动建立国家、省（区、市）、市三级互联互通的全民健身信息服务平台。更高水平的全民健身公共服务体系基本建成，人民群众身体素养和健康水平进一步提高，获得感和幸福感不断提升。人均体育场地面积达到2.6平方米，经常参加体育锻炼人数比例达到38.5%，每千人拥有社会体育指导员2.16名。

》》》（五）学校体育体制机制将发生相应变化

2015年，教育部等6部门颁布《关于加快发展青少年校园足球的实施意见》（以下简称《意见》）。意见指出，我国校园足球的工作目标是到2020年基本建成符合人才成长规律、青少年广泛参与、运动水平持续提升、体制机制充满活力、基础条件保障有力、文化氛围蓬勃向上的中国特色青少年校园足球发展体系。发展校园足球是促进青少年全面发展、培养践行社会主义核心价值观的重要途径。足球运动充分体现了现代体育精神,不仅能让青少年在激烈竞争中经历艰辛挫折,磨炼意志品质,而且能够在胜败得失中培养青少年遵守规则、拼搏进取、团结协作的意识,使学生养成吃苦耐劳、进取乐观的精神和健康向上的生活方式。发展校园足球是全面贯彻党的教育方针,落实立德树人根本任务,大力弘扬中华体育精神的重要抓手。

2018 年,习近平总书记在全国教育大会上的讲话指出:"要树立健康第一的教育理念,开齐开足体育课,帮助学生在体育锻炼中享受乐趣、增强体质、健全人格、锤炼意志。"习近平总书记的讲话,构建了新时代学校体育"四位一体"的全新目标体系,对我国学校体育的发展意义重大。

2020 年 4 月 27 日,中央深改委第十三次会议审议通过了《关于深化体教融合促进青少年健康发展的意见》(以下简称《意见》)。2020 年 8 月 31 日,经国务院同意,体育总局、教育部联合印发了《意见》,从加强学校体育工作、完善青少年体育赛事体系等多个方面对体教融合工作的发展提出规划和实施意见。《意见》围绕体育促进青少年健康发展的政策性壁垒,从学校体育、青少年体育赛事、社会体育组织等七个领域提出改革举措,以破除"普通青少年偏文轻体、精英运动员偏体轻文"的思想,为广大青少年参与各类青少年体育活动搭建公共服务、产业服务的多元化供给体系。一方面,在青少年体育普及方面,发挥体育和教育等多部门跨域治理的制度优势,挖掘运动项目的服务功能、文化魅力、产业效益等多元价值,以运动技能为基础,构建层级鲜明的体育参与组织体系,提升学校体育、社会体育俱乐部、体育培训机构等多元化组织的规模和质量,立体式、全方面贯彻健康第一的教育理念。另一方面,在青少年体育后备人才培养方面,从教育、健康等长远规划的视角,以兼顾文化学习和运动训练避免社会诟病"无育之体育",构建精准选材、训练、竞赛和管理的体教融合体系,以多元化路径培养全面发展的精英体育后备人才。体教融合作为我国深化体育事业改革的重要内容,受到社会各界广泛关注。从本质上分析,体教融合不仅是中国体育和教育部门或者事业的融合,更是我国各界对体育功能正本归源的深刻认知,以处于健康成长关键期的青少年为关注对象,发挥体育在促进其健康发展中不可替代的作用。从全体青少年的视角分析,国家以体育为手段面向青少年健康投资,发挥其低碳性、主动性、早期性、长远性的作用,是一项最为经济、可持续发展的重大战略,更释放了体育对全体青少年健身、健心的功能。

《规划》提出要加强青少年体育优秀人才培养,按照"一校一品""一校多品"模式,加快体育传统特色学校建设。深化体校改革,因地制宜、因项目制宜建设各级各类体校,强化体校培养后备人才主阵地、主渠道的作用。培育青少年体育社会组织,鼓励青少年体育俱乐部发展,建立衔接有序的竞赛、训练和培训体系。完善青少年体育竞赛活动体系,联合教育部门整合学校比赛、U 系列比赛等各级各类体育赛事活动。加强青少年体育骨干队伍建设,推动体教融合建设以及竞技体育后备人才培养。

体育分离与体教融合

中华人民共和国成立初期,西方各国对我国进行封锁孤立,我国希望通过体育来打破国际交往中的枷锁。但此时我国体育发展水平还比较落后,中国急需一种集约高效、高速发展的体育模式。中国体育代表团团长、全国体总副主席兼秘书长荣高棠,全国体总主席、教育部部长马叙伦都提倡像苏联一样发展体育,"荣马两报告"推动了延续至今的"体教分离"的体育发展模式。在政府管理部门层面:设立中央体委(1956年改称国家体委),县以上政府的体委成立后形成国家体育管理行政系统、军队体育系统以及体育社会组织系统;在青少年运动员培养层面:形成从基层单位业余体校到重点业余体校、中心业余体校和专业运动队的三级人才培养网络。在青少年体育竞赛方面:形成"青少年运动员竞赛"和"学校学生体育竞赛"的双轨比赛系统。"体教分离"的体育发展模式卓有成效,使我国体育得到快速发展,打破西方的外交围堵,促进中美冰点融解,重返奥运为国争光……但"体教分离"模式存在结构性缺陷:"独家揽办体育"不利于社会力量对竞技体育的投入、社会体育组织的成长和市场积极性的发挥;妨碍青少年运动员全面发展,为他们退役后的就业发展埋下隐患;日渐背离青少年体育普及与提高的目标。

随着改革开放的不断深入,社会主义市场经济的不断完善,"体教结合"和"体教融合"的提议相继出现。与"体教结合"相比,"体教融合"是理念、管理、运动员、竞赛、资源和教练的全方位、多领域的深度融合。2020年,国家体育总局和教育部联合颁布《关于深化体教融合促进青少年健康发展的意见》。显现出体育界促使"青少年竞技体育训练与竞赛"更多地依靠教育界的内在动机,以及希望在青少年训练和竞赛方面更多地向教育界"开放"与"靠拢"的愿望。支持学校建立青少年体育俱乐部,完善青少年体育赛事体系。加强体育传统特色学校的建设,大力培养教练员队伍。"体教融合"需要教育界和体育界共同努力、锐意探索,但目前"体教融合"的融合力度很有限。中国体育事业的全面发展与青少年竞技体育的健康可持续发展的前景是"体回归教"(毛振明教授称之为"新举国体制"),竞技体育事业逐渐回归国民教育系统,国家在基础教育和高等教育系统内借用并强化现有学校体育资源发展青少年竞技体育事业。即国家根据全国竞技体育发展的总计划,科学地部署高校作为"竞技体育发展任务学校",高校建立"高水平运动队","任务学校"在中小学通过协议形式建立"对口输送学校",以形成各个项目的"一条龙"训练培养体系。这种"新举国体制"既改革了现有的竞技体育体制,又没有放弃竞技体育举国体制的优越性,不会因此出现巨大的改革震动,或因大幅度市场化造成国家竞技体育水平的滑坡。[①]

知识拓展 >>>

举国体制

举国体制是指以国家利益作为最高目标,国家体育管理机构在全国范围内调动相关资源和力量,国家负担经费来配置优秀的教练员和软硬件设施,集中选拔、培养、训练有天赋的优秀体育运动员参加奥运会等国际体育赛事,在比赛中与他国竞争,争取优异比赛成绩、打破纪录、夺取金牌的体育体制。中国体育的"举国体制"是从苏联学过来的。苏联由政府选拔和培养有天赋的运动员参加比赛,这样做的最大好处就在于可以集中力量,使优秀的教练员都有统一的观念和训练计划。在这种制度下,运动员守纪律,训练刻苦,求胜欲望非常强烈,这在奥运比赛中是制胜的关键。

与举国体制相对应的是市场体制,指的是选拔和培养运动员的经费及其他费用由市场行为来筹集。但只有少数职业化程度高、商业化程度强的体育项目可以通过市场解决,大多数的其他体育项目,因商业性比赛少有人看,靠市场体制是不可能解决经费问题的,最后还是要靠政府的支持。美国也有奥林匹克训练中心,美国奥委会的费用是政府根据税法的规定由民间组织或个人捐助的。美国奥委会在全国拥有3家官方奥林匹克训练中心,分别位于:科罗拉多州的斯普林斯、纽约的普莱西德湖和加利福尼亚的丘拉维斯塔。美国的税法规定,美国企业和个人捐款赞助奥林匹克事业可以抵税,这实际上是政府将应得的税收转让给了奥林匹克训练中心和其他体育机构。所以不要认为美国政府对美国的体育事业没有投入,与中国政府不一样的只是它投入的渠道有所不同罢了。

争取金牌是要花钱的,而且要花很多钱。在没有群众基础的体育比赛项目上要想出成绩,没有钱是不可能的,不管你是什么体制。所以举国体制不只是中国有,世界上凡是对国际体育比赛足够重视的国家都是这样做的,尽管各国的做法有所不同,说法也不一样,但政府支持的实质是没有什么区别的。

---

① 毛振明,查萍,洪浩,等.从"体教分离"到"体教融合"再到"体回归教"的中国逻辑[J].体育学研究,2021,35(04):1-8.

知识回顾)))

　　体育组织制度指的是一个国家体育组织的机构设置、组织形态、权力划分和权力运行等方面的体系和制度的总称。它是实现体育事业目标的组织保证,受国家政治经济体制的制约。在现代社会中,体育领域的权力和利益通常归政府或社会所有。体育权力和利益的归属者掌控博弈规则,并最终决定着体育组织制度的性质和形态。体育组织制度从属于政治、经济体制,并以此为依据划分成三种基本类型。我国体育组织制度的基本构成包括:体育的组织领导机构、运动训练制度、运动竞赛制度、体育人才培养制度、群众体育管理制度,以及保证组织领导体制实施管理的各种相关法规、制度和措施。从20世纪90年代开始,我国在体育组织管理体制方面,进行了重大调整和改革,改革政府体育机构,调整了部分职能;加强社会体育组织建设,使这些社会体育组织逐步成为具有法人资格的组织;改革集中统一的管理模式,实行政、事分开,管、办分离。

思考题项)))

1.现代体育组织制度有哪些基本类型? 分别有什么特点?
2.国外的体育组织制度对我国体育组织制度建设有何借鉴意义?
3.我国体育组织制度包括哪些基本内容? 如何理解"举国体制"?
4.我国体育组织管理体制改革的方式是什么?

推荐阅读)))

[1] 邱林,王家宏.国家治理现代化进程中校园足球体制革新的价值导向与现实路径[J].上海体育学院学报,2018.

[2] 彭国强,高庆勇.美国大众体育制度治理的特征及启示[J].西安体育学院学报,2020.

[3] 熊文,张兴梅.论我国体育体制的管理主义取向及其消解——兼论体育体制与体育管理体制的分化[J].天津体育学院学报,2019.

参考文献)))

[1] 习近平.在教育文化卫生体育领域专家代表座谈会上的讲话[N].人民日报,2020-09-23(2).

[2] 国务院办公厅.国务院法制办负责人就《全民健身条例》答记者问[N].经济日报,2009-

09-07.

［3］李松林.体制与机制：概念、比较及其对改革的意义——兼论与制度的关系［J］.领导科学,2019(6):19-22.

［4］李鉴.体育强国建设背景下体育体制机制改革的中国逻辑与路径［J］.上海体育学院学报,2022,46(1):41-51.

［5］王凯.新时代体育治理体系与治理能力现代化建设的政府责任:基于元治理理论和体育改革实践的分析［J］.体育科学,2019,39(1):12-19,34.

［6］鲍明晓.构建举国体制与市场机制相结合新机制［J］.体育科学,2018,38(10):3-11.

［7］任海,张佃波,单涛,等.体育改革的总体思路和顶层设计研究［J］.体育学研究,2018,1(1):1-12.

［8］刘玉,朱毅然.新时代我国体育治理的经验审视、时代使命与改革重点［J］.天津体育学院学报,2021,36(1):1-11,36.

［9］杨桦.体育改革:成就、问题与突破［J］.体育科学,2019,39(1):5-11.

［10］李刚,张林.中国现代体育市场体系发展的历史溯源、现实审视与路径选择［J］.体育科学,2020,40(9):3-13.

资源链接)))

［1］https://www.sport.gov.cn(国家体育总局)
［2］http://www.moe.gov.cn(中华人民共和国教育部)

第九章

未来体育

思政要点

贯彻二十大新发展理念，对标体育强国发展目标；"体育是提高人民健康水平的重要途径，是满足人民群众对美好生活向往、促进人的全面发展的重要手段"；大力弘扬以"为国争光、无私奉献、科学求实、遵纪守法、团结协作、顽强拼搏"为主要内容的中华体育精神；提升中国体育国际话语权。

教学导论

体育是人类千百年来智慧与力量的结合，随着经济的发展和时代的进步、小康社会的全面建成，全社会参与体育锻炼的热情日益高涨。 体育已成为中华民族伟大复兴的一个标志性事业，在实现中华民族伟大复兴中国梦和全面建成小康社会中的作用进一步显现，在增强人民体质、服务社会民生、助力经济转型升级中都有更加突出的作用。 通过本章内容的学习，能够分别从人的发展的角度、从社会发展的角度、从科技发展的角度，了解人的发展、社会的发展、科学技术的推进与体育发展之间的关系，并适当展望体育发展的趋势，充分认识体育的独特作用。

学习目标

1.了解人的发展对体育的需求。
2.认识社会发展对体育需求及社会发展对体育产业、体育社区等发展的推动作用。

3.学习体育终身化的内涵及特征，明晰其影响因素，掌握终身体育的发展趋势。

4.理解科技进步对未来体育的影响及促进作用。

学习地图

```
                          从人发展的角度看体育发展  ⟹  健康生活与体育发展
                                                      生活方式的改变与体育发展
                                                      人的现代化与体育发展

                                                      人口老龄化与体育发展
      未来体育            从社会发展的角度看体育发展  ⟹  体育产业的发展
                                                      体育终身化趋势
                                                      城市化与社区体育发展

                          从科技发展的角度看体育发展  ⟹  计算机技术在体育中的运用
                                                      基因技术在体育中的应用
                                                      材料科学在体育中的应用
```

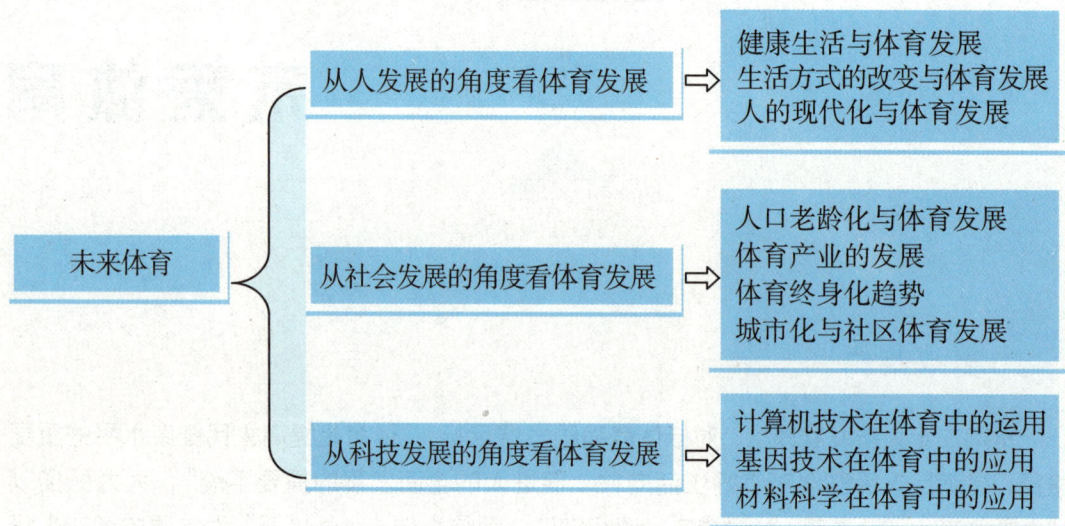

第一节
从人发展的角度看体育发展

一、 健康生活与体育发展

加拿大籍华人、加拿大皇家医学院院士、世界知名儿科专家谢华真教授提出了"健商"的概念。"健商"强调的身心健康其实是指：通过自我保健取得最佳的健康，使身体达到最佳的状态。从"健商"的角度上阐述，健康状况良好是指人身体上、精神上、情感上、信仰上、生活环境和社会环境上的状况良好，它包含了人类所有生存因素上的健康，也指生命质量的状态良好。这里所说的"健商"与世界卫生组织（WHO）所定义的健康概念——"健康不仅是免于疾病和衰弱，而是保持身体上、精神上和社会适应方面的完美状态"是相吻合的。所以说，增进健康本身是一个系统工程，健康来自于人的身体、心理和社会多方面之间的复杂的相互作用。

体育对增进人类健康发挥着独特的贡献。研究指出,适量体育运动对人体健康带来的好处表现在:增强心血管功能;消耗体内脂肪(控制体重);增加骨的密度(防止骨质疏松症、减少骨折的可能性);提高高密度脂蛋白胆固醇(又称良性胆固醇)的含量,降低甘油三酯的水平;降低血压;减少血小板凝集(血液凝块);增加葡萄糖耐量,提高胰岛素敏感度;降低心肌对紧张激素的敏感度;减少上呼吸道感染的发生;预防癌症;延缓衰老,延长寿命。

体育运动不仅对人体生理机能的改善起着特定作用,还在促进人的心理健康方面有着特殊作用。从心理上讲,体育锻炼有缓冲压力的作用,从而能帮助保护心血管和免疫系统免受压力的影响。经常锻炼是对付焦虑的有效办法,它治疗轻、中度抑郁的效果被证明与心理疗法的效果相同。研究发现,长期锻炼能够改善心情和自我感觉。凡是令人愉快的锻炼都能使人得到心理上的升华,有助于缓解生活压力的影响。体育活动是放松的重要方法,能帮助人们缓解日常生活的压力,防止压力致病。可以说,体育活动是快速生活节奏的心理调节器。

体育运动是一种极富感情色彩的高尚活动。在体育运动中,人们追求积极向上的荣誉感和人们之间相互交往的亲和感。体育运动给人们提供的情感体验是复杂多样的,顺应了现代人对情感的多方面要求。在社区体育里,人们可以得到对集体、社团的信赖感、依托感;在家庭体育里,成员们可以在和睦欢乐的气氛中,享受天伦之乐的归属感和稳定感;在休闲体育里,人们能得到身心两方面的愉悦感和快感。由此可见,体育运动是人们情感方式现代化、行为方式现代化的积极渠道。

未来社会是知识密集型的高智能社会,知识不断更新,竞争日益激烈,需要大批具有健康体魄、富有创造精神和开拓精神的人。体育对培养锻炼这种人才,有着独特和重要的作用。参加富有挑战的竞技运动,成为人们文化活动的重要内容,使人们受到精神鼓舞。在体育运动中,可以培养人的重在参与、公平竞争的良好意识和品德,以及勇于探索、乐于创新的积极心态。知识经济时代是一个物竞天择、"快"者生存的时代,体育运动就是锻炼人们探索和创新精神的重要手段。因此,长期坚持体育学习和运动,有利于形成健康第一、公平竞争、开拓创新等积极向上的价值观念。

由上可见,体育不仅是健身的积极手段,而且是健心、提高社会适应能力的重要路径。体育承载着人类增进健康、提高生活质量的希冀。这是体育本质的反映,亦是后工业社会体育发展的主导。这一切使得体育运动在人的现代化过程中发挥着越来越重要的作用。

二、　生活方式的改变与体育发展

生活方式是影响健康和生命质量的重要因素之一,生活方式的选择会对健康产生很大影响。据统计,十大死亡原因中的七大原因可以通过生活方式的简单改变而减少对人的危害。今天,健康不仅指没有疾病和伤残,除了获得生理上、精神上和社会上的健康以外,健康还意味着拥有高质量的生活。

现代科技发展急剧改变着我们的生活方式。20世纪是人类文明发展史上的一个重要世纪,是科学技术大发展的世纪。在历史长河中这短短的一百年里,人类创造的奇迹超过了以前几万年的总和。人类实现了上天入海的梦想,甚至开始走出生存的摇篮——地球。以计算机为代表的信息技术则给人类配备了一个威力无比的帮手,使人类的智力潜能得到难以想象的开发。然而,科学技术从来都是一把双刃剑,人类必须为它的进步付出代价,在它带给人类数不清的好处的同时,也带来了一个又一个的陷阱:①机械化、电气化、信息化文明造成的人类生物结构和机能的退化。②高营养、低消耗的能量与物质代谢造成的体内有害物质堆积。③快节奏、大压力的生活造成的心理障碍与疾患。④高危险生活、高密度拥挤造成的意外事故。⑤高技术忽视人们的高情感,使人变得冷漠浮躁。⑥大面积环境污染造成的城市居民生存条件恶化。可见,科技发展也让人类付出了沉重的代价。某些"文明疾病""都市疾病"广泛蔓延和爆发,大面积的环境污染、生态失衡威胁着人们的生存条件,各种心理障碍和疾患成为多种人群的高发病、多发病。现代生活方式的巨变造就了一个灰色健康群体,亦称亚健康群体。解决他们身心健康问题的最好办法就是动员他们积极参与体育运动。因为,健身运动、消遣娱乐是治疗亚健康状态的最积极有效和最方便廉价的手段。

在生活方式的巨变中,作为社会文化现象的体育正扮演着愈来愈重要的角色。毋庸置疑,体育已经或正在悄然地走入我们的生活,体育生活化的提出,必将代表目前乃至未来大众体育新的、充满生机和希望的走向。目前,我国正处于从传统的农业社会向现代工业社会的转型时期,随着社会生活条件和生活环境的日益改善,人们对生命价值有了新的认识,对社会生活方式有了新的思考。人们对于体育需求的增强,会促使原有的生活方式发生革命性的变化而形成科学、文明的生活方式。没有人类产生对于体育的需求,就不会产生体育生活方式。

人类对生活的需求已不仅仅停留在对衣食住行的局部满足上,更拓展到涉及整个人生的全过程、全方位的需求上,即全面改善和提高人的生活质量和生命质量。可以说,在我国现代化的进程中,生活方式的变革几乎影响了每一个家庭和每一个社会成员,推动了体育生活化。体育生活化对于人们形成体育生活方式,将体育融入自己的生活,有着特别重要的意义。

体育生活化在这个新的世界中能找到自己的重要位置,体育运动逐步普及化就是一个明证。然而,必须充分重视的是,当今大工业生产引起的文明公害在世界范畴内四处蔓延。都市化的生活方式和紧张节奏,环境污染和诸如吸毒、赌博等生活弊端,造成人体的畸形发展和对健康的戕害。近代欧洲就是在这样的背景下兴起了野营运动、户外竞技运动,甚至裸体运动,回归自然是当时最时髦的享受,这也是体育生活化的本意。体育进入生活是在造就科学、健康、文明的生活方式。是否采纳体育生活方式与人的生命质量关系密切,与现代人生理、心理、社会健康休戚相关。体育生活作为回归人的本质、体现人的价值的生活活动及社会实践，意味着一种人性的解放。通过愉快、自由地享受体育生活可以发展人类的身体智力和认识能力，可以轻松愉快的与人、社会和大自然产生沟通和交流，使人拥有健全的人格，体验人生的幸福完美。选择了体育生活方式表明享有了体育给人们的基本权利。通过体育，通过大自然追求生命的质量和生活的意义——这便是珍爱生命、珍爱身体、珍爱大自然的健康文明的生活方式。

三、人的现代化与体育发展

体育是社会文化的一部分，体育不仅作用于"自然"的人，同时，也作用于"社会"的人。对"自然人"的作用，是体育运动的明显作用，它的主要目的是发展和提高人的身体素质，不断促进人的生理、心理机能的完善。而对"社会人"的作用，则是体育运动的潜在作用，其主要作用表现为对人的文化意识的潜移默化的"教化"和"提掣"。通过体育运动的竞赛、训练和观看、观赏，可以有效地促进人的观察判断能力；不断提高思维敏捷能力和反应能力；不断加强集体主义精神和集体配合意识；增强人的竞争意识和竞争能力，从而促进人的思维方式、行为方式、生活方式和价值观念的改变。体育运动在现代社会中这种特殊的文化功能正是推进和实现人的现代化的关键所在。

体育运动通过其教育、娱乐、净化、激励等功能对人的思维方式、价值观念、行为方式和生活方式等方面产生积极的影响，不断提高人的整体素质，促进人的现代化的顺利实现。

》》》（一）体育运动有助于增强现代人的民族意识和民族责任感

强烈的民族意识和民族责任感是现代人最基本的社会意识和社会责任感。只有勇于为民族振兴献身的人才是真正立足于现时代基石上的人。体育可以从不同的方面激励现代人的民族自信心和自尊心。在和平时期体育有礼仪战争的美称，是民族间竞争的最好形式。现代奥林匹克运动会上的升国旗仪式，是对获胜者的最高奖赏。这种奖励明显的文化意义是对获胜者民族意识和民族责任感的充分肯定和弘扬。皮埃尔·德·顾拜旦说："我们认为，国际主义是由对各自祖国的尊重，对高尚竞争的尊重构成的。通过竞争，运动员看见由于自己的努力而升起的国旗时，他们的心就会激动不已。"体育运动就是通过这种带有强烈的民族意识的奖赏，积极地帮助参加者和参与者建立自己的民族自信心和责任感。

》》》（二）体育运动有助于培养现代人的思维方式

思维方式是人们认识世界、改造世界的相对稳定的思维定向和习惯性的思维程序，是人的思维功能的前提和条件。体育运动作为一个有序、多维、开放的运动系统，对现代人的思维方式的系统性、多维性和开放性有积极的影响。体育运动会对人的价值取向的多维性产生积极的影响。在体育运动中,人们不仅可以得到最基本的锻炼效果——身体健康,还可以增强自己的竞争意识和奋发向上的精神,并开阔视野;同时在积极参与、参加体育竞争的过程中,还可以加强相互间的了解,增进友谊,加强学习和交流;在对体育的观赏中,人们还可以从中领略到竞争的乐趣,积极地感受和体会体育运动的喜悦或悲壮的审美情趣。其次,在体育活动中,人们接受的指导、训练和运动技术信息,是多向和开放的。体育运动的积极参与者、参加者不仅可以从各种不同的角度,通过各种不同的传播媒介接受全新的运动技术和信息,而且还可以吸收和引进先进技术和设施,促进体育运动的发展。三是运动的复杂性、对抗性和多样性,也决定了参与和参加体育运动的人,在观察、判断和决策中,必须用整体的、全面的、系统的思维方式来发现问题和解决问题,这是现代体育运动的一个显著特点。

》》》(三)体育运动有助于激发现代人强烈的进取精神,强化现代人的竞争意识

竞争意识是每一个现代人必备的基本素质之一。体育竞赛是一门充分体现竞争艺术的运动,竞争是最根本的原则。体育竞赛是在同一场地条件、同一裁判规则、同一时间地点下进行的最公正、最公平的竞争。这种竞争的原则,也恰好与自然界优胜劣汰的竞争规律相符,它对于一切胜利者,无不奉以荣誉和鲜花,而对一切失败者都施以奋发向上的鞭策。体育运动呼唤具有强烈竞争意识的人到体育运动中来进行自己的奋斗和实现自我价值。在体育高强度的激烈竞争氛围中,领略竞争的快乐和真谛,培养竞争意识、增强竞争的审美功能,从而使参与者、参加者自觉地肯定竞争,并积极地参与社会竞争,不断用公平竞争的观念和态度去正确对待现代社会中的各种竞争,积极地创造生活。

》》》(四)体育运动可以促使人的素质的现代化

人的素质是人的生理、心理、文化、政治和思想等素质的总和。在人的本质性能力中,人的素质是最主要的,其集中地表现为人的创造能力。爱因斯坦说:"一个由没有个人独创性和个人志愿的规格统一的个人所组成的社会,将是一个没有发展可能的不幸的社会。"现代社会的发展所需要的就是具有个人独创性的现代人。体育作为一个充满创造活力和个人独创性的文化活动,正是培养和造就个人独创性的较好的教育手段。体育运动作为现代人自我价值实现的一项重要社会文化活动,是现代人人格完善的重要因素之一。在体育运动中磨炼出来的钢铁一般的意志和运动目标的到达,都是其自我价值逐步实现的过程。体育运动正是通过对健康、坚定、挺拔的生命的礼赞,不断促进人的现代人格的健康发展和人的自我价值的实现。正如现代奥林匹克创始人皮埃尔·德·顾拜旦所言:"奥运会复兴不仅能促进青年人的健康及体力,而且对人的品格也具有很有效的影响。"现代体育融体、智、美三者于一体,正是通过运动中的希望、挫折和成功,对参与者的人格进行不懈的培育,使每一个积极参加参与体育的人积极发挥其创造性,充分展示自我能力。

》》》（五）体育运动对现代人生活方式的现代化起着重要的推动作用

生活方式是指一定社会条件下所形成的人们生活的形式、特点和样式，它是测量和反映社会文明进步的重要尺度。在一定程度上，生活方式制约和影响人们的行为方式。体育运动在人的生活方式中起着潜移默化的推动作用，开放的、高雅的、充满竞争性和进取性的体育，必然强烈地冲击着传统社会遗留的封闭的、保守的生活方式，改变着传统文化所铸造的自我封闭、自我萎缩的人格，通过其开放、创新、求异的特点，号召人们追求高质量的、有价值的、健康向上的文明生活，从而不断改造传统的生活方式。瑞士卢塞恩的一所市立学校校长认为，现在瑞士学校体育的任务不是增强学生体质，而是教会他们如何提高生活质量。因为人们在参加体育活动中，首先感到精神振奋饱满，充满青春活力和生命力；其次，感到生活的多彩，感受到生活充满强健的诗的境界。体育运动正是以其广泛的活动形式、丰富的活动内容吸引人们参加、欣赏，并在积极地参加、欣赏过程中，体味人生的乐趣，探索体育运动带给人类生命的活力和源泉，从而使人们更加向往并追求丰富多彩的生活。体育积极地吸引和引导每一个热爱祖国、热爱民族的人，使其置身于集体竞争的文化氛围之中，把个人利益同民族的、国家的集体利益紧密地结合起来，通过其民族、国家或集体目标的实现，不断实现自己的人生理想，把自我同民族、祖国合为一体。而在现代社会中，人际关系随着社会分工的精细而逐渐变得淡漠，竞争同时又在一定程度上使人际关系紧张。因此，通过体育交流来消除和缓解人们心理上和思想上的紧张情绪，无疑是一剂较有效的"济世良方"，从而使人在体育运动中交流感情、加深理解，不断加强集体协作精神，培养和造就纯洁无私的友情，这是通往现代社会人类生活方式的必经之路。在体育运动的熏陶和培育下，人们的生活方式必然会从封闭走向开放，从单一走向多样，从而使传统生活方式得到彻底改变。

第二节
从社会发展的角度看体育发展

一、人口老龄化与体育发展

》》》（一）人口老龄化的含义

老龄化是因个体身体健康状况随年龄增长而日渐恶化，劳动能力下降，进而从作为生产者和消费者的个体沦为单纯的消费者。老龄化一般以某一国家（或地区）老年人口占总人口的比重来衡量。按照联合国的传统标准,一个地区 60 岁以上老人人数达到总人口的 10%(或按照国际新标准,65 岁老人人数占总人口的 7%),即该地区视为进入老龄化社会。2021 年 5 月 11 日上午,国务院新闻办公室举行新闻发布会,介绍第七次全国人口普查主要数据情况。发布会通报,第七次全国人口普查结果显示,我国总人口为 141 178 万人,同 2010 年第六次全国人口普查数据相比,增加 7 206 万人,增长 5.38%,年平均增长率为 0.53%。我国人口 10 年来继续保持低速增长态势。年龄构成为:0—14 岁人口为 25 338 万人,占 17.95%;15—59 岁人口为 89 438 万人,占 63.35%;60 岁及以上人口为26 402 万人,占18.70%(其中,65 岁及以上人口为 19 064 万人,占 13.50%)。按照老龄化标准,我国已进入老龄化社会。随着老龄化越来越严重,人口的健康状况也呈现恶化趋势,不能自理者的比例在急剧攀升。人口总体健康的恶化不仅使得劳动力数量和水平下降,同时还增加了社会医疗负担,而这两者都直接影响了经济的进一步发展和人民生活水平的提高。一言以蔽之,解决与老龄化相伴而生的健康问题,成为我们应对老龄化的一条可选择的有效途径。

》》(二)健康老龄化与体育

无独有偶,人口学和社会学研究者在众多应对老龄化的策略中,也都认为改善个体的健康状况是应对老龄化最有效的策略,并提出了"健康老龄化"这一术语。当然,健康老龄化的术语在社会学和人口学里的外延相当宽泛。它不仅指个体的身体机能健康、心理健康,同时也指人所处的社会环境健康、人文环境健康等方面。然而,健康老龄化最为根本的还是身体机能健康和心理健康,这一点也是社会学、人口学、医学以及其他领域学者的共识。也就是说健康老龄化的要义实际是延长老年人的"健康寿命",而不是一般意义上的寿命。这让体育通过"健康"这一中介变量建立了与"应对老龄化"之间的关联,我们可以通过图 9.1 了解三者之间的关系。该图表明应对老龄化的首要问题是保证个体的身体和心理健康,只有这两者都得到保证才能达到健康老龄化的基本目标。体育锻炼对身心健康的促进作用大致可分为三条路径:①体育对人体生理功能的改善。体育锻炼可以增强心肺功能,增加肌肉力量,提高免疫力,增强人体抵抗疾病的能力。②体育改善人的生活和生命质量,提高人的主观幸福体验,促进心理健康。作为个体的人既具有生物性也具有社会性,人们通过体育锻炼带来机体健康的同时,也体验到了在参与运动的过程中与他人的互动和协作带来的愉悦感,增强了个人对生活的信心和幸福感体验。③参加体育运动能改善社会外部环境和增加人文环境健康(这也是健康老龄化的目标之一)。体育参与有利于增强社会凝聚力和社会团结,增加社会资本,而这些都间接地促进了人的健康。总之,体育可以通过多种路径促进老年人健康,进而达到健康老龄化的目标。有研究表明:①老年人参加体育锻炼能有效地降低患病风险;②老年人参加体育锻炼能大大降低患中度和重度疾病的风险;③参加体育锻炼能有效地提高老年人身心健康体验,强健体魄、愉悦身心,增加对生活的满意度(图 9.1)。

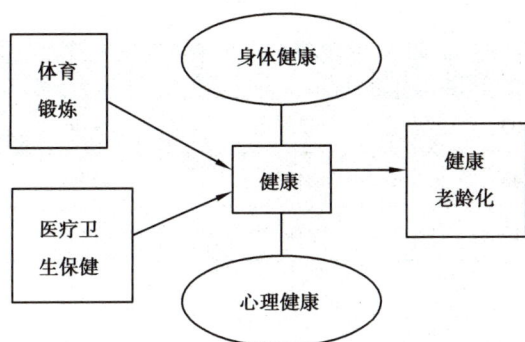

图 9.1　体育、健康与健康老龄化的关系

>>>（三）体育对促进老年人健康的作用

健康老龄化的目标是老年人口群体的大多数人健康长寿,更明显地体现在健康的预期寿命、寿命质量的提高上。体育对上述目标的实现具有显而易见同时也不容忽视的作用。在来势汹涌的人口老龄化大潮之下,老年体育毫无疑问将是解决健康老龄化的有力手段之一,它甚至直接影响整个国家与社会的和谐与稳定,影响人类老龄化的进程。可见,老年体育作为老年保障事业的重要组成部分,它的发展不仅标志着一个国家社会进步的程度,而且是实现健康老龄化的重要途径。

1.帮助建立科学文明的生活方式,促进老年人身心健康

衰老和疾病虽不可避免,却可以通过某种途径来延缓机体的衰老或预防疾病的发生。法国名医蒂素说过:"运动的作用可以代替药物,但任何药物都不能代替运动。"体育作为纽带,联系着生命的衰老与健康。可见,老年体育作为老年科学文明生活方式的重要手段,它不仅可以增强老年人身体各个系统的功能,通过一些运动项目的锻炼,强化老年人的肌肉、骨骼系统,提高老年人的心血管系统功能及抗病能力,减少患病率,降低死亡率(见表9.1),为国家、社会、家庭节约大量的医疗费用开支,降低社会保险金的支出。同时,老年体育还可以为老年人提供组织与活动的依托和场所,扩展老年人的生活空间,弥补由于退休造成的"角色空缺",使老年人在一定程度上实现社会角色的延续与社会价值的创造,保证他们的生活质量,使老年人度过一个幸福的晚年,实现健康老龄化。

表 9.1　美国不同年龄段老年人运动程度与死亡率关系表

年龄段	完全不运动组(%)	少量运动组(%)	中度运动组(%)	坚持运动组(%)
60~64	4.90	2.32	1.19	0.92
65~69	10.33	3.85	1.74	1.38
70~74	11.02	4.92	2.60	1.56

续表

年龄段	完全不运动组（%）	少量运动组（%）	中度运动组（%）	坚持运动组（%）
75~79	16.05	6.55	3.46	1.96
80~84	16.43	8.49	3.96	2.49
85 以上	22.13	12.08	5.67	2.78

2.有利于促进老年人的社会参与,保持生命活力

所谓的社会参与是指参与者在社会互动过程中,通过社会劳动或者社会活动形式,实现自身价值的一种行为模式。美国学者罗伯特·哈韦格斯特的"活动理论"认为:"老年人应该积极参与社会,只有参与,才能使老年人重新认识自我,保持生命的活力。"马多斯科的"活动说"指出:"以新的活动取代旧的活动可使老年人获得较好的社会适应能力,参加活动多有益于老年人的身心健康。"我国学者和政府把"老有所为"作为老年人社会参与的同义词。老年人作为一个特殊的群体,离开了生产和工作的第一线,被剥夺了他们所熟悉的有支持作用的社会交往,并因失去其所担任的角色,常常不能被吸收为某些组织的成员,降低了他们对社会的潜在影响。体育场所作为老年人的"第二空间"(工作单位)的补偿,可为老年人寻求或造就一种融于社会政治、经济、文化发展的环境,它不仅可为老年人提供情感交流的平台,举办多种多样的体育活动(见表9.2),而且还可替代老年人不能复得的社会角色,为其继续社会化提供了良好的机会与空间,培养老年人快速适应新环境的能力,发挥老年人的潜能,为社会作贡献,有助于社会健康稳定地运行。可见,老年人参与体育活动实际上是老年人社会参与和实现自身价值一个过程。如部分学有专长的老年人可以在体育活动的开展过程中发挥余热,起到组织、协调、管理、指导、服务、医务监督等作用,它不仅能推动老年体育健康有序的发展,更重要的是在这一过程中使老年人的自我价值得以实现,真正做到老有所为。

表 9.2　中国老年人适合的体育运动项目

年　龄	最适合的体育项目	较适合的体育项目
55~65 岁	慢跑,羽毛球,棋类,乒乓球,交际舞,体操,气功,太极拳,台球,保龄球。	游泳,健身器活动,旅行,武术,跳绳,网球,民间舞蹈,门球,地掷球。
65 岁以上	散步,慢跑,棋类,交际舞,体操,气功,太极拳,门球,地掷球。	羽毛球,乒乓球,游泳,台球,保龄球,武术,门球,地掷球,健身器活动,旅行,跳绳,民间舞蹈,网球。

3.有助于营造和睦的家庭生活,促进家庭代际和谐

中国自古以来,都秉持着儒家文化关于个人修养的伦理道德。在家庭代际分配上,个人伦理非常注重孝道。孝,是中华民族的传统美德,是几千年来维系和谐家庭的重要精神支柱。在这种观念下,老年人很在乎儿女是否孝顺、贤德,因为人到晚年对家庭的依赖日趋增大,身体机能方面的退行性变化和社会角色转换所带来的许多问题,非常需要家庭和社会给予更多的照顾。然而,许多研究表明,给老年人提供一段时间的照顾之后,情感和身体压力会导致照顾者及其家人的健康恶化,还会造成照顾者的经济负担、社会负担,家庭成员之间的冲突以及与工作之间的冲突。而经常参加有益的老年体育文化组织或活动的老年人,不仅能将一些生活、情感上的负面影响移情于老年体育活动中,还能增加他们的健康预期寿命,减少对家庭和社会照顾资源的依赖,从而促进家庭和睦、代际和谐,使其他家庭成员能够全身心地投入到工作和学习中去,推动整个家庭朝着健康、向上的方向发展。与此同时,很多身体较为健康的老年人在家中还承担大量的家务劳动,为其家庭成员解除后顾之忧,间接提高生产劳动质量和效率,促进社会、家庭的和谐。

二、　体育产业的发展

体育产业,指以向社会提供与体育有关的物质产品和劳动服务为收入来源的经营性的各种行业的总和。体育产业作为朝阳产业、绿色产业和健康产业已经得到世界的认可,发展速度持续升温。当今的体育产业已经发展成为一个庞大的商业体系,在满足公众精神娱乐需要的同时,也创造出了巨大的财富。我国体育产业的高质量发展取得了显著成果,产品和服务供给适应个性化、差异化、品质化的消费需求,基本形成消费引领、创新驱动、主体活跃、结构更优的发展格局。2021年10月25日,国家体育总局正式印发《"十四五"体育发展规划》(以下简称《规划》),《规划》提出,到2025年,体育产业总规模达到5万亿元,增加值占国内生产总值的比重达到2%,居民体育消费总规模超过2.8万亿元,从业人员超过800万人。

三、　体育终身化趋势

》》》(一)终身体育含义

终身体育是指一个人终身进行身体锻炼和接受体育教育。终身体育的含义包括两个方面的内容:一是指人从生命开始至生命结束都在学习与参加身体锻炼,使体育成为人一生中始终不可或缺的重要内容;二是在终身体育思想的指导下,以体育的体系化、整体化为目标,为人们在不同时期、不同生活领域提供参加体育活动机会的实践过程。

(二)终身体育的阶段划分

已有研究把终身体育按人生长的顺序和受教育环境的不同分为三个阶段:学前体育、学校体育和社会体育。我们认为,终身体育按学前体育、学校体育、社会体育划分,既没有体现人的生长顺序和受教育环境的全部过程,也无法体现终身体育锻炼的各阶段特征,从而不能更深刻地理解和解释工作期间和离退休阶段的体育参与的现象。体育是渗透在人类社会生活中的一个比较复杂的社会现象,体育活动是人类社会生活中的一个重要组成部分,是个人生活方式的一项重要内容。它是随着人类历史的不断发展而发展的自然历史过程。只有把人的生物属性与社会属性两方面结合起来研究终身体育的思想和行为过程,才能全面、准确地把握终身体育的实质。

终身体育作为一种发展过程,个体要连续地经历不同的人生阶段和变化的相互作用过程。为此,研究终身体育既要深入了解作为生物的人,也要了解作为社会的人,还要了解他们之间的关系(见图9.2)。

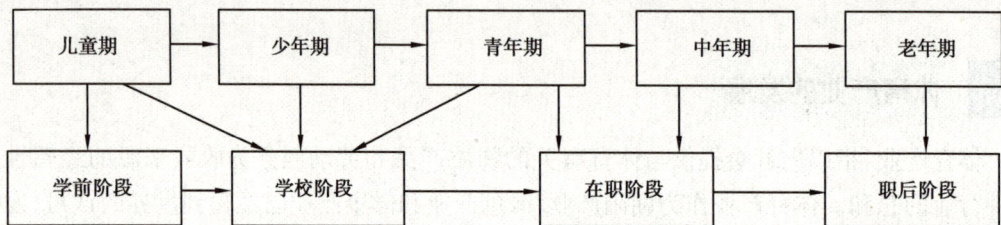

图 9.2　人的生长顺序与经历的社会过程

人的一生可以分为既连续又不同的几个阶段,每个阶段都有特定的发展任务。法国社会学家马塞尔·莫斯认为社会中的各种事物,只有当其和整体相联系而不仅是与特定部分相联系,才能加以理解。在分析人的生物属性和社会属性的基础上,可按人生长的顺序与经历的社会过程把终身体育分为学前体育、学校体育、在职体育和职后体育四个阶段(见图9.3)。

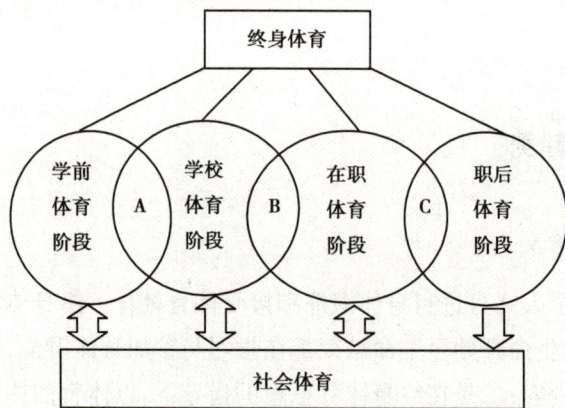

图 9.3　终身体育阶段划分与社会体育的关系

》》》(三) 终身体育的参与特征与影响因素

1.终身体育参与因素的不确定性

随着年龄的增长,身体形态、生理机能、工作条件及生活环境等条件的变化,人们都会改变原来的运动习惯、运动兴趣或运动项目。学校教育对终身体育意识的培养和健身知识与能力的传授将起到非常重要的作用,但也并不是我们在学校体育阶段接受的体育教育,就能完全解决在未来遇到的所有问题。即使在学校体育阶段建立了终身体育的观念,养成了运动习惯,掌握了科学锻炼身体的知识与方法,也不意味着个体就能实现终身体育的目标,只能说为终身体育目标的实现提供了可能。

2.终身体育参与因素的不一致性

终身体育各阶段存在不一致性:①运动内容的不一致性。学前体育阶段基本没有固定的活动内容;学校体育阶段,男生往往喜欢运动量大,具有灵活、敏捷、竞赛性强等特点的活动,女生则喜欢姿势优美、节奏韵律感强,具有柔韧、机智和美感等特点的项目;而在职体育阶段,由于体育环境、体育条件发生了变化,往往不能满足人们的体育活动需要;职后体育阶段,由于身体素质和体能的消退,人们主要选择运动量不大、轻缓的运动内容。②运动兴趣的不一致性。学校阶段学生身体素质好、体能状态佳,喜欢有竞争和刺激的运动项目。到了老年阶段,因身体素质和体能状态的改变,人们一般不能再参加学校阶段所喜欢的运动项目。③终身体育各阶段的体育参与动机也存在差异。由此可见,学前体育阶段、学校体育阶段、在职体育阶段和职后体育阶段之间存在许多不一致性。

3.终身体育参与因素的稳定性

随着年龄、身体素质、体能状况、体育环境、工作性质的变化,人们的体育兴趣、体育习惯等也适时发生改变。而终身体育观念、科学锻炼身体的知识与方法是知识性、理论性、观念性的,终身体育观念一旦树立,就能受益一生。人们的体育价值观是体育活动的主要动因,也是人们体育需要在主体生活意识上的全面表现,它既决定个体生活需要的次序,也规定着个体对于体育生活化项目、内容、形式的选择和由此而获得的生活满足。

4.终身体育参与程度的差异性

由于在既定的社会客观条件下,每个人所遇到的具体客观条件是不同的,因此,都很实际地影响人们对体育生活化价值的认同和行为的选择。不同年龄阶段的人参与体育锻炼的比例呈现出“两头高,中间低”的马鞍形状态。之所以出现这种现象是因为处于中年阶段的人们是社会的中坚力量,闲暇时间较少。他们承担着家庭和事业的责任,加之这个阶段的人身强力壮、健康状况良好,因而缺乏体育锻炼的迫切感。在学前体育阶段和学校体育阶段,有专门的职能部门和体育教师进行管理,有相对良好的体育环境,因此,少年儿童的体育参与程度较高。特别是《教育部 国家体育总局关于进一步加强学校体育工作 切实提高学生健康素质的意见》的发布和"全国亿万青少年学生阳光体育运动"的启动,更加推动了学校体育的发展。而职后体育阶段,人们的空闲时间增多,对健康长寿和社会交往的愿望更加强烈,体育参与人数的比例明显增加。

终身体育各阶段的影响因素不是一成不变的。在终身体育的不同阶段,体育参与的多数因素随着各方面状况的变化不同程度地发生着改变,进而影响个体参与体育活动的心理和行为。学前体育阶段主要受家长、家庭条件、幼儿园教师、体育环境等因素的影响;学校体育阶段主要受体育兴趣、体育习惯、体育态度、体育环境、体育教师、国家政策、学习压力、运动伙伴、新闻媒体、家长等因素的影响。有研究表明:孩子们参与运动的坚持性与其父母体育活动的参与频率有密切关系。在职体育阶段人们参与体育活动受工作繁忙、家务负担重的制约,加之其健康状况好而缺乏体育锻炼的迫切感。因此,在职体育阶段主要受工作性质、经济状况、身体形态、体能状态、家务劳动、体育环境等因素的影响;职后体育阶段人们的身体处于衰退期,对健康的需求更加强烈,因此,主要受身体健康状况、体能状况、社区体育状况、体育环境的影响。

四、 城市化与社区体育发展

≫≫(一)城市化与社区体育

城市化是指随着社会的生产力发展、生产方式变化所引发的现代产业(非农产业)向城市集聚、农业人口向城镇集中以及城市文明、文化从城市向村镇不断扩散并使区域产业结构得以不断转换的过程。

我国城市社区作为城市社会的主体于20世纪80年代初开始出现,城市化程度的提高、经济体制改革的推进以及住房制度的改革和户籍管理的松动,促进了我国城市社会的重构与整合,使城市社区的地域规模得到了迅猛发展。随着城市社区的形成和以单位大院为主的城市人口居住结构向开放性居住结构过渡,人们的单位意识在淡化,那种依托单位的城市群众体育逐步向以地缘联系为纽带、以业余自愿为前提的城市社区体育方向转化,城市社区体育成为面向城市社区居民的公共物品,而城市社区体育建设的目的是满足社区居民的健身、交际需要。

国家体委、国家教委、民政部、建设部、文化部五部委联合下发的《关于加强城市社区体育工作的意见》,要求现代城市居住小区无论是新建设的还是改建的,均要求达到适应21世纪的新标准,即小区建设必须体现"以人为中心,以经济为基础,以文化为内涵,以绿化为外延,以可持续发展为目标"的理念,使小区的建设能够满足每个居民的需求,达到"环境优美舒心,居住安定放心,生活方便称心,文娱体育欢心,团结互助热心,就业培训安心,同创共建齐心"的新境界。同时规定在城市社区的规划中,必须包括社区公共体育设施的规划与建设。这些规定的出台和实施必将为城市社区体育的开展提供条件与保障。

城市化在促进经济增长的同时,加快了城市居民的生活节奏,也加剧了城市人群优胜劣汰的竞争,城市居民生活压力进一步加大;另一方面,城市化的加速促进了工业化的发展和信息技术的革命,进而使城市居民生活空间变小,体力下降,健康状况受到威胁,城市居民体质普遍下降。城市社区体育作为改变城市居民健康状况、缓解生活压力、促进人际交往、实行全民健身的重要手段,在城市社会协调发展中的作用日趋重要。

(二)城市社区体育发展趋势

1.需要构建城市社区体育社会化管理模式

社会的转型和经济的转轨必然加速城市的现代化,促进城市社区的建设和发展,城市社区的成熟、完善,为城市社区体育的发展带来了从未有过的机遇,也对城市社区体育的管理体制改革提出了新的要求。从西方发达国家的城市社区案例理论和实践来看,其城市政府已由早期对福利和公共产品供应的热衷和垄断转向以市场为导向和基础的"新公共管理"模式,即充分发挥市场和民间机构(体育组织、协会等)在城市社区体育发展和管理中配置、组织、管理和协调的职能。政府体育管理部门通过与市场和民间机构的合作,提供作为公共资源的社区体育资源、资产,为社区体育发展提供基础性支持,并监督、保证社区体育有效发挥综合服务全民健身功能。在我国社会转型时期,必须淡化行政管理,培养社区内各单位的属地意识,加强社区体育各操作系统间的联系。在确立社区体育社会化管理的指导思想下,调整政府的体育管理体制,逐步实现社区体育管理由行政型管理模式向社会化管理模式转化,降低开展体育活动的重心,建立以社会化为主和多元化并存的社区体育运行体系,以适应我国经济、社会的全面发展。

2.培育城市社区体育社团

在中国城市化进程的背景下,依托单位的城市群众体育已逐步向以地缘联系为纽带、以业余自愿为前提的城市社区体育方向转化,政府直接参与式的社区体育管理组织只是一种过渡性组织,最终社区体育管理的权力应归还居民自治体育组织。目前我国市民社会正处于雏形阶段,社会体育自治组织程度较低,政府体育行政部门应致力于城市社区体育社团的培育,提高对体育结社自由的认识,扫清制度上的障碍,降低社区民间体育组织的准入要求,减少审核、登记的环节,制定完善相应的政策法规,引导、帮助、监督、协调民间体育社团和中介组织开展社区体育活动,使社区体育社团真正成为政府在社区体育管理中不可替代的力量。

第三节
从科技发展的角度看体育发展

一、计算机技术在体育中的运用

计算机技术的飞速发展和因特网的出现,象征着人类社会综合数据网,多媒体技术,语言、文字识别与机器翻译,虚拟现实等模拟大脑活动而发展的计算机原理、新的计算方法和软件是计算机科学的前沿领域。

以计算机技术为中心的高新技术手段在体育中的应用,将促使整个体育运动产生革命性变化。目前,计算机技术在运动训练中的运用,表现在以下七个方面。

(1)建立图像识别系统,利用图像重叠技术对技术动作进行图像处理并及时反馈。

(2)利用因特网技术对运动员训练和比赛实施远程运动医学、训练学、心理学专家诊断,可使运动员在同一时间受到不同地方和不同领域专家的声像指导,以此方式还可以解决运动员流动训练的文化教育等问题。

(3)运用计算机大量存储数据资料、高速运算、模拟分析的功能,建立多功能大型专项数据库,可以准确地分析训练方式、修正训练指导思想。

(4)利用先进的计算机智能化功能,将计算机软件与先进的录像设备结合,组成"可视数据库",将比赛情况记录下来,运用数据库的快捷功能对比赛情况进行分类处理,将比赛现场技战术信息,如将对手的比赛线路和攻击点迅速分析反馈给教练员,为教练员作赛前侦察、赛中指导及赛后总结提供帮助。

(5)利用卫星雷达计算机分析反馈系统,监测自行车项目、水上项目等比赛和训练过程,进行技战术诊断与指挥。

(6)运用计算机软件编程和多媒体技术实现体育管理的自动化,建立比赛管理指挥系统以及裁判员评价系统等。

(7)在基础科研领域,通过计算机模拟信号转换技术将呼吸、耗氧量、血压、肌电、心电、脑电等模拟信号进行转换后,再进行分析处理,可以遥控探测人体运动科学的动态真实规律等。

计算机技术的发展对体育运动的影响是不以人的意志为转移的,其发展速度和成效是难以预料的。

二、基因技术在体育中的应用

人类基因技术的运用是现代生命科学研究取得重大进展的标志之一。从体育运动的角度看,随着分子生物学理论与技术的飞速发展,尤其是 DNA 重组技术的广泛应用,人们可以从基因水平上寻找决定人类运动能力的基因,在分子水平上探讨人体对长期训练的适应性变化,从而能更加科学而准确地评估个体的运动状态及运动潜力,加强对运动训练的控制。例如,可以通过基因调控防止运动性疲劳和加快恢复过程;利用基因诊断技术对运动员进行身体机能评定;利用转基因技术改造人体化学组成;建立运动性伤病与运动意外基因诊断系统,进行运动员基因选材等。

》》》(一)利用生物芯片技术建立运动员身体素质功能诊断系统

采用先进的基因芯片技术,从不同运动项目运动员身体素质的相关基因表达的检测入手,可以筛选并确立运动员身体素质功能基因组;探讨不同项目运动员身体素质功能基因组表达谱的特点以及与运动能力有关的身体素质基因的遗传与变异规律;进行身体素质功能基因组的多态性分析;建立优秀运动员身体素质功能基因文库;最终实现优秀运动员身体素质功能基因诊断和基因选材的芯片系统的建立。这一系统的建立无疑是中国乃至世界运动员科学选材史上的巨大变革;同时,也将作为继人类基因组草图绘制成功之后,后基因组研究的重要组成部分。这一研究计划的实施不仅可以丰富后基因组研究的内容,为人类运动素质遗传特性的研究作出贡献,而且对我国实施"奥运争光计划"优秀运动员及后备人才的选拔具有重要的理论和实践意义。

》》》(二)利用基因探针进行运动员科学选材

基因探针在诊断某些遗传病及其他疾病方面,已广泛应用于临床。利用某些生理、生化指标对运动员进行科学选材,也已得到人们的重视。研究表明,某些身体素质(如力量、速度和耐力)及其发展潜力具有相当高的遗传度,它们可能受一个或几个基因的调节和控制。在这项研究中,首先要利用限制片段长度多态性技术和随机扩增多态性 DNA 技术,分别对优秀运动员的力量、速度或耐力的 DNA 多态性进行检测,以找出他们基因组之间的差别和特异性基因。然后进行克隆,制备成基因探针。最终利用探针杂交,来检测运动员所具有的身体素质特性,同时建立优秀运动员基因库。

》》》(三)基因注射技术

需要引起我们重视的是基因注射技术的出现。所谓基因注射,是指通过注射手段,以人体内的微生物为载体,把特殊的基因嵌入人体细胞内,使原有的细胞产生变化。对于体育运动来说,基因注射技术或许是一场潜伏的灾难,因为在基因技术的帮助下,运动员可以改变自身的组织细胞来激发潜能、提高运动成绩,这与服用兴奋剂如出一辙,而且更加防不胜防。如果将促红细胞生长素或生长素的基因注入运动员体内,就可极大地提高他们的运动能力。而且,基因注射有着传统兴奋剂难以比拟的"优势",那就是很难被检测出来。

基因技术在体育中的运用可能会产生最具有革命性和爆炸性的结果。正如其他高新技术一样,基因技术也是一把"双刃剑",它不仅可能极大地改变体育运动,尤其是竞技运动的面貌,也可能引起竞技运动性质的改变,引发一系列关于体育竞赛宗旨、体育道德、伦理方面的冲突和争论,甚至可能引发竞技体育的异化。

三、材料科学在体育中的应用

材料科学的最新成果在运动装备方面的应用可以对运动成绩提高带来直接的影响,这已为大量竞技运动的实践所证明。

日本科研人员发现游泳运动员的游泳衣在比赛中所产生的阻力约为总阻力的 3%,为减小这一阻力,科研人员在泳装降阻方面花费了很大功夫。澳大利亚科研人员选用特制材料制造了自行车运动员头盔,并改变帽型与结构,从而大大减少了空气阻力。据测验,在 10 千米计时赛中,使用这种头盔可提高成绩 15s。

纳米技术就是对原子和分子进行加工,并将其组装成具有特定功能的结构,控制小到肉眼看不到的一种材料,从而向微观世界进军。专家称,纳米技术是跨越 21 世纪,关系到诸多领域技术革命的关键。可以预见,纳米技术在体育运动领域的开发、运用将极大地改变体育运动的面貌。

学者争鸣)))

终身体育思想

"终身体育"这一概念在我国大概于 1980 年出现,熊斗寅、陈详达等人首先在其论述中阐述终身体育的重要作用。虽然各类学者提及的各类终身体育的说法只是相关论述的只言片语,其本身具有的理论价值与实践影响较为有限,但却拉开了终身体育专题研究的序幕。王则珊是我国终身体育的早期倡导者,更是我国终身体育学理研究的集大成者。20 世纪 80 年代后期,王则珊在《对终身体育的探讨》一文中首次对终身体育作了较为系统的研究,其将终身体育定义为:一个人终身进行体育锻炼和接受体育教育,并强调终身体育是受近几十年来终身教育发展的影响,随着体育运动的发展而提出的。20世纪90年代以来,陆续撰写多篇论文和著作,形成了别具一格的终身体育思想实践思路。王则珊终身体育思想的核心追求主要包括三个方面:倡导体育锻炼行为的终身化、主张学校体育为终身体育奠定基础和注重学生体育兴趣与主动锻炼意识的培养。就现实而论,王则珊的终身体育思想对我国体育教育事业的促进意义是毋庸置疑的,但我们也应该清醒地认识到,终身体育思想的理论框架并不完善。

第一,凸显体育锻炼与身体健康的必然联系是终身体育思想实践论的核心意蕴,王则珊较为全面地论述了人在各个不同时期的身心特点,并有针对性地构想了体育锻炼原则与方法,为不同年龄层次、身体素质(机能)及心理需求的人群自觉从事身体锻炼提供了科学化指导。诚然,体育锻炼促进健康之说法已被现代医学研究证实与公认,其作为治病防病优先因素的社会认同也已逐步确立,但体育锻炼与健康之间并不存在绝对的"因果"链条。从这个意义上说,若现行教育思路及模式不做改变,仅单向度强调运动对健康的促进作用可能适得其反;第二,王则珊将习惯养成视为能否在日常生活中长期坚持体育活动的关键问题,而锻炼习惯的养成又以是否形成一套科学而实用的体育健身方案为核心评价指标。基于此,王则珊在后期研究中提出将实施学生体育健身方案确立为体育课程改革的新思路。然而,体育健身方案的原型为长期锻炼人群的体育锻炼计划,是锻炼者在自我锻炼基础上,经过较长时间摸索与总结逐渐形成的实践产物。在缺乏可行性分析及试验研究的前提下,以社会大众群体自主设计的实践指南作为学校教育的统一模板,或将导致目标与结果的多方偏离。[①]

知识拓展 >>>

金州勇士队的高科技球馆

当人们走在地砖上时,它可以发电;路灯可以将数据传送至路过的行人;利用虚拟现实拍摄的视频让球迷感到他们亲临赛场,实际上他们只是坐在自己客厅的沙发上。这不是科幻电影《星际迷航》中的场景,而是勇士队为其新的主场球馆测试的一些技术。勇士队新球馆位于旧金山市,于2018年开放。它是一个占地12英亩的体育和娱乐综合设施,包括商场、餐馆和公园空间等,不仅供勇士队在这里进行主场比赛,还将举行音乐会和其他活动。

[①] 邵天逸,李启迪.王则珊终身体育思想要点阐析、价值审视与立论反思[J].北京体育大学学报,2022,45(02):74-83.

　　勇士队最近在 NBA 比赛中成绩不错,其目前的主场球馆是有 50 年历史、位于奥克兰市的奥克兰体育馆(也叫甲骨文球场),该球队一直将其作为新技术的试验场所。不过一些技术,如苹果的 iBeacon 技术,其试用的效果还差如人意;一些技术在勇士队迁往新的主场前,将只在奥克兰体育馆的部分场所进行测试;而另有一些技术,可能在试验后被淘汰。勇士队数字化和营销副总裁肯尼·劳尔表示:"我们的目标是,将来旧金山新球馆无论是举行勇士队的比赛,还是举办会议、艺术展览或其他任何形式的娱乐活动,都能为观众提供首屈一指的体验。我们不能让新球馆刚投入使用就已经过时。"

　　勇士队不惜重金打造高科技球馆的举措,是效仿了其他职业球队的做法。随着越来越多的球迷选择在家里观看比赛,美国各类职业球队都在想方设法吸引他们来到比赛现场,并让他们积极参与比赛的进程。一些高科技功能,如通过智能手机支付座位升级所需的费用,在让职业球队获得新收入来源的同时,也让球迷感到满意。由于大多数技术勇士队仍在探索中,对于如何充分利用这些功能以及它们的实际效果如何,目前仍存在疑问。另外,高科技产业的快速发展和变化,使得公司和其他一些组织制定为期数月的技术应用规划都很艰难,更不用说为期几年的了。

　　勇士队不是唯一正在紧跟技术发展潮流的球队。李维斯体育馆位于圣克拉拉市,是旧金山 49 人橄榄球队的主场。当该球馆 2014 年开始启用时,被一些人称为"硅谷建造的体育馆",既因为它位于硅谷的中心,也因为它拥有许多高科技功能。许多美国职棒大联盟(MLB)球队的场馆——包括 2014 年 MLB 世界系列赛冠军旧金山巨人队的主场 AT&T 公园和纽约大都会队的主场 Citi Field——均配备了 iBeacons 基站,用于向游客推送专属优惠和花絮新闻。AT&T 公司为其在达拉斯市的冠名体育场,同时也是达拉斯牛仔橄榄球队的主场,配备了大型、可互动的 LED 显示屏,以让球迷积极参与比赛。与此同时,其他球队对将高科技应用在体育馆中有不同的观点。达拉斯小牛队的老板马克·库班去年批评了在比赛中使用移动设备的现象,他告诉《商业周刊》:"人们无聊的时候才会用使用它们。他们不希望有更多的理由来使用它们,而是希望使用它们的理由越来越少。"

　　勇士队数字化另一名高级主管凯文·科特表示,对于像湾区这样一个高科技企业云集的地区,希望球迷在比赛的时候收起手机是不现实的。科特指出:"在湾区,我们拥有独特的球迷基础,每一场比赛都有来自苹果、谷歌、Facebook 和 Twitter 的高管观看。即使当比赛即将结束只剩下 5 秒钟时,每个人仍会拿出手机,因为他们希望记录下决定比赛胜负的时刻。"

勇士队并不是最早采用高科技的职业球队,但却在去年3月成为首个在主场球馆里安装 iBeacon 基站的 NBA 球队。2013 年,苹果发布 iOS 7 手机软件时,首次推出了 iBeacon 技术,利用低能耗蓝牙技术向基站附近的智能手机用户发送通知。iBeacon 基站现在主要部署在商场和体育场馆,让它们得以快速地与消费者和球迷互动。

当苹果未来几个月推出其首款可穿戴设备 Apple Watch 智能手表后,iBeacon 技术可能得到进一步普及。市场研究机构 Kantar Worldpanel 的分析师罗莱娜·米拉内西指出,iBeacon 技术让苹果设备的用户使用更多的应用,同时让应用开发者更好地了解应用的使用情况和获得更多的收入。她说:"当然,它的使用还有助于增加生态系统的黏性,并增加互动性,这将带来更高的品牌忠诚度。"勇士队通过球馆内的 iBeacon 基站发送四种类型的通知:欢迎消息,同时经常提示正在开展的促销活动,如免费送袜子等;提供座位升级服务;特殊优惠的交易;为球队商店促销。

勇士队数字化高级主管科特表示:"我们不想让球迷收到不喜欢的消息,但我们要利用这一功能。他还指出,在激活 iBeacon 的某一项功能时,该功能"必须对球迷有直接的好处,同时它能以某些方式推动业务"。科特说,在每场比赛的大约 1.9 万名球迷中,约有 10% 的球迷接收 iBeacon 推送的消息。为了推送所有它想推送的消息,勇士队需要在球馆周围安装约 20~25 个 iBeacon 基站。勇士队采用 iBeacon 技术还不到一年的时间,效果正在显现。科特表示,大约 15% 的座位升级是 iBeacon 消息推送直接促成的。

勇士队球队纪念品商店利用 iBeacon 消息推送,向球迷提供各种优惠,成为 iBeacon 技术应用一个更为成功的领域。通常情况下,在该商店消费一定金额后,可以获得一份免费纪念品。科特表示,收到推送消息的球迷,其消费金额比未收到的增加了 93%。不过,并非所有通过 iBeacon 消息推送提供的交易均获得了成功。勇士队还没有想出如何让球迷利用小卖部推送的消息,尽管它们提供诸如购买一块比萨饼免费送爆米花的优惠。利用蓝牙推送功能,iBeacon 技术也能够发送无声铃声触发用户的手机。这让职业球队能通过音响系统推送消息,不管球迷是坐在赛场上还是在家里看比赛,都能收到这样的消息。

勇士队的劳尔表示:"我们正在探索第二屏的概念,向收看比赛直播的球迷发送无声铃声,然后激活他们智能手机的应用。"iBeacon 技术的另一个用途是提供更好的室内地图和导航服务,但勇士队目前还没有利用其 iBeacon 基站为球迷指路。

知识回顾)))

本章从人与社会发展的角度论述了未来体育的趋势,解析了体育在科技、人文不断发展的进程中的变化和特征。未来体育脱离不了人们社会生活的需求,同时体育又因为科技、文化的发展而呈现新的特征和规律。

思考题项)))

1.从体育自身发展的规律来看,它的发展趋势是什么?

2.试述体育与人的现代化两者之间的关系。

3.试从某些重要社会现象(如老龄化)的角度分析体育的发展趋势。

4.如何理解体育与科技的关系?

5.结合当今社会发展现状,谈谈你对终身体育的理解。

推荐阅读)))

[1] 萨沙·L.施密特.数字科技体育[M].王雪莉,李晨曦,译.北京:清华大学出版社,2022.

[2] 郑元男.互联网+体育:未来无限遐想[M].杭州:浙江大学出版社,2018.

参考文献)))

[1] 杨文轩,陈琦.体育概论[M].3 版.北京:高等教育出版社,2021.

[2] 黄海燕.推动体育产业成为国民经济支柱性产业的战略思考[J].体育科学,2020,40(12):3-16.

[3] 邵天逸,李启迪.王则珊终身体育思想要点阐析、价值审视与立论反思[J].北京体育大学学报,2022,45(2):74-83.

[4] 尤传豹,高亮.新时代老龄体育事业高质量发展[J].体育学研究,2022,36(3).

[5] 杨凡,吴蓓蕾,张现苓,等.中国老年体育活动趋势:"十四五"时期及中长期发展预测[J].中国体育科技,2022,58(1):36-46.

[6] 张雷,刘洋,陆岩,等.面向 2035 年远景目标的体育强国建设:实践回顾与理论分析[J].天津体育学院学报,2021,36(3):274-279.

[7] 冯连世.改革开放 40 年中国体育科技发展与思考[J].体育文化导刊,2019(3):6-10.

[8] 王开元,刘宇.科技助力奥运:新科技与挑战[J].中国体育科技,2019,55(1):5-12.

［9］张雷,陈小平,冯连世.科技助力:新时代引领我国竞技体育高质量发展的主要驱动力
　　　［J］.中国体育科技,2020,56(1):3-11+279.

资源链接)))

［1］http://www.nrra.gov.cn(国家乡村振兴局)
［2］https://www.sport.gov.cn(国家体育总局)